학문을 키워주는 미래로의 산책

온고지신
인문학

에게 드립니다

온고지신(溫故知新)

'온고(溫故)'는 옛것을 익힌다는 뜻이고, '지신(知新)'은 새것을 안다는 뜻으로
새로운 것을 알기 위해서 옛것을 익히고 배워야 한다.

온고지신 인문학 1

원저:주 희 / 편저:박일봉

일봉 소학

육문사
Yukmoonsa

온고지신 인문학 1

일봉 소학

초판 1쇄 | 2015년 9월 15일 발행

원저자 | 주 희
편저자 | 박일봉
교 정 | 김숙희 · 박봉진
디자인 | 인지숙
펴낸이 | 이경자
펴낸곳 | 육문사

주소 | 서울 마포구 월드컵로 11길 35, 101동 502호
전화 | 02-336-9948
팩시밀리 | 02-337-4315
출판등록 | 제313-2011-2호 (1974. 5. 29)

ISBN 978-89-8203-022-2 04140
      978-89-8203-100-7 (세트)

국립중앙도서관 출판시도서목록(CIP)

(일봉) 소학 / 원저자: 주희 ; 편저자: 박일봉. -- 서울 :
육문사, 2015
    p. ;   cm. -- (온고지신 인문학 ; 1)

원표제: 小學
원저자명: 朱熹
중국어 원작을 한국어로 번역
ISBN 978-89-8203-022-2 04140 : ₩13000
ISBN 978-89-8203-100-7 (세트) 04140

소학[小學]

152.416-KDC6
181.11-DDC23   CIP2015023772

一峰 小學

소학을 시작하며……

　小學은 옛날 중국에서 어린이들에게 가르치기 위하여 꾸민 것이다.

　小學의 內·外篇 6권은 南宋의 大儒學者인 朱熹가 孝宗 淳熙 14년 (A.D. 1187)에 지은 것으로 되어 있지만, 실은 그의 친구인 劉淸之(字는 子澄)의 원고에 加筆하여 꾸민 것이다.

　劉淸之는 淳熙 10년에 小學의 編成을 끝내고, 12년에는 그 원고가 이미 朱子의 손에 넘어가 있었으며, 朱子는 그의 의향에 따라 篇과 卷의 배치를 바꾸고, 각권 첫머리에 제사(題詞)를 붙여 꾸민 것이다.

　小學은 內·外 2편으로 나누어져 있으며, 內篇에서는 經傳을 인용한 유교 윤리의 개론을 말한 것이고, 外篇에서는 內篇에서 설명한 것을 중국 古代와 漢나라 이후 사람들의 言行에 의하여 실증한 것이다.

　內篇은 立敎·明倫·敬身·稽古의 4권으로 이루어져 있고, 外篇은 嘉言과 善行의 2권으로 이루어져 있다.

　立敎에서는 어린이들을 가르치는 본질과 그 중요성을 말하고 있으며, 明倫에서는 父子·君臣·夫婦·長幼·朋友의 五倫에 대하여 밝히었고, 敬身에서는 宋나라 학자들의 敬身의 내용이 明倫의 실행에서 벗어나지 않음을 밝히고 있으며, 稽古에서는 옛사람들의 言行을 모은 것이다.

嘉言에서는 중국 고대와 漢나라 이후 사람들의 아름다운 言行을 모은 것이며, 善行에서는 주로 漢나라 이후 사람들의 善行을 모은 것이다.

우리나라에서는 고려 말기에 이미 小學이 들어와 널리 보급되었으며, 특히 유교를 國是로 한 이조시대에 들어서면서 小學은 우리나라 어린이들에게도 학문의 기본을 이루고 있다.

小學에서는 무엇보다도 부모에게 효도함을 기본사상으로 삼고 있다. 부모에게 효도하는 것이 백 가지 행실의 근본이 되기 때문이다.

끝으로 이 책이 많은 젊은이들에게 잃었던 인간성을 되찾는데 도움이 되었으면 하는 생각이다.

〈일러두기〉

- 이 책은 세상을 움직이는 책 《일봉 소학》을 원본으로 하여 자신의 내면을 바르고 건전하게 가꾸며 타인, 공동체, 자연과 더불어 사는 데 필요한 인간다운 성품과 역량을 기르는 인성교육의 도움이 되도록 온고지신 인문학 시리즈로 발간하였다.
- 한자의 뜻과 문장을 【글자 뜻】, 【말의 뜻】, 【뜻 풀이】로 음과 훈을 달아 자세히 풀어 한자 사전을 찾는 번거로움을 덜도록 하였다.
- 한자와 어구(語句)를 익힌 다음, 【뜻 풀이】로 문장을 참고해 가며 원문을 큰 소리로 되풀이하여 읽으면 한문 실력이 좋아질 것이다.

차 례 / 소학(小學)

소학서제(小學書題 : 소학의 기록)

古者小學　教人以灑掃應對進退之節　愛親敬長隆師親友之道
고 자 소 학　교 인 이 쇄 소 응 대 진 퇴 지 절　애 친 경 장 융 사 친 우 지 도
皆所以爲修身齊家治國平天下之本 而必使其講而習之於幼穉
개 소 이 위 수 신 제 가 치 국 평 천 하 지 본 　이 필 사 기 강 이 습 지 어 유 치
之時 欲其習與智長 化與心成 而無扞格不勝之患也.
지 시 　욕 기 습 여 지 장 　화 여 심 성 　이 무 한 격 불 승 지 환 야

　옛날 소학(小學)에서는 사람을 가르치되, 물 뿌리고 쓸며, 응하고 대답하며, 나아가고 물러서는 예절과, 부모를 사랑하고 어른을 공경하며, 스승을 존경하고 벗을 가까이하는 도리로써 하나, 이는 다 몸을 닦고 집을 정제하며, 나라를 다스리고 천하를 편안하게 하는 근본이 되는 까닭이니, 반드시 그들로 하여금 어렸을 때에 배우고 익히게 하는 것은 그 습관이 지혜와 더불어 자라게 하고, 교화(敎化)가 마음과 더불어 이루어져서, 서로 막아서 이르지 못하게 하여 감당하지 못하는 근심을 없애고자 하기 때문이다.

【글자 뜻】 敎:가르칠 교.　灑:물 뿌릴 쇄.　掃:쓸 소.　應:응할 응.　對:대답할 대.　進:나갈 진.　退:물러날 퇴.　節:예절 절. 마디 절.　親:어버이 친. 친할 친. 가까울 친.　敬:공경할 경.　長:어른 장. 긴 장.　隆:높일 륭.　師:스승 사.　道:도리 도. 길 도.　修:닦을 수.　齊:정제할 제. 제나라 제.

治:다스릴 치. 使:하여금 사. 講:익힐 강. 習:익힐 습. 幼:어릴 유.
穉:어릴 치. 欲:하고자할 욕. 與:더불어 여. 智:지혜 지. 長:자랄 장.
긴 장. 扞:막을 한. 格:이를 격. 勝:견딜 승. 이길 승. 患:근심 환.

【말의 뜻】 古者小學:옛날 하(夏)·은(殷)·주(周) 시대의 小學. 灑掃:물 뿌
리고 쓺. 應對:응하고 대답함. 進退之節:나아가고 물러나는 예절. 愛
親敬長:부모를 사랑하고 어른을 공경함. 隆師親友之道:스승을 존경하
고 벗을 가까이 사귀는 도리. 所以:까닭. 修身齊家治國平天下:大學 첫
머리에 나오는 말로, 몸을 닦고(선비), 집을 정제하며(大夫), 나라를 다
스리고(諸侯), 천하를 태평하게 함(天子). 使其:그들로 하여금. 어린이
들로 하여금. 講而習之:공부하고 익힌 것을 실천함. 幼穉之時:어린이
시절. 習與智長:습관이 지혜와 더불어 자라남. 化與心成:교화가 마음
과 더불어 완성됨. 扞格:서로 막아 이르지 못함. 不勝之患:스승이 가
르쳐 준 것을 감당하지 못하는 근심.

【뜻 풀이】 중국 옛날의 소학에서는 스승이 어린이들에게 일상생활에 필요
한 물 뿌리고 청소하고, 다른 사람들과의 응대와, 나아가고 물러가는
모든 행실과, 부모를 사랑하고 어른을 공경하며, 스승을 존경하고 벗을
가까이 사귀는 도리를 가르쳤다. 이것은 다 장차 몸을 닦고, 집을 정제
하며, 나라를 다스리고, 천하를 태평하게 다스리는 근본이 되기 때문이
다. 반드시 그들로 하여금 어린 시절에 도리를 배우고 배운 것을 실천하
게 하는 까닭은, 장차 그들의 습관이 지혜와 함께 자라나게 하고, 그 교
화가 마음의 성장과 함께 이루어져서 서로 막음이 없이 스승에게서 배
운 것을 감당해내지 못하는 근심을 없애기 위한 것이다.

今其全書 雖不可見 而雜出於傳記者亦多 讀者往往 直以古今
금 기 전 서 수 불 가 견 이 잡 출 어 전 기 자 역 다 독 자 왕 왕 직 이 고 금

異宜 而莫之行 殊不知其無古今之異者 固未始不可行也.
이 의 이 막 지 행 수 불 지 기 무 고 금 지 이 자 고 미 시 불 가 행 야

　　이제 그 완전한 글을 비록 볼 수는 없으나, 전해 오는 기록에 섞여 나오
는 것이 또한 많건마는, 읽는 사람들이 때때로 다만 예와 이제가 마땅함이
다르다 함으로써 행하지 않거니와, 이는 특히 그 예와 이제의 다름이 없
는 것은 진실로 처음부터 행하지 못할 것이 없음을 알지 못하기 때문이다.

【글자 뜻】 全:온전할 전.　雖:비록 수.　雜:섞일 잡.　傳:전할 전.　記:기록
　　　할 기.　亦:또 역.　往:이따금 왕. 갈 왕.　直:다만 직. 곧을 직.　異:다
　　　를 이.　宜:마땅할 의.　莫:말 막.　殊:다를 수.　固:진실로 고. 굳을 고.
　　　始:비로소 시.

【말의 뜻】 其全書:소학의 완전한 책.　雜出:섞여 나옴.　傳記:전하는 기록.
　　　주로 禮記의 곡례편(曲禮篇), 내칙편(內則篇) 등 여러 편을 말함.　往往:
　　　때때로.　直:다만.　古今異宜:옛날과 지금의 마땅함이 다름.　莫之行:행
　　　하지 않음.　殊:특히.　其無古今之異者:소학의 옛날과 지금에 다름이 없
　　　는 것.　不可行:행하지 말아야 함.

【뜻 풀이】 지금은 비록 古代에 가르치던 小學의 완전한 책을 볼 수 없으나
　　　전해 오는 기록에 섞여 나오는 것이 많다. 그러나 이 기록을 읽는 사람
　　　들이 때때로 다만 옛날과 지금은 생활의 모든 조건이 다르다는 이유로,
　　　이 小學의 도리를 실행하려 하지 않고 있다. 이 사람들은 小學의 도리
　　　가 옛날과 지금에 조금도 다른 것이 없어, 지금도 충분히 실행할 수 있

다는 것을 모르고 있는 것이다.

今頗蒐輯 以爲此書 授之童蒙 資其講習 庶幾有補於風化之
금 파 수 집   이 위 차 서   수 지 동 몽   자 기 강 습   서 기 유 보 어 풍 화 지
萬一云爾.
만 일 운 이

이제 자못 찾아 모아서 써 이 책을 만들어, 어린아이들에게 주어 그 배우
고 익힘을 도우려 하니, 풍속을 교화하는데 만분의 일이라도 도움이 있기
를 바랄 뿐이다.

【글자 뜻】 頗:자못 파. 蒐:찾을 수. 모을 수. 輯:모을 집. 授:줄 수. 童:
　　아이 동. 蒙:어릴 몽. 資:도울 자. 바탕 자. 庶:거의 서. 무리 서. 幾:
　　거의 기. 몇 기. 補:도울 보. 云:어조사 운. 이를 운. 爾:뿐 이. 너 이.
【말의 뜻】 蒐輯:찾아 모음. 授之童蒙:어린이들에게 줌. 資其講習:그들이
　　배우고 익힘을 도와 줌. 庶幾:바람. 거의. 有補於風化:풍속을 교화하
　　는데 도움이 있음. 萬一:만분의 일.

【뜻 풀이】 그러므로 이제 내가 감히 전해 오는 기록들을 찾아 모아 이 책
　　을 만들어, 어린이들에게 주어 그들이 배우고 익히는 것을 도우려 하
　　거니와, 오직 풍속을 교화시키는데 만분의 일이라도 도움이 되기를 바
　　랄 뿐이다.

淳熙 丁未 三月 朔朝 晦菴 題.
순 희 정 미 삼 월 삭 조 회 암 제

순희(淳熙) 정미(丁未) 삼월 초하루 아침에 회암(晦菴)은 쓴다.

【글자 뜻】 淳:순박할 순.　熙:밝을 희.　朔:초하루 삭.　晦:그믐 회.　菴:
　암자 암.
【말의 뜻】 淳熙:송나라 효종(孝宗) 14년. 서기 1187년 朱子의 나이 58세.
　朔朝:초하루 아침.　晦菴:朱子의 호.

【뜻 풀이】 淳熙 丁未(宋 孝宗 14년, 서기 1187년) 3월 초하루 아침에 회암
　(晦菴) 주희(朱熹)는 쓴다.

소학제사(小學題辭 : 소학의 머리말)

元亨利貞 天道之常 仁義禮智 人性之綱.
원 형 이 정   천 도 지 상   인 의 예 지   인 성 지 강

凡此厥初 無有不善 藹然四端 隨感而見.
범 차 궐 초   무 유 불 선   애 연 사 단   수 감 이 현

愛親敬兄 忠君弟長 是曰秉彝 有順無彊.
애 친 경 형   충 군 제 장   시 왈 병 이   유 순 무 강

　원(元)과 형(亨)과 이(利)와 정(貞)은 하늘의 도리의 떳떳함이요, 인(仁)과 의(義)와 예(禮)와 지(智)는 사람의 성품의 벼리(덕성)이다.

　무릇 이들은 그 처음에는 착하지 않음이 있지 않아 왕성하게 네 단서가 감동을 따라서 나타난다.

　부모를 사랑하고 형을 공경함과 임금에게 충성하고 어른을 공경함을 이는 사람이 지닌 떳떳한 성품이라 하거니와, 이는 저절로 나오는 것이요 억지로 힘써 되는 것이 아니다.

【글자 뜻】 亨:형통할 형. 貞:곧을 정. 智:지혜 지. 性:성품 성. 綱:벼리 강. 凡:무릇 범. 厥:그 궐. 初:처음 초. 藹:성할 애. 端:끝 단. 隨:따를 수. 見:나타날 현. 볼 견. 弟:공경할 제. 아우 제. 秉:잡을 병. 彝: 떳떳할 이. 彊:힘쓸 강.

【말의 뜻】元亨利貞:하늘의 변함없는 네 가지 이치. 元은 봄이고 만물이 생

겨남이며, 亨은 여름이고 만물이 자라남이며, 利는 가을이고 만물이 성
숙함이며, 貞은 겨울이고 만물이 완성함이다.　天道之常:하늘의 道의
변함없는 이치.　仁義禮智:어진 마음과 의리와 예절과 지혜. 하늘의 이
치인 元亨利貞은 사람의 성품에 작용하여, 元은 仁이 되어 만물을 사랑
하게 하고, 亨은 禮가 되어 예절을 지키게 하고, 利는 義가 되어 의리를
지키게 하고, 貞은 智가 되어 슬기로 옳고 그름을 판단하게 한다.　人
性之綱:사람의 성품의 대강(덕성).　凡此:대저 이 仁義禮智들.　厥初:그
처음.　無有不善:착하지 않음이 있지 않음. 다 착함.　藹然:성한 모양.
四端:네 가지 단서(실마리).　四端論은 孟子가 편 것으로, 불쌍하게 여
기는 마음은 仁의 단서이고, 부끄럽게 생각하는 마음은 義의 단서이고,
사양하는 마음은 禮의 단서이고, 옳고 그름을 판단하는 마음은 智의 단
서라고 말함.　隨感而見:감동함을 따라서 仁義禮智의 성품이 나타남.
愛親敬兄:부모를 사랑하고 형을 공경함.　忠君弟長:임금에게 충성하고
어른을 공경함.　秉彝:사람이 타고난 변함없는 성품.　有順無彊:이와 같
은 성품은 저절로 나타나는 것이지 억지로 노력한다고 되는 것이 아님.

【뜻 풀이】 元·亨·利·貞은 하늘의 변함없는 법도, 즉 天理이고, 仁·
　義·禮·智는 사람의 성품의 근본적인 덕성이다.

　　대저 이 仁·義·禮·智는 그 근본이 다 착한 것들이어서, 감동함에
따라 네 가지 성품이 왕성하게 나타난다.

　　부모를 사랑하여 효도로 섬기고, 형을 공경하여 우애를 지키고, 또 임
금에게 충성하고 어른을 공경하여 받드는 것을, 사람이 지닌 변함없는
성품이라 하거니와, 이와 같은 성품은 저절로 나타나는 것이지 억지로
노력한다고 되는 일이 아니다.

惟聖性者 浩浩其天 不加毫末 萬善足焉.
유 성 성 자 호 호 기 천 부 가 호 말 만 선 족 언

衆人蚩蚩 物欲交蔽 乃頹其綱 安此暴棄.
중 인 치 치 물 욕 교 폐 내 퇴 기 강 안 차 포 기

惟聖斯惻 建學立師 以培其根 以達其支.
유 성 사 측 건 학 입 사 이 배 기 근 이 달 기 지

오직 성인은 타고난 성품 그대로 하는 사람이라, 넓고 넓어서 그 하늘이니, 터럭 끝만치 더하지 않더라도 모든 착함이 족하다.

그러나 일반 사람들은 알지 못하고 어리석어 물욕이 서로 가려서, 곧 그 강령을 무너뜨리고 이 자포자기(自暴自棄)함을 편안히 여긴다.

오직 성인이 이에 슬퍼하여 학교를 세우고 스승을 세워 배우고, 써 그 뿌리를 북돋우며, 써 그 가지를 발달하게 하였다.

【글자 뜻】 惟:오직 유. 聖:성인 성. 浩:넓을 호. 加:더할 가. 毫:터럭 호. 末:끝 말. 足:족할 족. 발 족. 衆:무리 중. 蚩:어리석을 치. 欲: 욕심 욕. 하고자할 욕. 交:서로 교. 사귈 교. 蔽:가릴 폐. 乃:이에 내. 頹:무너질 퇴. 暴:버릴 포. 사나울 폭. 棄:버릴 기. 斯:이 사. 惻:슬플 측. 建:세울 건. 師:스승 사. 培:북돋울 배. 根:뿌리 근. 達:달할 달. 支:가지 지. 지탱할 지.

【말의 뜻】 性者:천성대로 하는 사람. 浩浩其天:넓고 넓어 하늘과 같음. 毫末:터럭의 끝. 萬善:만 가지 선함. 모든 선함. 衆人:보통 사람들. 蚩蚩: 어리석고 아는 것이 없음. 物欲交蔽:사물에 대한 욕심이 서로 마음을 가림. 乃頹其綱:곧 仁義禮智의 법도를 무너뜨림. 暴棄:스스로를 버림. 자포자기함. 培其根:그 뿌리를 북돋움. 達其支:그 가지를 발달시킴.

【뜻 풀이】 오직 성인만은 타고난 성품을 그대로 실행으로 옮기기 때문에 마치 넓고 넓은 하늘의 덕과 같아서, 모든 착함을 다 갖추고 있어서 터럭 끝만큼도 더할 것이 없다.

그러나 보통 사람들은 무지하고 어리석어 사물에 대한 욕심이 계속 마음을 가려, 곧 자기의 仁義禮智의 천성과 도덕을 무너뜨리고, 자포자기(自暴自棄)하여 물욕에 얽매어 살려고 한다.

성인이 이를 불쌍하게 생각하여 학교를 세우고 스승을 두어, 그 성품의 뿌리를 북돋우게 하고, 그 천성의 가지를 뻗어나게 한 것이다.

小學之方 灑掃應對 入孝出恭 動罔或悖 行有餘力 誦詩讀書
소학지방 쇄소응대 입효출공 동망혹패 행유여력 송시독서

詠歌舞蹈 思罔或逾.
영가무도 사망혹유

窮理修身 斯學之大 明命赫然 罔有內外 德崇業廣 乃復其初
궁리수신 사학지대 명명혁연 망유내외 덕숭업광 내복기초

昔非不足 今豈有餘.
석비부족 금기유여

小學의 방법은 물 뿌리고 쓸고 응하고 대답하며, 집에 들면 부모에게 효도하고 밖에 나가면 어른을 공경하여, 행동이 혹 어긋남이 없게 하는 것이니, 이를 행하고 남은 힘이 있으면, 시를 외우고 글을 읽으며, 노래를 부르고 춤을 추어, 생각이 혹 넘지 않도록 해야 한다.

이치를 궁구하고 몸을 닦음은 곧 학문의 큰 것이니, 하늘이 명하여 준 밝은 성품을 빛내어 안과 밖이 있지 아니하니, 덕이 높고 업적이 넓어야 그 처음으로 돌아가는 것이니, 옛날에 부족하지 아니하였으니 이제 남음이 있으랴!

【글자 뜻】 方:방법 방. 모 방. 恭:공경할 공. 動:움직일 동. 罔:없을 망. 或:혹 혹. 悖:어긋날 패. 誦:외울 송. 詠:읊을 영. 舞:춤출 무. 蹈:춤출 도. 逾:넘을 유. 窮:궁구할 궁. 궁할 궁. 斯:이 사. 赫:성할 혁. 崇:높을 숭. 業:일 업. 廣:넓을 광. 復:회복할 복. 다시 부. 昔:옛 석. 豈:어찌 기.

【말의 뜻】 小學之方:소학에서 가르치는 방법. 動罔或悖:행동이 혹시나 도리에 어긋남이 없게 함. 誦詩讀書:시를 외우고 글을 읽음. 詠歌舞蹈:노래를 부르고 춤을 춤. 思罔或逾:생각함이 혹시나 법도를 넘지 않게 함. 窮理修身:하늘의 이치를 궁구하고 몸을 닦음. 學之大:배우는 것이 큼. 즉 大學에서 배우는 학문. 明命赫然:하늘이 명하여 준 밝은 성품을 성하게 빛냄. 罔有內外:속의 마음과 겉의 행실을 일치시킴. 德崇業廣:덕을 높이고 업적을 넓힘. 復其初:하늘이 준 성품으로 되돌아감. 昔非不足:배우기 전 옛날에도 성품이 착하여 부족함이 없었음. 今豈有餘:이제 어찌 남음이 있으랴! 학문을 닦은 지금에도 남을 것이 없음.

【뜻 풀이】 小學에서 가르치는 방법은 일상생활에 관한 것으로, 물 뿌리고 쓸고 응대하고, 집에 들어오면 부모에게 효도하고 밖에 나가면 어른을 공경하여, 행실이 조금도 도리에 어긋나지 않게 해야 하거니와, 이를 실천하고도 나머지 힘이 있으면, 시를 외우고 글을 읽고 노래를 부르고 춤을 추어, 인격을 닦음으로써 생각함이 조금도 법도를 넘지 않게 해야 한다.

　세상 만물에 법칙을 주는 하늘의 이치를 궁리하고 몸을 올바르게 닦는 일은 곧 大學에서 배우는 것이니, 하늘이 부여해 준 밝은 성품을 갈고 닦아 성하게 빛냄으로써 마음과 행실이 일치되게 해야 하거니와, 덕행을 높이고 업적을 넓혀야만 하늘이 준 처음의 착한 성품으로 돌아갈 수 있으니, 학문을 배우기 전의 어린 시절에도 성품이 착하여 부족함이 없었으니, 이제 어찌 착한 성품의 나머지가 있을 수 있으랴!

世遠人亡 經殘教弛 蒙養弗端 長益浮靡 鄕無善俗 世乏良材
세 원 인 무　경 잔 교 이　몽 양 불 단　장 익 부 미　향 무 선 속　세 핍 량 재

利欲紛拏 異言喧豗.
이 욕 분 나　이 언 훤 회

幸玆秉彛 極天罔墜 爰輯舊聞 庶覺來裔 嗟嗟小子 敬受此書
행 자 병 이　극 천 망 추　원 집 구 문　서 각 래 예　차 차 소 자　경 수 차 서

匪我言耄 惟聖之謨.
비 아 언 모　유 성 지 모

세대는 멀고 성인은 없어, 경서(經書)는 쇠잔하고 가르침은 해이해져서, 어린이들의 교양이 단정하지 못하고, 자라남에 더욱 경박하고 사치해져서, 시골에 착한 풍속이 없고, 세상에 어진 인재가 없어서, 이득에 대한 욕심이 어지러이 이끌며, 이단의 말이 떠들썩하고 시끄럽다.

다행히 이 타고난 떳떳한 성품이 하늘이 다하도록 떨어지지 않는지라, 이에 전에 들은 것을 모아서 오는 후손들을 깨우치기를 바라노니, 아아 슬프다, 어린이들아, 공경하며 이 책을 받으라. 내 말은 늙은이의 망령된 것이 아니라 오직 성인의 법도이다.

【글자 뜻】 遠:멀 원. 亡:없을 무. 망할 망. 經:글 경. 殘:쇠잔할 잔. 弛:해이할 이. 養:기를 양. 弗:말 불. 端:단정할 단. 끝 단. 益:더할 익. 浮:뜰 부. 가벼울 부. 靡:사치할 미. 良:어질 량. 材:재목 재. 紛:어지러울 분. 拏:이끌 나. 異:다를 이. 喧:떠들 훤. 豗:시끄러울 회. 幸:다행 행. 玆:이 자. 極:다할 극. 墜:떨어질 추. 爰:이에 원. 庶:바랄 서. 뭇 서. 覺:깨달을 각. 裔:후손 예. 嗟:슬플 차. 匪:아닐 비. 耄:늙은이 모. 謨:꾀할 모.

【말의 뜻】 世遠人亡:夏 · 殷 · 周의 고대는 너무 멀고, 성인들은 돌아가 없음. 經殘敎弛:경서는 없어지고 가르침은 해이해짐. 蒙養弗端:어린이

들의 교양이 단정하지 못함.　長益浮靡:사람에 따라 더욱 경박하고 사
치해짐.　鄕無善俗:시골에 좋은 풍속이 없음.　世乏良材:세상에 어진 인
재가 없음.　利欲紛拏:이득에 대한 욕심이 어지러이 끌어당김.　異言喧
豗:이단의 말들이 떠들썩하고 시끄러움.　極天罔墜:하늘이 다하도록 떨
어지지 않음. 하늘이 있는 한 떨어지지 않음.　舊聞:이제까지 들은 것.
庶覺來裔:앞으로 올 후손들을 깨우치기를 바람.　嗟嗟:아아, 슬프다.
小子:어린 제자들.　匪我言耄:내 말은 늙은이의 망령된 것이 아님. 나는
朱子.　聖之謨:성인의 법도.

【뜻 풀이】 태평성대를 누리던 夏·殷·周는 이미 먼 옛날의 일이어서 성인
들은 돌아가 없으며, 성인들이 남긴 경서(經書)도 전국시대(戰國時代)
를 거치는 동안 많이 없어지고, 고대에 그처럼 중요시하던 小學의 가르
침도 해이해져서, 어린이들의 마음과 행실이 단정하지 못하고, 자라남
에 따라 점점 더 경박하고 사치함에 물들어, 시골에 선량한 풍속이 없
어지고, 세상에 우수한 인재가 없다. 오직 이득에 대한 물욕만이 사람
들의 마음을 유혹하고, 성인의 법도를 무시한 이단의 말들이 시끄럽게
떠들썩하다.
　　그러나 다행히도 사람의 변함없는 선한 덕성은 하늘이 준 것이기 때
문에, 하늘이 있는 한 결코 사람들이 이를 잃지 않을 것이다. 이에 나는
이제까지 읽고 들은 것을 한데 모아 이 책 小學을 만들어, 앞으로 오는
후손들에게 읽게 하여 자각함이 있기를 바랄 뿐이다. 아아, 슬프다, 어
린 제자들이여, 이 책을 공경스러운 마음으로 받으라. 이 책에 있는 말
들은 한 늙은이의 망령된 말이 아니라, 저 위대한 성인들이 남겨 준 올
바른 법도인 것이다.

내 편
(內篇)

제 1 입교편
(第一 立敎篇)

　이 입교편(立敎篇)에서는 스승 된 사람으로 하여금 어린이들을 가르치는 방법을 깨닫게 하고, 어린이들로 하여금 배우는 방법을 깨닫게 하려는 것이다.

　小學에서 가르치는 방법은 집안을 청소하고 손님들을 응대하며, 집에서는 부모에게 효도하고, 형제간에 우애가 있으며, 밖에 나가면 어른들을 공경하여 행동이 조금도 예절에서 벗어나지 않게 하는데 있다. 이와 같은 일들을 다 하고서 힘이 남으면 글을 읽고 시를 외우며, 건전한 노래를 부르고 춤을 추며, 생각이 조금도 예절에서 벗어나지 않게 해야 하는 것이다.

子思子曰 天命之謂性 率性之謂道 修道之謂敎 則天明 遵聖
자사자왈 천명지위성 솔성지위도 수도지위교 칙천명 준성
法 述此篇 俾爲師者 知所以敎 而弟子知所以學.
법 술차편 비위사자 지소이교 이제자지소이학

　　자사자(子思子)가 말하기를, "하늘이 명한 것을 성품이라 이르고, 성품을 따르는 것을 도리라 이르며, 도리를 닦는 것을 가르침이라 이른다." 하였으니, 하늘의 밝음을 본받고 성인의 법도를 쫓아 이 편을 지어서, 스승이 된 사람들로 하여금 가르치는 까닭을 알게 하고, 제자로 하여금 배우는 까닭을 알게 하려는 것이다.

【글자 뜻】 思:생각 사.　子:스승 자. 아들 자.　命:명할 명.　謂:이를 위.
性:성품 성.　率:좇을 솔. 거느릴 솔.　修:닦을 수.　敎:가르칠 교.　則:
본받을 칙. 법칙 칙.　遵:좇을 준.　聖:성인 성.　法:법도 법. 법 법.　述:
지을 술.　篇:책 편.　俾:하여금 비.　爲:될 위. 할 위.　師:스승 사.　知:
알 지.　所:바 소.

【말의 뜻】 子思子:子思 선생.　子思는 孔子의 손자로, 이름은 급(伋), 자는
子思. 중용(中庸)을 지었음.　天命之謂性 率性之謂道 修道之謂敎는 中庸
첫머리에서 인용한 것임.　天命之謂性:하늘이 명하여 사람들에게 준 착
한 바탕을 성품이라고 말함.　率性之謂道:착한 성품에 따라 올바르게 행
동하는 것을 도리라 말함.　修道之謂敎:올바른 도리를 닦는 과정을 가르
침이라 말함.　則天明:하늘의 밝은 명령을 본받음.　遵聖法:성인의 법도
를 따름.　述此篇:이 편을 지음.　俾爲師者:스승이 된 사람으로 하여금.
하여금(俾)은 아래에 있는 弟子에게도 걸림.　所以:까닭.

【뜻 풀이】 小學 첫머리에서 교육의 확립에 대하여 언급한 것은 인간생활에

서는 교육이 가장 중요하기 때문이다. 교육에는 가정교육 · 학교교육 · 사회교육이 있거니와, 이중에서도 가장 중요한 것은 가정교육이다.

감수성이 가장 예민한 어린 시절에, 법도 있는 가정에서 올바른 교육을 받은 사람은 성장한 뒤에도, 항상 착한 마음을 지니고 올바른 행실을 하게 마련인 것이다.

중용(中庸)을 지은 子思는, "하늘이 명하여 사람들이 올바른 바탕을 지닌 것을 성품(천성)이라 말하고, 이 올바른 성품에 따라 행동하는 것을 도리라 말하고, 올바른 도리를 닦아 나가는 과정을 교육이라고 말한다."고 하였으니, 하늘이 사람에게 준 밝은 명령을 본받고 옛날 성인의 올바른 법도를 따라 이 편을 지어서, 남을 가르치는 스승들로 하여금 가르치는 방법을 알게 하고, 또 배움을 받는 제자들로 하여금 배우는 방법을 알게 하려는 것이다.

列女傳曰 古者 婦人妊子 寢不側 坐不邊 立不蹕 不食邪味 割
열녀전왈 고자 부인임자 침불측 좌불변 입불필 불식사미 할

不正不食 席不正不坐 目不視邪色 耳不聽淫聲 夜則令瞽誦
부정불식 석부정불좌 목불시사색 이불청음성 야칙령고송

詩 道正事.
시 도정사

如此則生子 形容端正 才過人矣.
여차칙생자 형용단정 재과인의

열녀전(列女傳)에서 이렇게 말했다.

"옛날에 부인이 자식을 임신하면, 잘 때 옆으로 눕지 아니하고, 앉을 때 가에 앉지 아니하고, 설 때 한쪽 발로 서지 아니하며, 간사한 맛을 먹지 아니하고, 벤 것이 바르지 않으면 먹지 아니하고, 자리가 바르지 않으면 앉지 아니하며, 눈으로 간사한 빛을 보지 아니하고, 귀로 음란한 소리를 들

지 아니하며, 밤이면 소경 악사로 하여금 시를 외우게 하고, 올바른 일을 말하였다."

이와 같이 하면 자식을 낳음에 형용이 단정하고, 재주가 남보다 뛰어날 것이다.

【글자 뜻】列:벌릴 열. 줄 열. 傳:전할 전. 妊:아이밸 임. 寢:잘 침. 側: 곁 측. 坐:앉을 좌. 邊:갓 변. 蹕:외발로설 필. 邪:간사할 사. 味:맛 미. 割:벨 할. 席:자리 석. 視:볼 시. 聽:들을 청. 淫:음란할 음. 令: 하여금 령. 명령할 령. 瞽:소경 고. 誦:외울 송. 道:이를 도. 길 도. 形:형상 형. 容:얼굴 용. 端:단정할 단. 才:재주 재. 過:지날 과. 矣: 어조사 의.

【말의 뜻】列女傳:漢나라 때 유향(劉向)이 엮은 책 이름. 妊子:자식을 임신함. 寢不側:잘 때 모로 눕지 않음. 坐不邊:앉을 때 가장자리에 앉지 않음. 立不蹕:설 때 한쪽 발에 힘을 주어 서지 않음. 不食邪味:이상한 맛이 나는 음식을 먹지 않음. 淫聲:음란한 소리. 令瞽誦詩:소경 악사를 시켜 시를 읊게 함. 道正事:올바른 일만을 말함. 才過人:재주가 남보다 뛰어남.

【뜻 풀이】列女傳(고대부터 漢나라 때까지 대표적 여성들을 모은 책)에, " 옛날에는 여인들이 임신을 하면 모로 눕지 않고, 가장자리에 앉지 않으며, 한 발에 힘을 주어 몸이 기울어지게 서지 않았다. 또 이상한 맛이 나는 음식을 먹지 않고, 반듯하게 썰지 않은 고기나 과일을 먹지 않으며, 자리가 비뚤게 깔려 있으면 앉지 않았다. 그리고 눈으로는 간사한 빛깔을 보지 않고, 귀로는 음란한 소리를 듣지 않았으며, 밤이면 악사를 시켜 좋은 시를 읊게 하고, 항상 올바른 말만을 하였다."고 말하고 있다.

이와 같이 하여 자식을 낳으면, 그 모습이 단정하고 재주가 남들보다 뛰어날 것이다.

이상은 소위 태교(胎敎)라는 것으로, 지금도 이와 같은 태교를 지키는 사람들이 많다.

內則曰 凡生子 擇於諸母與可者 必求其寬裕慈惠 溫良恭敬
내 칙 왈 범 생 자 택 어 제 모 여 가 자 필 구 기 관 유 자 혜 온 량 공 경

愼而寡言者 使爲子師.
신 이 과 언 자 사 위 자 사

子能食食 敎以右手 能言男唯女俞 男鞶革 女鞶絲.
자 능 식 사 교 이 우 수 능 언 남 유 여 유 남 반 혁 여 반 사

내칙(內則)에서 이렇게 말했다.

"무릇 자녀를 낳으면 여러 어머니와 함께 있어도 좋은 사람을 가리되, 반드시 그 너그럽고 넉넉하고 인자하고 은혜롭고, 온순하고 어질고 공손하고 공경하며, 신중하여 말이 적은 사람을 구하여, 하여금 자식의 스승을 삼아야 한다.

자녀가 능히 밥을 먹으면 오른손으로써 가르치고, 능히 말을 하면 남자는 빨리 대답하게 하고 여자는 느리게 대답하게 하며, 남자는 가죽으로 띠하고 여자는 실로 띠 해야 한다."

【글자 뜻】 則:본받을 칙. 법칙 칙. 凡:무릇 범. 擇:가릴 택. 諸:여러 제. 與:더불어 여. 寬:너그러울 관. 裕:넉넉할 유. 慈:인자할 자. 惠:은혜 혜. 溫:온순할 온. 따뜻할 온. 良:어질 량. 恭:공손할 공. 敬:공경할 경. 愼:삼갈 신. 寡:적을 과. 使:하여금 사. 爲:삼을 위. 할 위. 師:스승 사. 食:먹을 식. 밥 사. 唯:대답할 유. 오직 유. 俞:대답할 유. 성

유. 鞶:띠 반. 革:가죽 혁. 絲:실 사.

【말의 뜻】 內則:예기(禮記)의 內則篇. 주로 가정의 예절이 씌어 있음. 諸
母:여러 첩들. 與可者:함께 있을 만한 사람. 스승이 될 만한 사람. 寬
裕慈惠:마음이 너그럽고 넉넉하고 인자하고 은혜로운 사람. 溫良恭敬:
온순하고 어질고 공손하고 공경하는 사람. 愼而寡言:조심하여 말이 적
은 사람. 爲子師:자녀의 스승으로 삼음. 能食食(능식사):능히 밥을 먹
음. 男唯女俞:남자는 빨리 대답하고 여자는 느리게 대답함. 男鞶革女
鞶絲:남자의 띠는 가죽으로 하고 여자의 띠는 실로 함.

【뜻 풀이】 禮記 內則篇에 이렇게 씌어 있다. 우선 어린이가 태어나면 여러
어머니들과 시녀들 중에서, 마음이 관대하고 여유가 있고 인자하고 은
혜롭고, 성격이 온순하고 어질고 공손하고 공경할 줄 알고, 신중하여 말
이 적은 사람 하나를 골라, 어린이의 스승으로 삼아야 한다.

이밖에 어머니와 보모 두 사람이 있어, 항상 세 사람이 어린이를 돌보
며, 다른 사람들은 용무가 없는 한 어린이 방에 드나들지 않는다.

어린이가 밥을 먹을 수 있게 되면 오른손으로 숟가락질을 하도록 가
르치고, 말을 할 줄 알게 되면 사내아이는 빨리 대답하게 하고 계집아
이는 느리게 대답하도록 가르쳐야 한다. 그리고 사내아이는 가죽 띠를
하게 하고 계집아이는 실띠를 하게 해야 한다.

六年敎之數與方名.
육 년 교 지 수 여 방 명

七年男女不同席 不共食.
칠 년 남 녀 부 동 석 불 공 식

八年出入門戶及卽席飲食 必後長者 始敎之讓.
팔 년 출 입 문 호 급 즉 석 음 식 필 후 장 자 시 교 지 양

九年敎之數日.
구 년 교 지 수 일

十年出就外傅 居宿於外 學書計 衣不帛襦袴 禮帥初 朝夕學
십 년 출 취 외 부 거 숙 어 외 학 서 계 의 불 백 유 과 예 솔 초 조 석 학

幼儀請肄簡諒.
유 의 청 이 간 량

"여섯 살이 되면, 수와 방위의 이름을 가르쳐야 한다.

일곱 살이 되면, 남녀가 같은 자리에 앉지 아니하고, 함께 밥 먹지 않아야 한다.

여덟 살이 되면, 문을 출입할 때 및 자리에 나아가 음식을 먹을 때 반드시 어른보다 뒤에 하여, 비로소 사양하는 법을 가르쳐야 한다.

아홉 살이 되면, 날짜 셈하는 법을 가르쳐야 한다.

열 살이 되면, 바깥 스승에게 나아가서 밖에서 거처하고 자며, 글씨와 셈하기를 배우고, 옷은 비단으로 만든 저고리와 바지를 입지 아니하고, 예절을 처음으로 따르며, 아침저녁으로 어린 예의를 배우되 간단하고 알기 쉬운 것을 청하여 익히게 해야 한다."

【글자 뜻】 方:방위 방. 모 방. 共:함께 공. 戶:지게 호. 卽:나아갈 즉. 곧 즉. 飲:마실 음. 長:어른 장. 긴 장. 始:비로소 시. 讓:사양할 양. 就:나아갈 취. 傅:스승 부. 宿:잘 숙. 書:글씨 서. 글 서. 計:셈할 계. 계교 계. 帛:비단 백. 襦:저고리 유. 袴:바지 과. 帥:좇을 솔. 장

수 수. 幼:어 릴 유. 儀:거동 의. 請:청할 청. 肄:익힐 이. 簡:간단
할 간. 諒:알 량.

【말의 뜻】教之:가르침. 數與方名:수와 동서남북의 방위 이름. 男女不同
席(남녀부동석):남녀가 일곱 살이 되면 한자리에 앉지 않음. 門戶:문.
門은 두 짝으로 된 문이고 戶는 외짝 문. 卽席:자리에 나아감. 後長者:
어른들보다 뒤에 함. 始敎之讓:처음으로 양보하는 법을 가르침. 數日:
날짜를 셈함. 出就外傅:바깥 스승에게로 나아감. 居宿於外:밖에서 거
처함. 書計:글씨와 셈하기. 帛襦袴:비단으로 만든 저고리와 바지. 禮
帥初(예솔초):처음으로 예절에 따라 행동함. 幼儀:어린이에게 맞는 예
의. 請肄:청하여 익힘. 簡諒:간단하여 알기 쉬운 예절.

【뜻 풀이】 여섯 살이 되면, 하나에서부터 열·백·천·만에 이르는 수를
가르쳐야 하고, 아울러 동·서·남·북의 방위 이름을 가르쳐야 한다.
　　일곱 살이 되면, 남녀가 한자리에 앉지 못하게 하고, 함께 밥 먹지 못
하게 해야 한다.
　　여덟 살이 되면, 문을 드나들 때나 자리에 나아가고 음식을 먹을 때,
반드시 어른들보다 뒤에 하게 하여 처음으로 어른에게 양보하는 법을
가르쳐야 한다.
　　아홉 살이 되면, 날짜가 가는 것을 셈하는 법을 가르쳐야 한다.
　　그리고 남자는 열 살이 되면, 바깥 스승을 따라 배우도록 내보내야 하
고, 바깥채에서 거처하도록 해야 하며, 글씨 쓰기와 더하기·빼기·곱
하기·나누기 등의 셈하는 법을 가르치고, 비단으로 만든 옷이 아니라
무명과 베로 만든 저고리와 바지를 입게 하며, 처음으로 예절을 따라
행동하게 하여, 아침저녁으로 어린이에 맞는 예절을 배우되, 간단하여
실행하기 쉽고 알기 쉬운 예절을 청하여 익히게 해야 한다.

十有三年學樂誦詩 舞勺 成童舞象 學射御.
십 유 삼 년 학 악 송 시 무 작 성 동 무 상 학 사 어

二十而冠 始學禮 可以衣裘帛 舞大夏 惇行孝悌 博學不敎 內
이 십 이 관 시 학 례 가 이 의 구 백 무 대 하 돈 행 효 제 박 학 불 교 내

而不出.
이 불 출

"열세 살이 되면, 음악을 배우고 시를 외우며, 작(勺)을 춤추게 하고 성
동(成童:열다섯 살)이 되면 상(象)을 춤추고, 활쏘기와 말 타기를 배우게
해야 한다.

스무 살에 관례(冠禮)를 행하여 비로소 어른의 예절을 배우고, 가히 써
털가죽 옷과 비단옷을 입으며, 대하(大夏)를 춤추고, 효도와 공경함을 돈
독하게 행하며, 널리 배워서 남을 가르치지 아니하고, 덕을 안으로 쌓아 밖
으로 드러내지 말아야 한다."

【글자 뜻】 樂:음악 악. 즐거울 락. 舞:춤출 무. 勺:춤이름 작. 童:아이 동.
　　　象:춤이름 상. 코끼리 상. 射:활쏠 사. 御:말탈 어. 어거할 어. 冠:관
　　　례 관. 갓 관. 裘:갖옷 구. 惇:도타울 돈. 悌:공경할 제. 博:너를 박.
【말의 뜻】 學樂誦詩:음악을 배우고 시를 외움. 勺:춤의 이름. 文舞. 成童:
　　　열다섯 살 이상. 象:춤의 이름. 武舞. 射御:활쏘기와 말 타기. 冠:관례
　　　(冠禮)를 행하고 갓을 씀. 學禮:성인의 예절을 배움. 裘帛:털가죽 옷과
　　　비단옷. 大夏:춤의 이름. 文武舞. 惇行:독실하게 실행함. 孝悌:부모에게
　　　효도하고 어른을 공경함. 博學不敎:널리 배우되 스승이 되어 남을 가르
　　　치지는 않음. 內而不出:덕을 안으로 쌓아 밖으로 드러내지 않음.

【뜻 풀이】 열세 살이 되면, 음악을 배우고 시를 읽고 외우며, 부드러운 춤
　　　인 작(勺)을 춤추고, 열다섯 살부터는 씩씩한 춤인 상(象)을 춤추고, 활

쏘기와 말 타기를 배워야 한다.

　스무 살이 되면, 관례를 행하여 갓을 쓰고, 비로소 성인의 예절을 배우고, 털가죽 옷과 비단옷을 입을 수 있으며, 문무(文武)가 겸비한 대하(大夏)를 춤추고, 부모에게 효도하고 어른에게 공경함을 독실히 실행하며, 널리 학문을 배우되 남을 가르치지는 아니하고, 덕을 안으로 쌓아 밖으로 드러내지 말아야 한다.

三十而有室 始理男事 博學無方 孫友視志.
삼 십 이 유 실 　 시 리 남 사 　 박 학 무 방 　 손 우 시 지

四十始仕 方物出謀發慮 道合則服從 不可則去.
사 십 시 사 　 방 물 출 모 발 려 　 도 합 즉 복 종 　 불 가 즉 거

五十命爲大夫 服官政 七十致事.
오 십 명 위 대 부 　 복 관 정 　 칠 십 치 사

　"서른 살이 되면, 아내를 두어 비로소 남자의 일을 다스리며, 널리 배워서 방향이 없으며, 벗을 순하게 사귀되 그 뜻을 보아 사귀어야 한다.

　마흔 살이 되면, 비로소 벼슬하여 일을 대하여 꾀를 내고 생각을 발하여, 도리에 맞으면 복종하고, 옳지 않으면 물러가야 한다.

　쉰 살에 명하여 大夫가 되어 나랏일을 다스리고, 일흔 살에 벼슬에서 물러나야 한다."

【글자 뜻】室:아내 실. 집 실. 理:다스릴 리. 孫:순할 손. 손자 손. 視: 볼 시. 志:뜻 지. 仕:벼슬 사. 方:대할 방. 모 방. 謀:꾀 모. 慮:생각 려. 服:복종할 복. 옷 복.

【말의 뜻】有室:아내를 둠. 博學無方:널리 배워 일정함이 없음. 孫友視 志:순하게 벗을 사귀되 그 뜻을 보아 사귐. 始仕:비로소 벼슬함. 方物:

일을 대함. 方은 대함의 뜻이고, 物은 일의 뜻. 出謀發慮:꾀를 내고 생
각을 나타냄. 道合:도리에 맞음. 不可則去:옳지 않으면 벼슬에서 물러
남. 服官政:나랏일을 맡아 다스림. 致事:벼슬에서 물러남.

【뜻 풀이】 서른 살이 되면 결혼하여 아내를 얻고, 비로소 한 사회인으로
서 남자의 의무를 담당한다. 학문은 계속되지만 일반적인 학습은 끝났
기 때문에, 일정한 형식이 없이 널리 배워 인격을 완성한다. 사회적인
친구도 이 시기에 사귀되, 상대방의 뜻을 살펴 좋은 친구를 사귀도록
해야 한다.

　마흔 살이 되면 비로소 벼슬하되, 일을 처리 할 때는 지혜와 의견을
충분히 발휘해야 하며, 상관이 지시하는 일이 도리에 맞으면 복종하고,
도리에 맞지 않으면 벼슬에서 물러나야 한다.

　쉰 살이 되면 높은 벼슬자리에 임명되어 나랏일을 다스려 나가고, 일
흔 살이 되면 벼슬에서 물러나야 한다.

女子十年不出 姆教婉娩聽從 執麻枲 治絲繭 織紝組紃 學如
여 자 십 년 불 출 무 교 완 만 청 종 집 마 시 치 사 견 직 임 조 순 학 여

事 以共衣服 觀於祭祀 納酒漿籩豆菹醢 禮相助奠.
사 이 공 의 복 관 어 제 사 납 주 장 변 두 저 해 예 상 조 전

十有五年而笄 二十而嫁 有故二十三年而嫁 聘則爲妻 奔則
십 유 오 년 이 계 이 십 이 가 유 고 이 십 삼 년 이 가 빙 즉 위 처 분 즉

爲妾.
위 첩

"여자는 열 살이 되면 밖에 나가지 말아야 하며, 여자 스승이 순한 말과
부드러운 태도와 듣고 따름을 가르치고, 삼을 잡고, 실과 고치를 다스리
고, 비단과 실을 짜고, 여자의 일을 배워 써 의복을 마련하며, 제사를 보살

펴서 술과 초장과 대그릇과 나무그릇과 김치와 젓을 드려 예절을 돕고 제
사 지냄을 도와야 한다.

　열다섯 살이 되면 비녀를 꽂고, 스무 살에 시집가며, 연고가 있으면 스
물세 살에 시집가야 한다.

　혼례를 하면 아내가 되고, 달려가면 첩이 된다."

【글자 뜻】 姆:여스승 무.　婉:순할 완.　娩:고울 만.　聽:들을 청.　執:잡을
　　집.　麻:삼 마.　枲:수삼 시.　繭:고치 견.　織:짤 직.　紝:길쌈할 임.　組:
　　짤 조.　紃:실띠 순.　共:이바지할 공. 함께 공.　觀:볼 관.　祭:제사 제.
　　祀:제사 사.　納:드릴 납.　漿:초장 장.　籩:대그릇 변.　豆:나무그릇 두.
　　콩 두.　菹:김치 저.　醢:젓 해.　相:도울 상. 서로 상.　助:도울 조.　奠:
　　제사지낼 전.　筓:비녀 계.　嫁:시집갈 가.　故:연고 고.　聘:장가들 빙.
　　妻:아내 처.　奔:달아날 분.　妾:첩 첩.

【말의 뜻】 不出:밖에 나가지 않음.　姆:여자 스승.　婉娩聽從:말이 순하고
　　태도가 부드럽고 말을 듣고 따름.　執麻枲:삼을 잡고 실을 만듦.　治絲
　　繭:누에고치에서 실을 만듦.　織紝組紃:명주를 짜고 베를 짬.　共衣服:
　　의복을 만듦.　酒漿:술과 초장.　籩豆:대나무 제기와 나무그릇 제기.　菹
　　醢:김치와 젓.　禮相助奠:제사 지내는 일을 돕는 것.　有故:연고가 있
　　음. 부모가 돌아가심.　聘則爲妻:혼례를 올리면 아내가 됨.　奔則爲妾:
　　혼례를 올리지 않고 그대로 살면 첩이 됨.

【뜻 풀이】 여자는 열 살이 되면 밖에 나가지 말아야 하며, 집안에서 여자
　　스승에게 말을 순하게 하고 태도를 부드럽게 가지며, 말을 잘 듣고 따
　　르는 예절을 배워야 한다. 또 삼으로 실을 만들어 베를 짜는 일과 누에
　　를 쳐서 실을 자아 명주를 짜는 일을 배우고, 여자가 하는 일들을 배워

의복을 만들며, 제사 지내는 법도를 보고 술과 초장과 제기 다루는 법과 김치와 젓을 드리는 법을 배워, 제사 지내는 일을 도와야 한다.

여자는 열다섯 살이 되면 비녀를 꽂고, 스무 살에 시집을 가야 하거니와, 부모가 돌아가시는 연고가 있으면 스물세 살에 시집가야 한다.

혼례를 올리고 시집가면 아내가 되고, 혼례를 올리지 않고 그대로 살면 첩이 된다.

曲禮曰 幼子常視毋誑 立必正方 不傾聽.
곡 례 왈 유 자 상 시 무 광   입 필 정 방   불 경 청

곡례(曲禮)에서 이렇게 말했다.

"어린 자녀에게는 항상 속이지 않음을 보여야 하고, 설 때는 반드시 방향을 바르게 하고, 엿듣지 말아야 한다."

【글자 뜻】 曲:작은일 곡. 굽을 곡. 常:항상 상. 視:보일 시. 볼 시. 毋:말무. 誑:속일 광. 傾:기울일 경.

【말의 뜻】 曲禮:예기(禮記)의 편명(篇名). 視毋誑:속임을 보여서는 안 됨. 正方:방향을 바르게 함. 傾聽:귀를 기울여 엿들음.

【뜻 풀이】 禮記 曲禮篇에서, "어린 자녀에게는 거짓말을 해서는 안 되며, 설 때 앞을 보고 똑바르게 서고, 남의 말을 엿들어선 안 된다."고 말했다.

孟子曰 人之有道也 飽食暖衣 逸居而無教 則近於禽獸 聖人
맹자왈 인지유도야 포식난의 일거이무교 칙근어금수 성인

有憂之 使契爲司徒 敎以人倫 父子有親 君臣有義 夫婦有別
유우지 사설위사도 교이인륜 부자유친 군신유의 부부유별

長幼有序 朋友有信.
장유유서 붕우유신

맹자(孟子)가 이렇게 말했다.

"사람에게 도리가 있어서, 배불리 먹고 따뜻하게 입어 편안히 살더라도, 가르침이 없으면 곧 금수에 가깝기 때문에, 성인이 근심함이 있어, 설(契)로 하여금 사도(司徒)를 삼아 인륜으로써 가르치니, 아버지와 아들은 친함이 있으며, 임금과 신하는 의리가 있으며, 남편과 아내는 분별이 있으며, 어른과 어린이는 차례가 있으며, 벗과 벗은 신의가 있어야 한다."

【글자 뜻】 孟:성 맹. 첫 맹. 飽:배부를 포. 暖:따뜻할 난. 逸:편안할 일. 禽:새 금. 獸:짐승 수. 憂:근심 우. 契:사람이름 설. 맺을 계. 司:맡을 사. 徒:무리 도. 倫:인륜 륜. 序:차례 서. 朋:벗 붕. 信:믿을 신.

【말의 뜻】 孟子:중국 전국시대 사람으로 이름은 가(軻), 자는 자여(子輿). 孔子의 仁을 계승하여 仁義를 주장하고, 사람의 본성은 착하다는 성선설(性善說)을 주장함. 저서로 《孟子》가 있음. 人之有道:사람에게 도리가 있음. 飽食暖衣:배불리 먹고 따뜻하게 입음. 逸居:편안하게 삶. 禽獸:새와 짐승. 聖人:순(舜)임금을 가리킴. 契:순임금의 신하. 司徒:백성을 가르치는 일을 맡은 벼슬 이름. 人倫:사람이 지켜야 할 도리. 즉 오륜(五倫). 父子有親:아버지와 아들 사이에 친함이 있음. 아버지는 아들을 사랑하고 아들은 아버지에게 효도를 함. 효도는 인간의 모든 행실의 근본이 되므로 인륜 중에서도 가장 큰 비중을 차지함. 君臣有義:

임금과 신하 사이에는 의리가 있어야 함. 임금은 국가의 주권자였고 신하는 임금에게 협력하는 사람으로, 무엇보다도 의리가 중요시되었음. 夫婦有別:남편은 바깥일을 맡고 아내는 집안일을 맡아, 서로 침범하지 않았음. 長幼有序:손윗사람과 아랫사람 사이에 차례와 질서가 있어야 함. 朋友有信:친구 사이에는 신의가 있어야 함.

【뜻 풀이】 이 글은 《孟子》에서 인용한 것이다. 孟子가 이렇게 말했다. "사람에게 도리가 있으므로, 비록 배불리 먹고 따뜻하게 입어 편안히 살지라도, 가르침을 받지 않으면 새나 짐승들에 가깝기 때문에, 舜임금이 이것을 근심하여 설(契)을 사도(司徒)로 삼아 백성들에게 사람의 도리를 가르치게 하니, 그것이 곧 五倫으로, 아버지와 아들 사이에는 친함이 있어야 하며, 임금과 신하 사이에는 의리가 있어야 하며, 남편과 아내 사이에는 분별이 있어야 하며, 어른과 어린이 사이에는 차례가 있어야 하며, 벗들 사이에는 신의가 있어야 하는 것이다."

舜命契曰 百姓不親 五品不遜 汝作司徒 敬敷五敎 在寬.
순 명 설 왈 백 성 불 친 오 품 불 손 여 작 사 도 경 부 오 교 재 관

命夔曰 命汝典樂 敎冑子 直而溫 寬而栗 剛而無虐 簡而無傲
명 기 왈 명 여 전 악 교 주 자 직 이 온 관 이 률 강 이 무 학 간 이 무 오

詩言志 歌永言 聲依永 律和聲 八音克諧 無相奪倫 神人以和.
시 언 지 가 영 언 성 의 영 률 화 성 팔 음 극 해 무 상 탈 륜 신 인 이 화

舜임금이 설(契)에게 명하여 말하기를, "백성들이 친화하지 않고 五倫이 따르지 않기 때문에, 너를 사도(司徒)로 삼으니, 공경하여 다섯 가지 가르침을 펴되 너그럽게 하라." 하였다.

또 기(夔)에게 명하여 말하기를, "너를 명하여 음악을 맡게 하니, 맏아들

을 가르칠 때 곧되 온화하며, 너그럽되 엄숙하며, 강직하되 사나움이 없으
며, 간략하되 거만함이 없어야 하거니와, 시는 뜻을 말하는 것이고, 노래
는 길게 말하는 것이고, 소리는 노래에 의지하는 것이고, 음률은 소리를 조
화시키는 것이니, 여덟 가지 음을 능히 조화시켜서 서로 차례를 뺏음이 없
어야, 신과 사람이 써 화합하게 된다."고 하였다.

【글자 뜻】 舜:순임금 순. 品:품수 품. 遜:순할 손. 겸손할 손. 汝:너 여.
敷:펼 부. 夔:공경할 기. 典:맡아볼 전. 법 전. 樂:음악 악. 즐거울 락.
胄:맏아들 주. 直:곧을 직. 栗:위엄 있을 률. 밤 률. 剛:굳셀 강. 虐:
사나울 학. 簡:간략할 간. 편지 간. 傲:거만할 오. 志:뜻 지. 依:의지
할 의. 律:풍류 률. 법 률. 和:화할 화. 克:능할 극. 이길 극. 諧:화할
해. 奪:뺏을 탈. 倫:질서 륜. 인륜 륜.

【말의 뜻】 五品:五倫. 不遜:순하게 행하여지지 않음. 敬敷五敎:공경하여
五倫의 가르침을 폄. 在寬:성급하게 굴지 말고 너그럽게 기다림. 典
樂:음악을 맡아 봄. 胄子:왕자로부터 사대부에 이르는 맏아들. 直而
溫:곧으면서도 온순함. 곧으면서 온순하기는 어려움. 寬而栗:너그러우
면서도 엄격함. 너그러우면 엄격하기가 어려움. 剛而無虐:강직하면서
도 사납지 않음. 강직하면 사납기가 쉬움. 簡而無傲:대범하면서도 거
만하지 않음. 대범하면 거만하기가 쉬움. 詩言志:시는 뜻을 나타내어
말한 것임. 歌永言:노래는 시를 길게 읊은 것임. 聲依永:악기의 소리
궁·상·각·치·우(宮·商·角·徵·羽)는 노래에 맞추어 지은 것임.
律和聲:열두 가지 음률은 악기의 소리를 화하게 한 것임. 八音克諧:금
(金:종)·석(石:석경)·사(絲:현악기)·죽(竹:관악기)·포(匏:박)·토
(土:흙으로 만든 악기)·혁(革:북)·목(木:나무로 만든 악기) 등 여덟
가지 악기가 조화를 이룸. 無相奪倫:질서와 조화가 깨어지지 않음. 神

人以和:여러 신과 사람이 조화를 이룸.

【뜻 풀이】 이 글은 尙書에서 인용한 것이다. 舜임금이 설(契)에게 명하여,
"백성들이 서로 화친하지 못하여 싸움이 많고, 五倫이 순조롭게 행해
지지 않는 것이 많다. 그래서 그대를 司徒로 삼아 백성들의 교화에 힘
쓰고자 하니, 그대는 공경스러운 마음으로 五倫의 다섯 가지 가르침을
널리 펴되, 성급하게 실현하려 하지 말고 관대하게 기다리도록 하라."
고 말하였다.

　또 기(夔)에게 명하여, "그대에게 음악을 맡아 다스리게 하니, 모든
맏아들을 가르치되, 곧고도 온순하며, 너그럽되 엄격하며, 굳세되 사납
지 않으며, 대범하되 거만하지 않도록 가르치라. 시는 뜻을 나타내 말
한 것이고, 노래는 그 시를 길게 읊은 것이며, 악기의 소리는 그 노래에
맞춘 것이고, 음률은 그 악기의 소리들을 조화시키는 것이니, 여덟 가
지 악기의 소리들이 잘 조화되어 질서가 유지되어야, 신과 사람이 화합
하게 되는 것이다."라고 말하였다.

周禮 大司徒以鄕三物 敎萬民而賓興之 一曰六德 知仁聖義忠
주 례 대 사 도 이 향 삼 물 교 만 민 이 빈 흥 지 일 왈 육 덕 지 인 성 의 충

和 二曰六行 孝友睦婣任恤 三曰六藝 禮樂射御書數.
화 이 왈 육 행 효 우 목 인 임 휼 삼 왈 육 예 례 악 사 어 서 수

주례(周禮)에 의하면, 대사도(大司徒)는 고을의 세 가지 일로써 만백성
을 가르쳐서 빈객으로 천거하니, 첫째는 여섯 가지 덕이니, 지혜와 어짊과
도리에 통함과 의리와 충성과 조화이고, 둘째는 여섯 가지 행실이니, 효도
와 우애와 화목함과 친애함과 벗 사이의 신임과 가난한 사람을 구제함이
고, 셋째는 여섯 가지 재주니, 예절과 음악과 활쏘기와 말 타기와 글씨 쓰

기와 셈하는 것이다.

【글자 뜻】周:나라 주. 鄕:고을 향. 物:일 물. 물건 물. 賓:손 빈. 興:천
거할 흥. 흥할 흥. 知:지혜 지. 알 지. 聖:통할 성. 성인 성. 睦:화목
할 목. 媚:인척 인. 任:미더울 임. 맡길 임. 恤:구제할 휼. 藝:재주 예.
射:활쏠 사. 御:말탈 어.

【말의 뜻】周禮:周나라 왕조의 제도를 기록한 것. 大司徒:국토와 인구를
맡아 다스리는 관리. 鄕:일만 이천오백 호. 鄕에는 鄕大夫가 있음. 三
物:세 가지 일. 즉 여섯 가지 덕과 여섯 가지 행실과 여섯 가지 재주. 賓
興之:빈객으로 천거함. 六德:여섯 가지 덕성. 즉 知는 옳고 그름을 분
별하는 지혜이고, 仁은 사욕이 없는 어진 마음이고, 聖은 모든 도리에
다 통하는 것이고, 義는 올바른 도리를 지키는 일이고, 忠은 마음의 진
실을 다하는 것이고, 和는 성격이 온화하여 치우침이 없는 것. 六行:여
섯 가지 올바른 행실. 즉 孝는 부모에게 효도하고, 友는 형제간에 우애
가 있고, 睦은 친척 간에 화목하고, 媚은 인척 간에 친근하고, 任은 벗
사이에 신의가 있고, 恤은 가난한 사람들을 구제하는 것. 六藝:君子가
지녀야 할 여섯 가지 재주. 즉 禮는 예절이고, 樂은 음악이고, 射는 활
쏘기, 御는 말 타기, 書는 글씨 쓰기, 數는 수를 계산하는 일.

【뜻 풀이】周禮에 의하면, 大司徒는 鄕大夫들에게 명하여 세 가지 일로 백
성들을 교화시켜, 어진 사람들을 빈객으로 천거하게 했다. 그 세 가지
일이란, 첫째 六德이니 지혜와 어진 마음과 도리에 밝음과 의리와 성실
과 온화함이 그것이고, 둘째 六行이니 효도와 우애와 친척 간에 화목함
과 인척 간에 친근함과 친구 사이의 신의와 가난한 사람을 구제함이 그
것이고, 셋째는 六藝니 예절과 음악과 활쏘기와 말 타기와 서예와 계산

하는 것이 그것이다.

以鄕八刑 糾萬民 一曰不孝之刑 二曰不睦之刑 三曰不婣之刑
이 향 팔 형 규 만 민 일 왈 불 효 지 형 이 왈 불 목 지 형 삼 왈 불 인 지 형

四曰不弟之刑 五曰不任之刑 六曰不恤之刑 七曰造言之刑 八
사 왈 부 제 지 형 오 왈 불 임 지 형 육 왈 불 휼 지 형 칠 왈 조 언 지 형 팔

曰亂民之刑.
왈 란 민 지 형

고을(鄕)의 여덟 가지 형벌로써 만백성을 바로잡으니, 첫째는 불효에 대한 형벌이고, 둘째는 화목하지 않은 형벌이고, 셋째는 인척과 친근하지 않은 형벌이고, 넷째는 공경하지 않은 형벌이고, 다섯째는 신의가 없는 형벌이고, 여섯째는 구제하지 않은 형벌이고, 일곱째는 말을 만들어낸 형벌이고, 여덟째는 백성을 어지럽게 한 형벌이다.

【글자 뜻】 刑:형벌 형. 糾:바로잡을 규. 弟:공경할 제. 아우 제. 造:지을 조. 亂:어지러울 란.

【말의 뜻】 八刑:여덟 가지 형벌. 糾萬民:만민을 바로잡음. 不弟之刑:형제간에 우애가 없는 형벌. 造言之刑:유언비어를 만들어 내는 형벌. 亂民之刑:백성을 혼란으로 몰아넣는 형벌.

【뜻 풀이】 각 고을(鄕)에서는 여덟 가지 형벌로 백성들의 도리를 바로잡는다. 첫째는 부모에게 불효를 저지르는데 대한 형벌이고, 둘째는 친척 간에 화목하지 않는데 대한 형벌이고, 셋째는 인척 간에 화목하지 않은데 대한 형벌이고, 넷째는 형제간에 우애가 없는데 대한 형벌이고, 다섯째는 친구 간에 신의가 없는데 대한 형벌이고, 여섯째는 가난한 사람을

구제하지 않은데 대한 형벌이고, 일곱째는 유언비어를 만들어 낸데 대한 형벌이고, 여덟째는 백성들을 혼란으로 몰아넣은데 대한 형벌이다.

王制曰 樂正 崇四術 立四教 順先王詩書禮樂以造士 春秋教
왕 제 왈 악 정 숭 사 술 입 사 교 순 선 왕 시 서 례 악 이 조 사 춘 추 교

以禮樂 冬夏教以詩書.
이 례 악 동 하 교 이 시 서

왕제(王制)에서 다음과 같이 말했다.

"악정(樂正)이 네 가지 길(四術)을 숭상하고, 네 가지 가르침을 세워서, 선왕(先王)의 시(詩)와 서(書)와 예절과 음악에 따라서 써 선비를 길러내되, 봄과 가을에는 예절과 음악으로써 가르치고, 겨울과 여름에는 詩와 書로써 가르쳤다."

【글자 뜻】 制:법도 제. 지을 제. 崇:숭상할 숭. 術:길 술. 재주 술. 順:따를 순. 순할 순. 造:이룰 조. 지을 조.

【말의 뜻】 王制:禮記의 王制篇. 樂正:교육을 맡은 벼슬 이름. 四術:네 가지 길. 즉 詩·書·禮·樂을 공부하여 덕으로 들어가는 길. 四教:詩·書·禮·樂의 네 가지 가르침. 先王:王朝를 이룩한 聖王들. 造士:인재를 육성함.

【뜻 풀이】 禮記 王制篇에 보면, "대학의 교육을 맡은 관직인 악정(樂正)은 네 가지 길을 숭상하고 네 가지 가르침을 설정하여, 先王들이 정해 놓은 詩·書·禮·樂의 법도에 따라 인재들을 육성하되, 봄과 가을에는 주로 예절과 음악을 가르치고, 겨울과 여름에는 주로 詩와 書를 가르쳤다."고 씌어 있다.

弟子職曰 先生施敎 弟子是則 溫恭自虛 所受是極.
제자직왈 선생시교 제자시칙 온공자허 소수시극

見善從之 聞義則服 溫柔孝弟 毋驕恃力.
견선종지 문의칙복 온유효제 무교시력

志毋虛邪 行必正直 游居有常 必就有德.
지무허사 행필정직 유거유상 필취유덕

顔色整齊 中心必式 夙興夜寐 衣帶必飭.
안색정제 중심필식 숙흥야매 의대필칙

朝益暮習 小心翼翼 一此不懈是謂學則.
조익모습 소심익익 일차불해 시위학칙

제자직(弟子職)에서 이렇게 말했다.

"선생이 가르침을 베풀면, 제자는 이를 본받아서 온화하고 공손하고 스스로 겸허하여, 배움을 받는 바 이를 극진히 해야 한다.

착함을 보면 따르고, 옳음을 들으면 행하며, 온화하고 유순하고 효도하고 공경하여, 교만하게 힘을 받지 말아야 한다.

뜻은 거짓되고 간사하지 말고, 행실은 반드시 바르고 곧아야 하며, 놀고 거함에 떳떳함을 두어, 반드시 덕이 있는데 나아가야 한다.

얼굴빛을 정제하면 속마음도 반드시 공경스럽게 되거니와, 일찍 일어나 밤에 잠자서, 옷과 띠를 반드시 갖추어야 한다.

아침에 더 배우고 저녁에 익히고, 마음을 작게 하여 공경할 것이니 이를 한결같이 하여 게을리 하지 아니하면, 이를 배우는 법이라고 말한다."

【글자 뜻】 職:직분 직. 施:베풀 시. 則:본받을 칙. 법 칙. 곧 즉. 恭:공손할 공. 虛:빌 허. 受:받을 수. 極:극진할 극. 服:행할 복. 옷 복. 柔:부드러울 유. 毋:말 무. 驕:교만할 교. 恃:믿을 시. 邪:간사할 사. 游:놀 유. 就:나아갈 취. 整:가지런할 정. 齊:가지런할 제. 나라 제. 式:

공경할 식. 夙:일찍 숙. 興:일 흥. 寐:잘 매. 帶:띠 대. 飭:갖출 칙.
益:더할 익. 暮:저물 모. 習:익힐 습. 翼:공경할 익. 날개 익. 懈:게
으를 해. 謂:이를 위.

【말의 뜻】 弟子職:관중(管仲)이 지은 管子의 篇 이름. 是則:이를 본받음.
自虛:스스로 겸허함. 所受:배움을 받는 것. 見善從之:착한 행실을 보
면 따름. 聞義則服:옳은 일을 들으면 실천함. 溫柔孝弟:온화하고 부드
럽고 효도하고 공경함. 毋驕恃力:교만하게 자기의 지식과 능력을 믿지
않음. 虛邪:허위와 간사함. 就有德:덕 있는 사람에게 나아감. 顔色整
齊:얼굴빛을 엄숙하게 가다듬음. 中心必式:속마음이 반드시 공경스러
워짐. 夙興夜寐:아침에 일찍 일어나고 밤에 잠. 衣帶必飭:의복과 띠를
반드시 갖춤. 朝益暮習:아침에 더욱 공부하고 저녁에 그것을 복습함.
小心翼翼:마음을 자세히 지녀 공경함. 一此不懈:이것을 한결같이 하여
게으르지 아니함. 學則:배우는 법.

【뜻 풀이】 管仲이 지은 管子의 弟子職에서 이렇게 말했다.

첫째, 스승이 가르침을 베풀면 제자는 이를 본받아, 온순하고 공손하
게 자신을 겸허하게 낮추어, 스승이 가르쳐 주시는 도리와 이치를 다
깨달으려고 노력해야 한다.

둘째, 일상생활에서 선한 행실을 보면 따라서 하고, 옳은 일을 들으
면 곧 실천하며, 항상 온화하고 부드러운 빛을 지녀, 부모에게 효도하
고 어른을 공경하며, 교만한 마음을 지녀 자기의 지식과 능력을 믿고
의지하지 말아야 한다.

셋째, 항상 생각과 뜻에 거짓되고 간사함을 지니지 말고, 행실을 반
드시 올바르고 곧게 해야 하며, 날마다 가고 노는 곳에 일정함을 두어
반드시 덕이 있는 사람에게 가야 한다.

넷째, 얼굴빛을 엄숙하게 갖추면 자연히 속에 지닌 마음까지 공경스럽게 되는 법이니, 아침에 일찍 일어나서 밤에 잠자리에 들 때까지 반드시 의복을 단정하게 갖추어야 한다.

다섯째, 아침에 더욱 많이 배우고 저녁에 그것을 복습하며, 마음을 작은 일에까지 두어 삼가고 공경하라. 이것을 한결같이 하여 학문에 노력하여 게을리 하지 않는 것, 이것이 바로 학문하는 방법이다.

孔子曰 弟子入則孝 出則弟 謹而信 汎愛衆 而親仁 行有餘力
공 자 왈 제 자 입 즉 효 출 즉 제 근 이 신 범 애 중 이 친 인 행 유 여 력
則以學文.
즉 이 학 문

孔子께서 이렇게 말씀하셨다.

"제자들은 들어오면 부모에게 효도하고, 나가면 어른을 공경하며, 삼가고 미더우며, 널리 여러 사람을 사랑하되 어진 사람을 가까이 할 것이니, 행하고 남은 힘이 있거든 곧 써 글을 배워야 한다."

【글자 뜻】 謹:삼갈 근. 汎:너를 범. 衆:무리 중. 親:가까울 친. 친할 친.
餘:남을 여.

【말의 뜻】 孔子:중국 춘추시대 사람으로, 이름은 구(丘). 자는 중니(仲尼).
仁을 근본사상으로 한 유교를 펴낸 분으로, 세계 三大聖人의 한 분임.
도덕정치를 주장하였으며, 제자가 삼천 명이나 되었다고 함. 중국 고대
의 詩書를 편찬하였으며, 論語는 孔子가 돌아간 뒤 제자들이 孔子의 言
行을 모아 엮은 것임. 謹而信:행실을 삼가서 신의가 있음. 汎愛衆:널
리 모든 사람들을 사랑함. 親仁:마음이 어진 사람을 가까이 사귐. 行
有餘力:앞의 일들을 다 실천하고도 남은 힘이 있음. 學文:글을 배움.

【뜻 풀이】 이 글은 論語 學而篇에서 인용한 것이다. 孔子께서 이렇게 말씀하셨다. "모든 배우는 사람들은 우선 집에 들어오면 부모에게 효도를 다하고, 밖에 나가서는 어른들을 공경하며, 모든 행실을 삼가 올바른 도리를 행하고, 사람들에게 신의가 있어야 하며, 널리 모든 사람들을 사랑하되 특히 마음이 어질고 행실이 올바른 사람을 가까이 사귀어야 한다. 이와 같은 일들을 다 실천하고도 나머지 힘이 있거든 학문을 배워야 한다."

興於詩 立於禮 成於樂.
흥 어 시 입 어 례 성 어 악

詩로 일으키고, 예절로 세우며, 음악으로 이루어야 한다.

【말의 뜻】 興於詩:마음을 시로 일으킴. 여기의 詩는 詩經의 詩를 말한 것임. 立於禮:예절로 몸을 세움. 예절은 생활규범이요 도덕규범이기 때문에, 예절을 떠나서는 하루도 살 수 없음. 成於樂:음악으로 인격을 완성시킴. 여기에서 음악은 전통적인 고대음악을 말한 것임.

【뜻 풀이】 이 글도 論語에서 인용한 孔子의 말씀이다.

孔子는 詩經에 수록된 詩를 일러, "詩 三百篇은 한마디로 말해서 생각에 사악함이 없다(詩三百 一言以蔽之曰 思無邪)."고 말씀하셨다. 詩經의 詩는 사람의 성정을 그대로 발로시켜, 그것을 읽으면 사람의 마음이 저절로 움직이게 된다. 그러므로 孔子는 올바른 성정을 詩를 읽어 일으키라고 말씀하신 것이다.

예절은 생활의 규범임과 동시에 질서의 표현이다. 만일 사회에 예절이 없다면 무질서와 혼란만이 존재할 것이다. 그래서 사람은 예절을 배우고 익혀야 하는 것이다.

다음으로 건전한 음악은 사람의 마음을 즐겁고 부드럽게 해 준다. 그래서 孔子는 음악을 몹시 숭상하셨다.

詩로 올바른 성정을 일으키고, 예절로 다듬어 확립하고, 음악으로 인격을 완성시키는 것은 무한히 순환되는 과정인 것이다.

樂記曰 禮樂不可斯須去身.
악 기 왈   예 악 불 가 사 수 거 신

악기(樂記)에서 이렇게 말했다.

"예절과 음악은 잠시도 몸에서 떠나게 해서는 안 된다."

【글자 뜻】 斯:잠깐 사. 이 사. 須:잠깐 수. 모름지기 수. 去:떠날 거. 갈 거.

【말의 뜻】 樂記:禮記의 篇 이름. 禮樂:예절과 음악. 斯須:잠시. 去身:몸에서 떠남.

【뜻 풀이】 옛날 사람들은 예절과 음악을 인격을 완성하는 근본으로 삼았다. 그러므로 잠시도 몸에서 떠나게 해서는 안 되었던 것이다.

子夏曰 賢賢易色 事父母 能竭其力 事君能致其身 與朋友交
자 하 왈   현 현 역 색   사 부 모   능 갈 기 력   사 군 능 치 기 신   여 붕 우 교

言而有信 雖曰未學 吾必謂之學矣.
언 이 유 신 수 왈 미 학 오 필 위 지 학 의

자하(子夏)가 이렇게 말했다.

"어진 사람을 어질게 여기되 여색 좋아하는 마음을 바꾸며, 부모를 섬기되 능히 그 힘을 다하며, 임금을 섬기되 능히 그 몸을 바치며, 벗들과 더불어 사귀되 말에 신의가 있으면, 비록 배우지 못했다 할지라도 나는 반드시 배웠다고 말하리라."

【글자 뜻】 賢:어질 현.　易:바꿀 역. 쉬울 이.　色:여색 색. 빛 색.　事:섬길 사. 일 사.　竭:다할 갈.　致:바칠 치. 이룰 치.　雖:비록 수.

【말의 뜻】 子夏:孔子의 제자로 이름은 복상(卜商), 子夏는 그의 자.　賢賢: 어진 사람을 어질게 여김.　易色:여색과 바꿈.　竭其力:그 힘을 다함.　致其身:그 몸을 바침.　與朋友交:벗들과 더불어 사귐.　未學:배우지 못함.　謂之學:배웠다고 말함.

【뜻 풀이】 이 글도 論語에서 인용한 것이다. 子夏가 말하기를, "여색 좋아 하는 마음으로 어진 사람을 좋아하고, 힘을 다해서 부모를 효성으로 섬 기며, 자기 몸을 바쳐 임금을 섬기고, 친구들 사이에 신의가 있다면, 이 런 사람이야말로 사람의 도리를 다하는 사람이다. 그러므로 세상 사람 들이 그를 일러 배우지 못한 사람이라고 할지라도, 나는 기필코 그를 배 움이 있는 사람이라고 말하겠다."고 하였다.

제 2 명륜편
(第二 明倫篇)

　　이 명륜편(明倫篇)에서는 사람으로서 지켜야 할 도리를 밝힌 것이다.
　　인간생활의 백 가지 행실 중에서도 부모에게 진심으로 효도하는 것
이 기본이 된다. 그러면 부모는 어떻게 섬겨야 하는가? 무엇보다도 부
모의 마음을 편안하게 해드리는 것이 효자이다. 부모에게 효도하는 마
음으로 국가에 봉사하면 義가 되고, 부부는 서로 인격을 존중하여 예
절에서 벗어나는 일이 없어야 하며, 부모를 공경하는 마음으로 밖에
나가 어른들을 공경하면 질서가 되고, 벗을 사귈 때는 그의 마음과 덕
행을 보고 사귀어야 한다.
　　현대를 사회질서가 무너진 시대라고 말하거니와, 부모에게 효도하
는 마음으로부터 행동을 바로잡으면 질서를 되찾을 수 있을 것이다.

孟子曰 設爲庠序學校 以敎之 皆所以明人倫也 稽聖經 訂賢
맹자왈 설위상서학교 이교지 개소이명인륜야 계성경 정현
傳 述此篇 以訓蒙士.
전 술차편 이훈몽사

맹자가 말하기를, "상(庠)과 서(序)와 학(學)과 교(校)를 설치하여 써 가
르치는 것은 다 인륜을 밝히려는 까닭이다."라고 하였으니, 성인의 글을
상고하고 현인의 전함을 바로잡아 이 편(篇)을 지어서 써 어린 선비를 가
르치려 한다.

【글자 뜻】 設:베풀 설. 庠:학교 상. 序:학교 서. 차례 서. 倫:인륜 륜.
　　稽:상고할 계. 經:글 경. 訂:바로잡을 정. 訓:가르칠 훈. 蒙:어릴 몽.
【말의 뜻】 庠序學校:모두 교육기관임. 庠은 노인 봉양함을 가르치고, 序는
　　활쏘기를 가르치며, 校는 백성을 교화함을 가르치니, 이는 다 향학(鄕
　　學)이며, 學은 나라에서 세운 國學임. 所以:까닭. 人倫:사람이 지켜야
　　할 도리. 즉 父子有親 · 君臣有義 · 夫婦有別 · 長幼有序 · 朋友有信의 五
　　倫을 말함. 稽聖經:성인의 경서(經書)를 생각함. 訂賢傳:현인들이 전
　　하는 글을 바로잡음. 蒙士:어린 선비. 어린이.

【뜻 풀이】 맹자의 말은 맹자 등문공편(滕文公篇)에 있는 말이다. 맹자가
　　말하기를, "예로부터 각 학교를 세워 백성들을 가르친 것은 모두가 사
　　람으로서 지켜야 할 도리를 밝히기 위한 것이다." 하였다. 그러므로 성
　　인이 남긴 경서(經書)를 인용하고 현인들이 전하는 글을 검토하여, 이
　　편을 지어서 어린이들을 가르치게 하려고 한다.

凡內外 鷄初鳴咸盥漱 衣服斂枕簟 灑掃室堂及庭 布席各從
범내외 계초명함관수 의복렴침점 쇄소실당급정 포석각종
其事.
기 사

　무릇 안팎의 사람들은 첫닭이 울거든 다 세수하고 양치질하며, 옷을 입고,
베개와 이부자리를 거두어, 방과 집과 뜰에 물 뿌리고 쓸며, 자리를 펴고,
각각 그의 일을 해야 한다.

【글자 뜻】 凡:무릇 범. 鷄:닭 계. 鳴:울 명. 咸:다 함. 盥:세수할 관. 漱:
　　양치질할 수. 服:옷 복. 斂:거둘 렴. 枕:베개 침. 簟:잠자리 점. 灑:물
　　뿌릴 쇄. 掃:쓸 소. 堂:집 당. 庭:뜰 정. 布:펼 포. 베 포. 從:좇을 종.
【말의 뜻】 內外:안팎의 사람들. 鷄初鳴:첫닭이 욺. 盥漱:세수하고 양치질
　　함. 衣服:옷을 입음. 枕簟:베개와 이부자리. 灑掃:물 뿌리고 씂. 室堂:
　　방과 집. 布席:자리를 펴 놓음. 各從其事:각각 자기가 해야 할 일을 함.

【뜻 풀이】 이 글은 禮記 內則篇에 실려 있다. 첫닭이 울면 모든 안팎 사
　　람들은 일어나, 세수를 하고 이를 닦으며, 옷을 입고, 이부자리를 개고
　　치워, 집과 방과 뜰을 청소하고, 자리를 깐 다음, 각자 자기가 맡은 일
　　을 해야 한다.

曲禮曰 凡爲人子之禮 冬溫而夏淸 昏定而晨省 出必告 反必
곡례왈 범위인자지례 동온이하청 혼정이신성 출필고 반필
面 所遊必有常 所習必有業 恒言不稱老.
면 소유필유상 소습필유업 항언불칭로

　곡례(曲禮)에서 이렇게 말했다.

"무릇 남의 아들이 된 예절은 겨울에 따뜻하게 하고 여름에 서늘하게 하며, 밤에 잠자리를 정하고 새벽에 안부를 살피며, 나갈 때는 반드시 고하고, 돌아오면 반드시 안색을 살피며, 노는 곳에 반드시 일정함을 두며, 익히는 바를 반드시 힘써야 하며, 항상 말할 때 늙었다고 일컫지 말아야 한다."

【글자 뜻】淸:서늘할 정. 昏:어두울 혼. 晨:새벽 신. 省:살필 성. 告:고할 곡. 고할 고. 習:익힐 습. 恒:항상 항. 稱:일컬을 칭

【말의 뜻】冬溫而夏淸:부모를 겨울에는 따뜻하게 해 드리고, 여름에는 서늘하게 해 드림. 昏定而晨省:밤이면 잠자리를 보아 드리고, 새벽에 안부를 여쭈어 보는 것. 出必告:밖에 나갈 때 반드시 고함. 反必面:밖에서 돌아오면 반드시 부모의 안색을 살핌. 所遊必有常:노는 곳을 반드시 일정한 장소를 둠. 所習必有業:배우고 익히는 것에 반드시 업적이 있게 함. 不稱老:늙었다고 말하지 않음.

【뜻 풀이】아들로서 부모를 섬길 때에 겨울에는 방과 의복을 따뜻하게 해 드리고, 여름에는 서늘하게 해 드려야 하며, 밤에는 이부자리를 깔아 잠자리를 정해 드리고, 새벽이면 안부를 여쭈어 편안하신가를 알아보아야 한다. 또 밖에 나갈 때는 반드시 다녀오겠다고 여쭈어야 하고, 밖에서 돌아오면 반드시 다녀왔다고 여쭙고 부모의 안색을 살펴야 한다. 그리고 노는 곳을 항상 일정하게 하여야 부모가 근심을 안 하시며, 학업에 힘써 올바르게 자라야 부모가 기뻐하시고, 부모 앞에서는 평소에 말할 때 늙었다는 말을 하지 말아야 한다.

禮記日 孝子之有深愛者 必有和氣 有和氣者 必有愉色 有愉
예기왈 효자지유심애자 필유화기 유화기자 필유유색 유유

色者 必有婉容 孝子如執玉 如奉盈 洞洞屬屬然 如弗勝 如將
색자 필유완용 효자여집옥 여봉영 동동속속연 여불승 여장

失之 嚴威儼恪 非所以事親也.
실지 엄위엄각 비소이사친야

예기(禮記)에서 이렇게 말했다.

"효자의 깊은 사랑이 있는 사람은 반드시 온화한 기운이 있고, 온화한 기운이 있는 사람은 반드시 기쁜 빛이 있으며, 기쁜 빛이 있는 사람은 반드시 온순한 모습이 있거니와, 효자는 玉을 잡고 있는 것같이 하고, 가득한 것을 받들고 있는 것같이 하여, 조심하기를 한결같이 하여 이기지 못하는 것같이 하고, 장차 잃을 것같이 하니, 엄숙하고 위엄 있고 엄정하고 근엄함이 부모를 섬기는 도리가 아니다."

【글자 뜻】 愉:기뻐할 유. 婉:순할 완. 容:모양 용. 얼굴 용. 執:잡을 집.
奉:받들 봉. 盈:찰 영. 洞:삼갈 동. 골 동. 屬:이을 촉. 붙일 속. 弗:
말 불. 威:위엄 위. 儼:머리쳐들 엄. 恪:삼갈 각.

【말의 뜻】 禮記:禮記 祭義篇에 실린 글. 深愛:부모를 깊이 사랑함. 和氣:
온화한 기운. 愉色:기뻐하는 모습. 婉容:온순한 모양. 執玉:玉을 잡고
있음. 奉盈:그릇에 가득 찬 것을 받들고 있음. 洞洞屬屬:조심하기를
한결같이 하는 모양. 洞洞은 조심하는 모양. 屬屬은 한결같음. 弗勝:이
기지 못함. 嚴威儼恪:엄숙하고 위엄 있고 엄정하고 근엄함.

【뜻 풀이】 효자로 부모를 깊이 사랑하는 사람은 항상 얼굴에 온화한 기운
이 서려 있다. 온화한 기운이 있으면 자연히 기뻐하는 빛이 나타나게 되
고, 기뻐하는 빛이 있으면 태도까지 온순해지게 마련이다. 그러므로 효

자는 마치 값진 白玉을 쥐고 있는 것같이, 혹은 물이 가득 담긴 그릇을 받들고 있는 것같이, 한결같이 조심하여 차마 그것을 이기지 못하는 것 같이 하고, 그것을 잃지나 않을까 조심한다. 그러므로 엄숙하고 위엄 있고 엄정하고 근엄하여 사람들로 하여금 두려움을 느끼게 하는 것은 부모를 섬기는 도리가 아니다.

曲禮曰 凡爲人子者 居不主奧 坐不中席 行不中道 立不中門
곡 례 왈　범 위 인 자 자　거 불 주 오　좌 불 중 석　행 불 중 도　입 불 중 문

食饗不爲槪 祭祀不爲尸 聽於無聲 視於無形 不登高 不臨深
사 향 불 위 개　제 사 불 위 시　청 어 무 성　시 어 무 형　불 등 고　불 림 심

不苟訾 不苟笑.
불 구 자　불 구 소

곡례(曲禮)에서 이렇게 말했다.

"무릇 남의 아들이 된 사람은 아랫목에 거처하지 아니하고, 가운데 자리에 앉지 아니하며, 가운데 길로 가지 아니하고, 문 가운데 서지 아니하며, 부모를 봉양하고 손님을 대접할 때는 계량하지 아니하고, 제사를 주장하지 아니하며, 소리가 없는 데서도 듣고, 모습이 없는 데서도 보며, 높은 데 올라가지 말고, 깊은 데 임하지 말며, 구차하게 헐뜯지 말고, 구차하게 웃지 말아야 한다."

【글자 뜻】 奧:아랫목 오. 구석 오. 席:자리 석. 食:밥 사. 밥 식. 饗:잔치할 향. 槪:헤아릴 개. 대개 개. 祀:제사 사. 尸:주장할 시. 聽:들을 청. 視:볼 시. 臨:임할 림. 苟:구차할 구. 진실로 구. 訾:헐뜯을 자. 笑:웃을 소.

【말의 뜻】 主奧:아랫목. 食饗(사향):부모나 손님에게 음식을 대접함. 不爲

尸:주장하지 않음. 聽於無聲:부모의 말씀이 없는 데서도 말씀소리를 들음. 視於無形:부모의 모습이 없는 데서도 부모의 모습을 봄. 不苟訾:함부로 헐뜯지 아니함.

【뜻 풀이】 부모를 모시고 한집에 살 때에는 아랫목에 거처하지 말고, 가운데 자리에 앉지 말며, 길 복판으로 가지 말고, 문 복판에 서지 말아야 한다.

또 부모를 봉양하거나 손님을 대접하거나 제사를 차릴 때 등 음식을 차릴 때에는 계산하여 따지지 말아야 하고, 제사를 지낼 때는 아버지가 계시므로 주장해서 지내지 말아야 한다. 비록 부모의 말씀이 있지 않더라도 부모의 뜻을 알아야 하고, 부모의 모습이 보이지 않더라도 부모의 생각을 알아서 편안하게 해 드려야 한다.

또 높은 곳에 오르거나 깊은 물가에 가서 위태로운 일이 없도록 해야 하고, 함부로 다른 사람을 헐뜯어 욕하거나 경솔하게 웃지 말아야 한다.

孔子曰 父母在 不遠遊 遊必有方.
공 자 왈 부 모 재 불 원 유 유 필 유 방

공자께서 이렇게 말씀하셨다.

"부모가 계시거든 멀리 떠나 놀지 말아야 하며, 놀되 반드시 방위를 두어야 한다."

【글자 뜻】 遠:멀 원. 遊:놀 유. 方:방위 방. 모 방.
【말의 뜻】 父母在:부모가 살아 계심. 遠遊:멀리 나가 놂. 遊必有方:놀되 반드시 일정한 장소를 둠.

【뜻 풀이】 부모가 살아 계시면 부모 곁을 오래 떠나 멀리 나가 놀지 말아

야 한다. 부모를 곁에서 모시지 못할 뿐 아니라, 부모께서 걱정을 하실 것이기 때문이다. 또 부득이 나가 놀아야 할 때는 반드시 가는 곳을 알려 드려 근심과 걱정을 하시지 않게 해야 한다.

曲禮曰 父母存 不許友以死.
곡 례 왈 부 모 존 불 허 우 이 사

곡례에서 이렇게 말했다.

"부모가 계시거든 벗에게 죽음으로써 허락하지 말아야 한다."

【글자 뜻】 存:있을 존. 許:허락할 허.

【말의 뜻】 許友以死:벗에게 죽음으로써 허락함. 즉 벗에게 함께 죽을 것을 맹세함.

【뜻 풀이】 이것은 禮記 曲禮篇에 실린 글이다. 부모가 살아 계신 동안에는 친구를 위하여 목숨을 버리는 약속을 해서는 안 되거니와, 이것은 곧 부모를 잊은 행위이기 때문이다.

禮記曰 父命呼 唯而不諾 手執業則投之 食在口則吐之 走而
예 기 왈 부 명 호 유 이 불 락 수 집 업 즉 투 지 사 재 구 즉 토 지 주 이

不趨.
불 추

親老出不易方 復不過時 親瘠色容不盛 此孝子之疏節也.
친 노 출 불 역 방 복 불 과 시 친 제 색 용 불 성 차 효 자 지 소 절 야

父沒而不能讀父之書 手澤存焉爾 母沒而杯圈不能飲焉 口澤
부 몰 이 불 능 독 부 지 서 수 택 존 언 이 모 몰 이 배 권 불 능 음 언 구 택

之氣存焉爾.
지 기 존 언 이

예기(禮記)에서 이렇게 말했다.

"아버지가 명하여 부르시거든 곧 '네' 하여 머뭇거리지 말아야 하고, 손에 일을 잡았으면 던지고, 입에 밥이 있으면 뱉고 달려가야지 걸어가지 말아야 한다.

부모가 늙으셨으면 나감에 방위를 바꾸지 말고, 돌아옴에 때를 지나지 말며, 부모가 병드셨으면 안색과 용모를 펴지 아니하는 것, 이것이 효자의 대략의 예절이다.

아버지가 돌아가셨는데 아버지의 책을 읽지 못함은 손때가 있기 때문이며, 어머니가 돌아가셨는데 술잔과 그릇으로 마시지 못함은 입김의 기운이 있기 때문이다."

【글자 뜻】 呼:부를 호. 唯:대답할 유. 오직 유. 諾:대답할 낙. 投:던질 투. 吐:토할 토. 走:달릴 주. 趨:추창할 추. 易:바꿀 역. 復:돌아올 복. 회복할 복. 다시 부. 瘠:병들 제. 盛:성할 성. 疏:성길 소. 節:예절 절. 마디 절. 沒:죽을 몰. 澤:때 택. 못 택. 存:있을 존. 爾:어조사 이. 너 이. 杯:술잔 배. 圈:그릇 권.

【말의 뜻】 唯而不諾:빨리 대답하여 머뭇거리지 않음. 唯는 빠른 대답이고, 諾은 느린 대답. 走而不趨:달려가고 종종걸음으로 걸어가지 않음. 出不易方:외출함에 방위를 바꾸지 않음. 復不過時:돌아옴에 때를 지나서 오지 않음. 色容:안색과 용모. 不盛:환하게 펴지 않음. 疏節:대략의 예절. 手澤:손때. 杯圈:잔과 그릇. 口澤:입김.

【뜻 풀이】 이것은 禮記 옥조편(玉藻篇)에 있는 글이다. 부모를 효도로 모시는 대략을 말하고 있다.

아버지가 명하여 부르시면, 곧 '네' 하고 대답해야지 머뭇거려서는 안 되며, 만일 손에 일을 잡았으면 그 일을 던지고, 또 식사중이라 입 안에 밥이 있으면 뱉고서, 급히 아버지에게로 달려가야지 종종걸음으로 걸어가서는 안 된다.

또 부모가 늙으셨으면, 부모를 안심시켜 드리기 위하여 외출한 곳에서 방향을 바꾸어 다른 곳으로 가거나, 집에 돌아오는 시간을 늦추어서는 안 된다. 그리고 부모가 병환이 나시면, 평소의 온화한 기운을 버리고 얼굴과 용모에 근심이 어려 있어야 한다. 이것이 부모를 효도로 섬기는 대략이다.

그리고 아버지가 돌아가신 뒤에 아버지가 보시던 책을 차마 읽지 못하는 것은 그 책에 아버지의 손때가 묻어 있기 때문이며, 어머니가 돌아가신 뒤에 어머니가 쓰시던 그릇들을 차마 사용하지 못하는 것은 그 그릇들에 어머니의 입김이 남아 있기 때문이다.

曾子曰 孝子之養老也 樂其心 不違其志 樂其耳目 安其寢處
증 자 왈 효 자 지 양 노 야 낙 기 심 불 위 기 지 낙 기 이 목 안 기 침 처

以其飮食 忠養之.
이 기 음 식 충 양 지

是故父母之所愛亦愛之 父母之所敬亦敬之 至於犬馬盡然 而
시 고 부 모 지 소 애 역 애 지 부 모 지 소 경 역 경 지 지 어 견 마 진 연 이

況於人乎.
황 어 인 호

증자(曾子)가 이렇게 말했다.

"효자가 늙으신 부모를 봉양함에는 그 마음을 즐겁게 하고, 그 뜻을 어기지 아니하며, 그 귀와 눈을 즐겁게 하고, 그 잠자고 거처하시는 곳을 편안히 하며, 그 음식으로써 성심껏 봉양해야 한다.

그러므로 부모가 사랑하시는 바를 또한 사랑하며, 부모가 공경하시는 바

를 또한 공경해야 하거니와, 개나 말에 이르러서도 다 그러하거늘, 하물며 사람에 있어서랴!"

【글자 뜻】樂:즐거울 락. 違:어길 위. 志:뜻 지. 寢:잘 침. 忠:마음다할 충. 충성 충. 況:하물며 황.

【말의 뜻】養老:늙은 부모를 봉양함. 樂其心:부모의 마음을 즐겁게 해 드림. 不違其志:부모의 뜻을 어기지 않음. 樂其耳目: 부모의 귀와 눈을 즐겁게 해 드림. 寢處:주무시는 곳과 거처하시는 곳. 忠養之:정성껏 봉양함. 盡然:다 그러함. 況於人乎:하물며 사람에게 있어서랴!

【뜻 풀이】효자가 부모를 봉양함에는 무엇보다도 부모의 마음을 즐겁게 해 드리고, 부모의 뜻을 거역하여 어기지 아니하며, 부드러운 말로 부모의 귀를 즐겁게 해 드리고, 온화한 낯빛과 태도로 부모의 눈을 즐겁게 해 드리며, 부모의 잠자리와 거처하시는 곳을 편안하게 해 드리고, 부모가 좋아하시는 음식으로 정성을 다하여 봉양해야 한다.

그러므로 부모가 사랑하시는 것을 따라서 사랑해야 하고, 부모가 공경하시는 것을 따라서 공경해야 한다. 심지어는 부모가 기르시는 개나 말까지도 사랑하고 귀여워해야 하거늘, 더구나 부모가 사랑하시고 공경하시는 사람들을 어찌 사랑하고 공경하지 않을 수 있겠는가!

曾子曰 父母愛之 喜而不忘 父母惡之 懼而無怨 父母有過 諫
증 자 왈 부 모 애 지 희 이 불 망 부 모 오 지 구 이 무 원 부 모 유 과 간
而不逆.
이 불 역

증자가 이렇게 말했다.

"부모가 사랑해 주시거든 기뻐하여 잊지 말아야 하고, 부모가 미워하시거든 두려워하여 원망하지 말아야 하며, 부모가 잘못하심이 있거든 간하되 거역하지 말아야 한다."

【글자 뜻】 喜:기쁠 희. 忘:잊을 망. 惡:미워할 오. 악할 악. 懼:두려워할 구. 怨:원망할 원. 過:허물 과. 지날 과. 諫:간할 간. 逆:거스를 역.

【말의 뜻】 不忘:잊지 말아야 함. 惡之:미워함. 無怨:원망하지 않음. 諫而不逆:부드러운 말로 간하되 부모의 뜻을 거역하지 않음.

【뜻 풀이】 이것은 禮記 제의편(祭義篇)에 있는 글이다.

　　부모께서 자기를 사랑해 주시거든 몹시 기뻐하여 그 은혜를 잊지 말아야 하고, 부모께서 자기를 미워하시거든 두려워하여 자신의 잘못을 반성하고 부모를 원망하지 말아야 한다. 또 부모께서 잘못하시는 일이 있거든 부드러운 말로 도리에 맞게 간하되 부모의 뜻을 거역하여 부모를 화나시게 해서는 안 된다.

內則曰 父母有過 下氣怡色 柔聲以諫 諫若不入 起敬起孝 說
내 칙 왈 부 모 유 과 하 기 이 색 유 성 이 간 간 약 불 입 기 경 기 효 열
則復諫.
즉 부 간
不悅與其得罪於鄕黨州閭 寧孰諫 父母怒不悅 而撻之流血 不
불 열 여 기 득 죄 어 향 당 주 려 녕 숙 간 부 모 노 불 열 이 달 지 유 혈 불
敢疾怨 起敬起孝.
감 질 원 기 경 기 효

내칙(內則)에서 이렇게 말했다.

"부모가 잘못하심이 있거든, 기운을 낮추고 낯빛을 온화하게 하며 부드

러운 말로써 간할 것이니, 간함이 만약 받아들여지지 않거든 공경함을 일
으키고 효성을 일으켜서, 기뻐하시거든 다시 간해야 한다.

　기뻐하시지 않더라도 그 죄를 향당(鄕黨)과 주려(州閭)에 얻기보다는 차
라리 간절히 간할 것이니, 부모가 성내시고 기뻐하시지 않아 종아리 쳐서
피가 흐를지라도 감히 미워하고 원망하지 말고, 공경함을 일으키고 효심
을 일으켜야 한다."

【글자 뜻】 則:법칙 칙. 곧 즉. 怡:화할 이. 柔:부드러울 유. 說:기쁠 열.
　　말씀 설. 復:다시 부. 悅:기쁠 열. 與:보다 여. 더불 여. 鄕:시골 향.
　　黨:마을 당. 무리 당. 州:고을 주. 閭:마을 려. 寧:차라리 녕. 편안
　　녕. 孰:익을 숙. 누구 숙. 撻:종아리칠 달. 疾:미워할 질. 병 질. 怨:
　　원망할 원.
【말의 뜻】 內則:禮記 內則篇. 下氣怡色:마음의 기운을 낮추고 낯빛을 온
　　화하게 함. 柔聲以諫:목소리를 부드럽게 하여 간함. 與~寧~:~하기
　　보다는 차라리 ~하라. 鄕黨州閭:행정구역의 명칭. 周禮에 의하면 25
　　집을 閭, 100집을 族, 500집을 黨, 五黨을 鄕이라 했음. 孰諫:간절히
　　간함. 熟諫과 같음. 疾怨:미워하고 원망함.

【뜻 풀이】 옛날에는 임금이 잘못하면 신하가 간하고, 부모가 잘못하면 아
　　들이 간했다. 임금의 경우는 세 번 간하여 듣지 않으면 신하가 떠났지
　　만, 부모의 경우는 세 번(여러 번의 뜻) 간하여 듣지 않으면, 울면서 부
　　모의 뜻에 따랐다고 한다.
　　　부모가 잘못하시는 일이 있으면, 아들은 마음의 기운을 가라앉히고
　　얼굴빛을 온화하게 하여 부드러운 목소리로 올바른 도리로 간해야 한
　　다. 그래도 부모가 아들의 간함을 받아들이시지 않거든, 자기의 잘못을

반성하여 공경하는 마음과 효도하는 마음을 일으키고, 부모가 기뻐하시며 즐거워하실 때 다시 간해야 한다.

　만일 부모가 자식의 간함을 기뻐하시지 않더라도, 부모가 향당과 주려에 죄를 지으시게 하기보다는, 차라리 자식이 간절히 되풀이하여 간해야 한다. 자식의 간함을 받으시고, 부모가 화내시며 기뻐하시지 않아 자식의 종아리를 쳐서 피가 흐르더라도, 감히 부모를 미워하거나 원망하지 말고, 공경하는 마음과 효도하는 마음을 일으켜야 한다.

曲禮曰 子之事親也 三諫而不聽 則號泣而隨之.
곡 례 왈 자 지 사 친 야 삼 간 이 불 청 즉 호 읍 이 수 지

곡례에서 이렇게 말했다.
"자식이 부모를 섬김에는 세 번 간하여 부모가 듣지 아니하시거든, 부르짖어 울면서 따라야 한다."

【글자 뜻】 聽:들을 청. 號:부르짖을 호. 이름 호. 泣:울 읍. 隨:따를 수.
【말의 뜻】 三諫:세 번 간함. 자주 간함의 뜻. 不聽:듣지 않음. 號泣:소리 내어 욺. 隨之:따름.

【뜻 풀이】 이것은 禮記 曲禮篇에 있는 글이다. 자식이 부모를 섬기는 도리는, 만일 부모가 잘못하시는 일이 있으면, 부모의 마음이 즐거우실 때를 가려 올바른 도리로 자주 간해야 한다. 그래도 부모가 끝내 간함을 듣지 않으시면, 울면서 부모의 행동에 따라야 한다. 부모의 뜻을 거역하지 않는 것이 효도이기 때문이다.

君有疾飮藥 臣先嘗之 親有疾飮藥 子先嘗之 醫不三世 不服
군 유 질 음 약 신 선 상 지 친 유 질 음 약 자 선 상 지 의 불 삼 세 불 복
其藥.
기 약

임금이 병이 있어 약을 마시거든 신하가 먼저 맛보아야 하고, 부모가 병
이 있어 약을 마시거든 아들이 먼저 맛보아야 한다. 의원은 三代가 아니거
든 그 약을 먹지 말아야 한다.

【글자 뜻】 疾:병 질. 嘗:맛볼 상. 醫:의원 의. 服:먹을 복. 옷 복.
【말의 뜻】 有疾飮藥:병이 나서 약을 마심. 先嘗之:먼저 맛봄. 醫不三世:
　　의원이 三代를 이어 내려오지 않음. 不服:먹지 않음.

【뜻 풀이】 이것은 禮記 曲禮篇에 있는 글이다. 임금이 병이 나서 약을 마실
　　때는 신하가 먼저 맛보아야 하고, 부모가 병환이 나시어 약을 잡수실 때
　　는 아들이 먼저 맛보아야 한다. 이것은 그 약이 잡수실 만한가를 확인하
　　기 위한 것이다. 독이 들어 있을까봐 그러는 것이 아니다.
　　　또 의원은 三代를 이어 환자들을 많이 고친 사람이 아니면, 그의 약
　　은 먹지 말아야 한다는 것이다.

孔子曰 父在觀其志 父沒觀其行 三年無改於父之道 可謂孝矣.
공 자 왈 부 재 관 기 지 부 몰 관 기 행 삼 년 무 개 어 부 지 도 가 위 효 의

공자께서 이렇게 말씀하셨다.
"아버지가 계실 때에는 그 뜻을 보고, 아버지가 돌아가신 뒤에는 그 행실
을 보아야 하거니와, 3년 동안을 아버지의 법도를 고치지 말아야 가히 효

도라 말할 수 있다."

【글자 뜻】 觀:볼 관.　沒:죽을 몰.　改:고칠 개.　道:법도 도. 길 도.　謂: 이를 위.

【말의 뜻】 父在:아버지가 살아 계심.　觀其志:아버지의 뜻을 살펴봄.　觀 其行:아버지가 하신 행실을 살펴봄.　三年無改:3년 동안 고치지 않음. 오랫동안 고치지 않음의 뜻.　父之道:아버지가 행하시던 법도.　可謂孝: 효도라 말할 수 있음.

【뜻 풀이】 이것은 論語 學而篇에 있는 글이다. 아버지가 살아 계실 때에는 아들은 모든 일을 자기 마음대로 하지 못하기 때문에, 아버지의 뜻하시 는 바가 옳고 그른지를 살펴봐야 한다. 그리고 아버지가 돌아가시면 아 들은 비로소 행동이 자유로워지기 때문에, 아버지가 행하신 일이 옳고 그름을 살펴볼 수 있다. 이리하여 아버지의 올바른 법도는 고치지 말고 오래도록 지켜 나가야 비로소 효자라고 말할 수 있다.

內則曰 父母雖沒 將爲善 思貽父母令名 必果 將爲不善 思貽
내 칙 왈 부 모 수 몰 장 위 선 사 이 부 모 령 명 필 과 장 위 불 선 사 이

父母羞辱 必不果.
부 모 수 욕 　필 불 과

내칙에서 이렇게 말했다.

"부모가 비록 돌아가셨더라도, 장차 착한 일을 함에는 부모에게 착한 이 름을 끼칠 것을 생각하여 반드시 결행하고, 장차 착하지 못한 일을 함에 는 부모에게 부끄럽고 욕됨을 끼칠 것을 생각하여 반드시 결행하지 말아 야 한다."

【글자 뜻】雖:비록 수.　將:장차 장. 장수 장.　貽:끼칠 이.　令:착할 령. 하여금 령.　果:결단할 과. 실과 과.　羞:부끄러울 수.　辱:욕될 욕.

【말의 뜻】將爲善:장차 착한 일을 하려 함.　令名:착한 이름.　果:결단하여 행함.　羞辱:부끄러움과 욕됨.

【뜻 풀이】 이것은 禮記 內則篇에 있는 글이다. 부모가 살아 계실 때에는 물론이고, 부모가 돌아가신 뒤에라도 장차 착한 일을 하려고 할 때에는 부모에게 착한 이름이 돌아갈 것을 생각하여 반드시 실행하라. 그리고 장차 악한 일을 하려고 할 때에는 부모에게 치욕이 돌아갈 것을 생각하여 반드시 실행하지 말라. 이것이 효자가 부모를 생각하는 마음이다.

祭義曰 霜露旣降 君子履之 必有悽愴之心 非其寒之謂也 春
제 의 왈　상 로 기 강　군 자 리 지　필 유 처 창 지 심　비 기 한 지 위 야　춘
雨露旣濡 君子履之 必有怵惕之心 如將見之.
우 로 기 유　군 자 리 지　필 유 출 척 지 심　여 장 견 지

제의(祭義)에서 이렇게 말했다.

"서리와 이슬이 이미 내리면, 군자는 이를 밟고 반드시 슬픈 마음이 생기거니와, 그것은 추운 것을 말함이 아니요, 봄에 비와 이슬이 이미 젖으면, 군자는 이를 밟고 반드시 놀라고 두려워하는 마음이 생기거니와, 이는 장차 볼 것 같기 때문이다."

【글자 뜻】霜:서리 상.　露:이슬 로.　旣:이미 기.　降:내릴 강.　履:밟을 리.　悽:슬플 처.　愴:슬플 창.　濡:젖을 유.　怵:두려워할 출.　惕:두려워할 척.

【말의 뜻】霜露:서리와 이슬.　履之:밟음.　悽愴之心:슬픈 마음.　寒之謂

也:추운 것을 말함.   怵惕之心:놀라고 두려워지는 마음.   如將見之:장
차 볼 것 같음. 부모의 모습이 보일 것 같음.

【뜻 풀이】 이것은 禮記 祭義篇에 있는 글이다. 가을은 풀이 시들고 나무의
잎도 다 떨어지는 쓸쓸한 계절이다. 그러므로 효자는 서리를 밟으면 슬
픈 마음이 일어난다. 이것은 날씨가 추워서가 아니라, 돌아가신 부모가
그리워지기 때문이다.

　　또 봄은 새싹이 돋아나고 만물이 소생하는 계절이다. 그러므로 효자
는 봄비가 대지를 적신 것을 밟으면 놀랍고 두려운 마음이 일어난다. 이
것은 돌아가신 부모가 소생하여, 그 모습이 보이는 것 같기 때문이다.

曲禮曰　君子雖貧　不粥祭器　雖寒　不衣祭服　爲宮室　不斬於
곡 례 왈　군 자 수 빈　불 육 제 기　수 한　불 의 제 복　위 궁 실　불 참 어

丘木.
구 목

곡례에서 이렇게 말했다.

"君子는 비록 가난하나 제기를 팔지 아니하고, 비록 추우나 제복을 입지
아니하며, 집을 짓는데 무덤의 나무를 베지 않는다."

【글자 뜻】 粥:팔 육. 죽 죽.　祭:제사 제.　器:그릇 기.　宮:집 궁. 궁궐 궁.
　　室:집 실.　斬:벨 참.　丘:무덤 구. 언덕 구.
【말의 뜻】 粥祭器:제기를 팖.　不衣祭服:제복을 입지 않음.　爲宮室:집을
　　지음.　丘木:무덤 근처에 있는 나무.

【뜻 풀이】 부모와 조상을 생각하는 사람은 아무리 가난할지라도 제기를

팔지 않고, 아무리 추워도 제복을 입지 않으며, 집을 짓기 위하여 부모나 조상의 산소 근처에 있는 나무를 베지 않는다. 조상의 산소 근처에 있는 나무는 산소를 위하여 가꾸는 것이므로, 함부로 베어서는 안 된다는 말이다.

孔子謂曾子曰 身體髮膚 受之父母 不敢毀傷 孝之始也 立身
공자위증자왈 신체발부 수지부모 불감훼상 효지시야 입신
行道 揚名於後世 以顯父母 孝之終也 夫孝始於事親 中於事
행도 양명어후세 이현부모 효지종야 부효시어사친 중어사
君 終於立身.
군 종어입신

공자께서 증자에게 일러 말씀하셨다.

"몸과 터럭과 살갗은 부모에게서 받은 것이니, 감히 헐고 상하지 않음이 효도의 시작이요, 몸을 세우고 도(道)를 행하여 이름을 후세에 빛내어 써 부모를 드러냄이 효도의 마침이다. 대저 효도는 부모를 섬기는데서 시작되고, 임금을 섬기는 것이 중간이며, 몸을 세우는데서 끝난다."

【글자 뜻】體:몸 체. 髮:터럭 발. 膚:살갗 부. 受:받을 수. 毀:헐 훼. 揚:
　　드날릴 양. 顯:나타낼 현.

【말의 뜻】身體髮膚:몸과 터럭과 살갗. 毀傷:쇠약하게 하고 상처 냄. 立身
　　行道:입신출세하고 성인의 도를 실천함. 揚名:이름을 빛냄. 顯父母:부
　　모의 이름을 드러냄. 孝之終:효도의 끝. 효도의 완성.

【뜻 풀이】 이 글은 孝經에서 孔子가 제자인 曾子에게 하신 말씀이다.

　　우리들의 뼈와 살과 머리털과 살갗 등은 모두 부모에게서 받은 것이

다. 그러므로 항상 조심하여 몸을 쇠약하게 만들거나 몸에 상처를 내지 않도록 하는 것이 효도의 시작이다. 그리고 입신출세하고 성현의 도를 실천하여 후세에까지 이름을 날림으로써 부모의 이름을 드러내는 것이 효도의 완성이다. 대저 효도란 것은 부모를 효성으로 섬기는데서 시작되며, 임금을 섬겨 국가에 이익을 가져오도록 노력하는 것이 효도의 발전이고, 입신출세하고 자기 인격을 완성하는 것이 효도의 완성이다.

愛親者 不敢惡於人 敬親者 不敢慢於人 愛敬盡於事親 而德
애 친 자 불 감 오 어 인 경 친 자 불 감 만 어 인 애 경 진 어 사 친 이 덕
敎加於百姓 刑于四海 此天子之孝也.
교 가 어 백 성 형 우 사 해 차 천 자 지 효 야

在上不驕 高而不危 制節謹度 滿而不溢 然後能保其社稷 而
재 상 불 교 고 이 불 위 제 절 근 도 만 이 불 일 연 후 능 보 기 사 직 이
和其民人 此諸侯之孝也.
화 기 민 인 차 제 후 지 효 야

"부모를 사랑하는 사람은 감히 남에게 미움을 받지 아니하고, 부모를 공경하는 사람은 감히 남에게 업신여김을 받지 아니하거니와, 사랑과 공경함을 부모 섬기는데 다하면, 덕의 가르침이 백성들에게 더해져서 천하의 법도가 되는 것이니, 이것이 天子의 효도이다.

위에 있어도 교만하지 아니하면 벼슬이 높아도 위태하지 아니하고, 예절로 자제(自制)하고 법도를 삼가면 가득 차도 넘치지 않거니와, 그런 뒤에야 능히 그 사직을 보전하고 백성들을 화평하게 할 수 있으니 이것이 제후의 효도이다."

【글자 뜻】 惡:미워할 오. 악할 악. 慢:업신여길 만. 刑:법 형. 형벌 형.
驕:교만할 교. 危:위태할 위. 制:절제할 제. 지을 제. 節:예절 절. 마

디 절. 謹:삼갈 근. 度:법도 도. 溢:넘칠 일. 社:사직 사. 稷:사직
직. 侯:제후 후.

【말의 뜻】 惡於人:남에게 미움을 받음. 慢於人:남에게 업신여김을 받음.
盡於事親:부모를 섬기는데 다함. 德敎:덕의 가르침. 덕의 敎化. 刑于
四海:천하의 법도가 됨. 在上不驕:높은 지위에 있으면서도 교만하지
않음. 制節謹度:예절로써 자제하고 법도를 삼가 지킴. 社稷:社는 토지
의 신이고, 稷은 곡물의 신임. 諸侯의 나라에서는 社稷壇을 만들어 제
사를 지냈음. 社稷은 국가의 상징임.

【뜻 풀이】 孔子 말씀의 계속이다. 천자에게도 부모는 있다. 부모를 극진히
사랑하는 사람은 다른 사람들의 미움을 받지 않고, 부모를 극진히 공경
하는 사람은 다른 사람들의 멸시를 받지 않게 마련이다. 그러므로 천자
가 부모를 극진한 사랑과 공경으로 섬기면, 자연히 그 덕의 교화가 백
성들에게 널리 보급되어 천하의 법도가 되거니와, 이것이 바로 천자가
할 효도이다.

　천자를 제외하면 가장 부귀한 사람은 제후(작은 나라의 임금)이다. 제
후가 백성들과 관리들 위에 있으면서도 교만하지 않으면 지위가 높아도
위태롭지 않고, 예절로써 스스로 단속하고 선왕의 법도를 삼가 지켜 나
가면 부귀가 가득해도 기울어져 넘치는 일이 없다. 이렇게 한 뒤에라야
능히 자기 국가를 보전할 수 있고, 또 백성들을 평화롭게 살게 할 수 있
으니, 이것이 바로 제후가 지켜야 할 효도이다.

非先王之法服 不敢服 非先王之法言 不敢道 非先王之德行
비선왕지법복 불감복 비선왕지법언 불감도 비선왕지덕행

不敢行 然後能保其宗廟 此卿大夫之孝也.
불감행 연후능보기종묘 차경대부지효야

以孝事君則忠 以敬事長則順 忠順不失 以事其上 然後能守其
이효사군칙충 이경사장칙순 충순불실 이사기상 연후능수기

祭祀 此士之孝也.
제사 차사지효야

用天之道 因地之利 謹身節用 以養父母 此庶人之孝也.
용천지도 인지지리 근신절용 이양부모 차서인지효야

"선왕의 법도에 맞는 옷이 아니면 감히 입지 아니하고, 선왕의 법도에 맞
는 말이 아니면 감히 말하지 아니하며, 선왕의 덕행이 아니면 감히 행하지
말아야 하거니와, 그런 뒤에야 능히 그 종묘를 보전할 수 있거니와, 이것
이 경대부의 효도이다.

효도로써 임금을 섬기면 충성이요, 공경함으로써 어른을 섬기면 순종함
이니, 충성과 순종함을 잃지 아니하여 써 그 윗사람을 섬긴 뒤에라야 능히
그 제사를 지킬 수 있거니와, 이것이 선비의 효도이다.

하늘의 도리를 쓰고 땅의 이로움을 인하여, 몸을 삼가고 씀을 절약하여
써 부모를 봉양해야 하거니와, 이것이 서민들의 효도이다."

【글자 뜻】 法:법도 법. 법 법. 服:옷 복. 입을 복. 道:이를 도. 길 도. 宗:
　　마루 종. 廟:사당 묘. 卿:벼슬 경. 祭:제사 제. 祀:제사 사. 因:인할
　　인. 謹:삼갈 근. 庶:무리 서. 거의 서.
【말의 뜻】 先王:옛날의 훌륭한 임금. 法服:법도에 맞는 옷. 不敢道:감히
　　말하지 않음. 宗廟:사당. 大夫는 사당이 셋이었다고 함. 여기에서는 가
　　문을 뜻함. 卿:上大夫. 祭祀:조상의 제사. 여기에서는 집안을 뜻함.
　　用天之道:하늘의 도리를 씀. 즉 춘하추동의 계절을 활용함. 因地之利:

땅의 이점에 따름. 여러 가지 곡식을 심음의 뜻. 謹身:몸을 지켜 함부
로 행동하지 않음. 節用:생활을 검약하게 함. 庶人:일반 백성.

【뜻 풀이】 다음은 제후들을 보필하는 대부들의 효도다. 옛날의 어진 임금
들이 제정한 법도에 맞는 옷이 아니면 입지 말고, 법도에 맞는 말이 아
니면 말하지 말고, 법도에 맞는 덕행이 아니면 실천하지 말아야 한다.
그래야만 조상의 사당을 능히 보전하고, 대부의 가문을 계속 유지해 나
갈 수 있을 것이니, 이것이 대부들이 지켜야 할 효도이다.

　부모에게 효도하는 마음으로 임금을 섬기면 충성이 되고, 부모를 공
경하는 마음으로 어른들을 섬기면 순종하는 것이 되거니와, 이와 같은
충성과 순종하는 마음을 잃지 말고 윗사람들을 섬겨야 비로소 조상의
제사를 지켜 나가고 가문을 빛낼 수 있으니, 이것이 바로 선비들이 지
켜야 할 효도이다.

　또 일반 서민들은 대개 농사를 짓거니와, 농사를 잘 지으려면 하늘
의 법도인 계절에 맞추고 땅의 이점을 충분히 살려야 한다. 그리고 몸
을 조심하여 악에 빠지지 않게 하고, 근검절약하여 집안 살림을 하고,
효도로써 부모를 봉양해야 한다. 이것이 바로 서민들이 지켜야 할 효
도인 것이다.

故自天子至於庶人 孝無終始 而患不及者 未之有也.
고 자 천 자 지 어 서 인　효 무 종 시　이 환 불 급 자　미 지 유 야

"그러므로 천자로부터 서민에 이르기까지 효도는 끝남과 시작이 없어서,
재앙이 미치지 않는 사람은 이제까지 없었다."

【글자 뜻】患:재앙 환. 근심 환.   及:미칠 급.

【말의 뜻】自~至~:~으로부터 ~에 이르기까지.   孝無終始:효도에는 시작과 끝이 없음. 즉 부모를 섬기는 일로 시작하여, 임금을 섬기고, 입신출세하며 인격을 완성해야 하므로 한이 없다는 말.   患不及者:재앙이 미치지 않는 사람.   未之有也:이제까지 없었음.

【뜻 풀이】그러므로 위로는 천자로부터 밑으로는 일반 백성들에게 이르기까지 누구에게나 효도하는 길은 끝이 없기 때문에, 항상 효도를 완성하려고 노력하지 않는 사람치고 재앙을 받지 않은 사람은 이제까지 한 사람도 없었다.

　　이상으로 공자의 말씀은 다 끝난다.

孔子曰 父母生之 續莫大焉 君親臨之 厚莫重焉 是故不愛其
공자왈 부모생지 속막대언 군친림지 후막중언 시고불애기
親 而愛他人者 謂之悖德 不敬其親 而敬他人者 謂之悖禮.
친 이애타인자 위지패덕 불경기친 이경타인자 위지패례

공자께서 이렇게 말씀하셨다.

"부모가 나를 낳으시니 이음이 이보다 더 큼이 없고, 임금과 부모가 임하시니 두터움이 이보다 더 중함이 없도다. 그러므로 그 부모를 사랑하지 않고 다른 사람을 사랑하는 것을 덕에 어긋난다고 말하고, 그 부모를 공경하지 않고 다른 사람을 공경하는 것을 예절에 어긋난다고 말한다."

【글자 뜻】續:이을 속.   焉:이에 언. 어조사 언.   臨:임할 림.   厚:두터울후.   悖:어긋날 패.

【말의 뜻】續莫大焉:이음이 이보다 더 큼이 없음.   君親臨之:임금과 부모

가 임함. 厚莫重焉:그 은혜의 두텁기가 이보다 더 중함이 없음. 悖德:
도덕에 어긋남. 悖禮:예절에 어긋남.

【뜻 풀이】 이것도 孝經에 있는 글이다. 부모가 나를 낳아 주셨으니, 부모
의 생명을 이어 살게 된 것이 이보다 더 큼이 없고, 부모가 나를 길러
주시고 가르쳐 주셨으니, 그 은혜의 두터움이 이보다 더 무거움이 없
다. 부모와 나는 곧 하나의 생명인 것이다. 따라서 부모를 진심으로 사
랑하고 공경해야 하는 것이다. 그러므로 자기 부모를 사랑하지 않고 다
른 사람을 사랑하는 것을 자연의 이치인 인륜의 도덕에 어긋난다고 말
하고, 자기 부모를 공경하지 않고 다른 사람을 공경하는 것을 예절에
어긋난다고 말한다.

孝子之事親 居則致其敬 養則致其樂 病則致其憂 喪則致其哀
효 자 지 사 친 거 즉 치 기 경 양 즉 치 기 락 병 즉 치 기 우 상 즉 치 기 애
祭則致其嚴 五者備矣 然後能事親.
제 즉 치 기 엄 오 자 비 의 연 후 능 사 친
事親者 居上不驕 爲下不亂 在醜不爭 居上而驕則亡 爲下而亂
사 친 자 거 상 불 교 위 하 불 란 재 추 부 쟁 거 상 이 교 칙 망 위 하 이 란
則刑 在醜而爭則兵 三者不除 雖日用三牲之養 猶爲不孝也.
칙 형 재 추 이 쟁 칙 병 삼 자 부 제 수 일 용 삼 생 지 양 유 위 불 효 야

효자가 부모를 섬김에는, 살아 계실 때에는 그 공경함을 다하고, 봉양함
에는 그 즐거움을 다하며, 병환이 드시면 그 근심을 다하고, 돌아가시면 그
슬픔을 다하며, 제사 지낼 때는 그 엄숙함을 다해야 하거니와 이 다섯 가지
가 갖추어진 뒤에라야 능히 부모를 섬긴다고 할 수 있다.
부모를 섬기는 사람은 윗자리에 있어도 교만하지 아니하고, 아랫사람이
되어도 난동하지 아니하며, 동류에 있어도 다투지 아니하거니와, 윗자리

에 있으면서 교만하면 망하고, 아랫사람이 되어 난동하면 형벌을 당하고, 동류에 있으면서 다투면 치게 된다. 이 세 가지를 제거하지 못하면, 비록 날마다 소와 양과 돼지고기로 봉양할지라도, 오히려 불효가 되는 것이다.

【글자 뜻】 致:극진할 치. 이룰 치. 憂:근심 우. 喪:상사 상. 哀:슬플 애. 嚴:엄숙할 엄. 엄할 엄. 備:갖출 비. 亂:어지러울 란. 醜:무리 추. 추할 추. 亡:망할 망. 刑:형벌 형. 兵:칠 병. 군사 병. 除:제할 제. 牲:짐승 생. 猶:오히려 유.

【말의 뜻】 致其樂:그 즐거움을 다함. 즐거운 표정을 다함의 뜻. 爲下不亂: 아랫사람이 되어도 난동을 부리지 않음. 在醜不爭:동료들 사이에 다투지 않음. 亂則刑:난동을 부리면 처형을 당함. 爭則兵:다투면 서로 치게 됨. 三牲:쇠고기와 양고기와 돼지고기.

【뜻 풀이】 이것도 孝經에 있는 글이다. 효자가 부모를 섬길 때는 살아 계시면 자기의 공경하는 마음을 다하고, 봉양함에는 자기의 즐거운 태도로 부모의 마음을 즐겁게 해 드리며, 병환이 드시면 근심을 다하여 정성껏 간호해 드리고, 부모가 돌아가시면 자기의 슬픔을 다하며, 부모의 제사를 지낼 때는 엄숙함을 다해야 한다. 부모가 살아 계실 때나 혹은 돌아가신 뒤에까지도, 이 다섯 가지를 다 갖추어야만 비로소 부모를 섬긴 것이라고 말할 수 있는 것이다.

　또 부모를 잘 섬기는 사람은 비록 지위가 높다 하여도 교만하지 않고, 아랫사람이 되어도 질서를 파괴하는 난동을 부리지 않으며, 동료들과도 다투지 않고 화목하게 지낸다. 만일 지위가 높다 하여 교만하게 굴면 망하게 되고, 아랫사람이 되어 난동을 부리면 처형을 당하게 되며, 동료들끼리 다투면 서로 치고 받고 하게 된다. 만일 이 세 가지를 행동에서 제거하지 못한다면, 아무리 날마다 맛있는 고기반찬으로 부모를 봉양할지라도, 불효를 저지르게 되는 것이다. 본인의 행동이 이와 같이 거칠고 난잡하면, 부모는 항상 마음이 편할 수 없기 때문이다. 효도는 우선 부모의 마음부터 편하고 즐겁게 해 드리는 일에서 시작되는 것이다.

孟子曰 世俗所謂不孝者五 惰其四支 不顧父母之養 一不孝也
맹자왈 세속소위불효자오 타기사지 불고부모지양 일불효야

博奕好飮酒 不顧父母之養 二不孝也 好貨財 私妻子 不顧父
박혁호음주 불고부모지양 이불효야 호화재 사처자 불고부

母之養 三不孝也 從耳目之欲 以爲父母戮 四不孝也 好勇鬪
모지양 삼불효야 종이목지욕 이위부모륙 사불효야 호용투

狠 以危父母 五不孝也.
한 이위부모 오불효야

맹자가 이렇게 말했다.

"세상 풍속에 불효라고 일러지는 것이 다섯 가지 있으니, 그 팔다리를 게을리 하여 부모의 봉양을 돌아보지 않는 것이 첫째 불효요, 장기 바둑과 술 마시기를 좋아하여 부모의 봉양을 돌아보지 않는 것이 둘째 불효요, 재물을 좋아하고 처자를 사랑하여 부모의 봉양을 돌아보지 않는 것이 셋째 불효요, 귀와 눈의 욕망에 방종하여 부모를 욕되게 하는 것이 넷째 불효요, 용맹을 좋아하여 싸우고 사나워서 부모를 위태롭게 하는 것이 다섯째 불효이다."

【글자 뜻】 俗:풍속 속. 惰:게으를 타. 支:팔다리 지. 肢와 같음. 지탱할 지. 顧:돌아볼 고. 博:장기 박. 너를 박. 奕:바둑 혁. 貨:재물 화. 財:재물 재. 私:사사로이할 사. 從:방종할 종. 縱과 같음. 좇을 종. 戮:욕될 륙. 죽일 륙. 鬪:싸울 투. 狠:사나울 한.

【말의 뜻】 世俗:세상 풍속. 惰其四支:팔다리를 게을리 함. 일하지 않아 가
난함의 뜻. 博奕:장기와 바둑. 노름. 好貨財:재물을 좋아함. 私妻子:
처자의 사랑에 빠짐. 從耳目之欲:귀와 눈의 욕망에 방종함. 즉 여색과
풍류를 좋아하여 방탕한 생활을 함. 爲父母戮:부모를 욕되게 함. 鬪
狠:싸우고 사나움.

【뜻 풀이】 세상 사람들이 흔히 말하는 다섯 가지 불효가 있다. 몸이 게을
러 일하지 않아 집이 가난해져서 부모의 봉양을 돌아보지 않는 것이 첫
째 불효이고, 노름을 좋아하고 술 마시기를 좋아하여 부모의 봉양을 돌
아보지 않는 것이 둘째 불효이며, 재물을 탐내어 부유하면서도 아내와
자식의 사랑에 빠져 부모의 봉양을 돌아보지 않는 것이 셋째 불효이고,
여색과 풍류를 좋아하여 방탕한 생활을 함으로써 부모의 이름을 욕되
게 하는 것이 넷째 불효이고, 다른 사람들과 싸우기를 좋아하고 성격이
거칠어 자신은 물론 부모까지 위태롭게 만드는 것이 다섯째 불효이다.

曾子曰 身也者 父母之遺體也 行父母之遺體 敢不敬乎 居處
증자왈 신야자 부모지유체야 행부모지유체 감불경호 거처
不莊非孝也 事君不忠非孝也 莅官不敬非孝也 朋友不信非孝
불장비효야 사군불충비효야 리관불경비효야 붕우불신비효
也 戰陳無勇非孝也 五者不遂 栽及其親 敢不敬乎.
야 전진무용비효야 오자불수 재급기친 감불경호

증자가 이렇게 말했다.

"몸이란 것은 부모가 끼쳐 주신 형체이니, 부모가 끼쳐 주신 형체를 행
동함에 감히 공경하지 않을 수 있겠는가! 거처함에 장중하지 못함이 효도
가 아니며, 임금을 섬김에 충성스럽지 못함이 효도가 아니며, 벼슬에 임하

여 공경스럽지 못함이 효도가 아니며, 친구에게 신의가 없는 것이 효도가
아니며, 싸움터에서 용맹스럽지 못함이 효도가 아니니, 이 다섯 가지를 이
루지 못하면 재앙이 그 부모에게 미치게 되니, 감히 공경하지 않을 수 있
겠는가!"

【글자 뜻】遺:끼칠 유. 남길 유. 莊:장중할 장. 莅:임할 리. 陳:진칠 진.
　　陣과 같음. 栽:재앙 재. 災와 같음.

【말의 뜻】遺體:물려준 형체. 不敬乎:공경하지 않겠는가! 居處不莊:거
　　처함에 장중하지 못함. 평소 집에서 모든 행동이 장중하지 못함. 莅
　　官不敬:벼슬자리에 앉아 삼가고 조심하지 않음. 戰陳無勇:싸움터에서
　　용맹이 없어 목숨을 걸고 싸우지 못함. 栽及其親:재앙이 자기 부모에
　　게 미침.

【뜻 풀이】이것도 孝經에 있는 글이다. 우리들의 몸은 부모가 물려주신 형
　　체이다. 그러므로 우리의 몸을 가지고 행동함에 감히 공경하지 않고 아
　　무렇게나 할 수 있겠는가? 평소 집에서 하는 행동이 장중하지 못하면
　　불효를 저지르는 것이고, 임금을 충성으로 섬기지 못하면 불효를 저지
　　르는 것이며, 관리가 되어 행동을 신중하게 하지 못하면 불효를 저지르
　　는 것이고, 친구 사이에 신의를 지키지 못하면 불효를 저지르는 것이
　　며, 싸움터에서 용기가 없어 목숨을 걸고 싸우지 못하면 불효를 저지르
　　는 것이다. 이 다섯 가지를 완수하지 못하면, 결국 부모에게 재앙을 돌
　　아가게 하는 것이니, 감히 행동을 조심하고 공경하지 않을 수 있겠는가!

孔子曰 五刑之屬三千 而罪莫大於不孝.
공자왈 오형지속삼천 이죄막대어불효

공자께서 이렇게 말씀하셨다.

"다섯 가지 형벌의 종류가 삼천 가지나 되지만, 죄가 불효보다 더 큰 것이 없다."

【글자 뜻】 刑:형벌 형.　屬:무리 속. 붙일 속.　莫:없을 막. 말 막.

【말의 뜻】 五刑之屬:다섯 가지 형벌의 종류. 五刑은 얼굴에 먹물을 넣는 자자질(천 가지), 코 베는 형벌(천 가지), 다리를 자르는 형벌(오백 가지), 불알을 거세하는 형벌(삼백 가지), 목 베어 사형하는 형벌(이백 가지)로, 모두 삼천 가지였다 함.　莫大於不孝:불효보다 더 큰 것은 없음. 於는 ~보다의 뜻.

【뜻 풀이】 이것도 孝經에 있는 글이다. 이 세상에는 다섯 가지 형벌의 종류가 삼천 가지나 되지만, 부모에게 불효하는 것보다 더 큰 죄는 없다. 이것은 이 세상에 아무리 죄가 많지만, 부모에게 불효하는 것이 가장 큰 죄임을 강조한 글이다.

孔子曰 君子事君 進思盡忠 退思補過 將順其美 匡救其惡 故
공 자 왈　군 자 사 군　진 사 진 충　퇴 사 보 과　장 순 기 미　광 구 기 악　고
上下能相親也.
상 하 능 상 친 야

공자께서 이렇게 말씀하셨다.

"군자는 임금을 섬기되, 나아가면 충성을 다할 것을 생각하고, 물러나면 잘못을 도울 것을 생각하여, 그 아름다운 것을 받들어 순종하고 그 악한 것을 바로잡아 구원하거니와, 그러므로 상하가 능히 서로 친하게 된다."

【글자 뜻】進:나아갈 진. 退:물러갈 퇴. 補:도울 보. 過:허물 과. 지날 과. 將:받들 장. 장차 장. 장수 장. 匡:바로잡을 광. 救:구원할 구.

【말의 뜻】進思盡忠:임금 앞에 나아가면 충성을 다할 것을 생각함. 退思補過:물러나서 집에 있으면 임금의 잘못을 바로잡아 도울 것을 생각함. 將順其美:임금의 잘하는 것은 받들어 순종함. 匡救其惡:임금의 잘못하는 것은 바로잡아 구원함. 上下:임금과 신하.

【뜻 풀이】 이것도 孝經에 있는 글이다. 덕이 있는 君子는 임금을 섬기는데, 조정에 나아가 임금을 보면 충성을 다할 것을 생각하고, 물러나와 집에 있을 때는 임금의 잘못을 바로잡아 도울 것을 생각하여, 임금의 선행은 받들어 순종하고, 임금의 악행은 간함으로써 임금의 마음을 바로잡아 악에서 구원하려 한다. 그러므로 임금과 신하 사이의 마음이 맞아서 서로 친근해지게 되는 것이다.

鄙夫可與事君與哉 其未得之也 患得之 旣得之 患失之 苟患
비 부 가 여 사 군 여 재 기 미 득 지 야 환 득 지 기 득 지 환 실 지 구 환
失之 無所不至矣.
실 지 무 소 부 지 의

비열한 사나이는 가히 임금을 섬길 수 있겠는가! 그 얻지 못하였을 때에는 얻을 것을 근심하고, 이미 얻고 나면 잃을 것을 근심하거니와, 진실로 잃을 것을 근심한다면 이르지 못할 바가 없다.

【글자 뜻】鄙:더러울 비. 患:근심할 환. 旣:이미 기. 苟:진실로 구. 至:이를 지.

【말의 뜻】鄙夫:천한 사나이. 可與事君與哉:가히 임금을 섬길 수 있으랴!

可與는 可以의 뜻. 뒤의 與哉는 감탄어조사.   未得之:얻지 못함. 지위를 얻지 못함의 뜻.   患失之:잃을 것을 근심함. 지위 잃을 것을 근심함. 無所不至(무소부지):이르지 않는 것이 없음. 즉 못할 행동이 없음의 뜻.

【뜻 풀이】 이 글은 論語에 나오는 孔子의 말씀이다. 마음이 악하고 행실이 천한 사나이가 어찌 임금을 섬길 수 있겠는가! 임금을 섬기지 못한다. 지위를 얻지 못하면 지위를 얻지 못하여 안달을 하고, 또 지위를 얻으면 그 지위를 잃을까봐 안달을 한다. 그러므로 마음이 악한 소인배가 지위를 잃을까봐 안달을 한다면, 어떤 악한 일도 다 저지르게 된다. 그러므로 소인배는 임금을 섬길 수 없는 것이다.

王蠋曰 忠臣不事二君 烈女不更二夫.
왕 촉 왈   충 신 불 사 이 군   열 녀 불 경 이 부

왕촉(王蠋)이 이렇게 말했다.
"충신은 두 임금을 섬기지 아니하고, 열녀는 두 남편을 고치지 않는다."

【글자 뜻】 蠋:애벌레 촉. 烈:매울 렬. 更:고칠 경. 다시 갱.
【말의 뜻】 王蠋:齊나라 민왕(湣王) 때 사람. 烈女:절개를 지키는 아내. 不更二夫(불경이부):두 남편을 고치지 않음. 두 번 시집가지 않음.

【뜻 풀이】 이것은 너무나 유명한 글이다. 충성을 지키는 신하는 두 임금을 섬기지 않고, 남편에게 절개를 바치는 여인은 두 번 시집가지 않는다.
　　史記에 의하면 王蠋은 齊나라 사람으로, 처음에 벼슬길에 나갔으나 齊王이 간하는 말을 받아들이지 않자, 벼슬에서 물러나 화읍(畫邑)으

로 돌아가 살았다. 마침 연(燕)나라에서 쳐들어와, 王蠋이 현자(賢者)임을 듣고 燕나라의 장군을 삼겠다고 항복할 것을 권했으나, 王蠋은 이를 거절하고 이 말을 남긴 다음, 스스로 목을 매어 죽음으로 절개를 지켰다고 한다.

禮記曰 夫昏禮 萬世之始也 取於異姓 所以附遠厚別也 幣必
예기왈 부혼례 만세지시야 취어이성 소이부원후별야 폐필

誠 辭無不腆 告之以直信 信事人也 信婦德也 一與之齊 終身
성 사무불전 고지이직신 신사인야 신부덕야 일여지제 종신

不改 故夫死不嫁.
불개 고부사불가

예기에서 이렇게 말했다.

"대저 혼례는 만 대의 시작이다. 다른 성에 장가드는 것은 먼 것을 붙이고 분별을 두터이 하려는 까닭이고, 폐백을 반드시 정성껏 하고 말이 착하지 않음이 없음은 올바름과 믿음으로써 알리기 위함이니, 믿음이 사람을 섬기는 것이며, 믿음이 아내의 덕이니, 한번 더불어 한 몸이 되면 종신토록 고치지 않거니와, 그러므로 남편이 죽어도 시집가지 않는다."

【글자 뜻】昏:혼인할 혼. 婚과 같음. 어두울 혼. 取:장가들 취. 娶와 같음. 취할 취. 異:다를 이. 附:붙일 부. 幣:폐백 폐. 辭:말씀 사. 腆:착할 전. 改:고칠 개. 嫁:시집갈 가.

【말의 뜻】萬世之始:만 대가 이어지는 시작. 取於異姓:다른 성씨에 장가듦. 所以:까닭. 附遠厚別:먼 것을 가까이 붙이고 혈족의 구별을 엄중히 함. 幣必誠:폐백(예물)은 반드시 정성껏 보냄. 辭無不腆(사무부전):말은 착하지 않음이 없음. 말은 다 착함. 告之以直信:정직함과 믿음을

신부에게 알려 줌. 婦德:부인이 지닐 덕행. 一與之齊:한번 한 몸이 됨. 終身不改:평생 마음을 고치치 않음. 夫死不嫁:남편이 일찍 죽어도 다른 곳에 시집가지 않음.

【뜻 풀이】 부부의 결합인 혼례는 자손만대의 시작이다. 다른 성씨의 집안과 혼인하는 것은 먼 사이를 가까이 붙이고 혈연관계의 구별을 엄중하게 하기 위한 것이고, 예물을 정성껏 보내며 착하고 진실된 말만 하는 것은 신부에게 이쪽의 정직함과 신의를 알려 주기 위한 것이다. 신의야말로 시가 사람들을 섬기는 도리요 부인이 지녀야 할 덕행이다. 그러므로 부부가 일단 한 몸이 되고 나면, 일평생 동안 마음을 바꾸지 않아, 비록 남편이 일찍 죽더라도 다른 곳으로 시집가지 않게 되는 것이다.

孔子曰 婦人伏於人也 是故無專制之義 有三從之道 在家從父
공 자 왈 부 인 복 어 인 야 시 고 무 전 제 지 의 유 삼 종 지 도 재 가 종 부

適人從夫 夫死從子 無所敢自遂也 敎令不出閨門 事在饋食之
적 인 종 부 부 사 종 자 무 소 감 자 수 야 교 령 불 출 규 문 사 재 궤 식 지

間而已矣.
간 이 이 의

공자께서 이렇게 말씀하셨다.

"부인은 남편에게 복종하는 사람이다. 그러므로 마음대로 결정하는 일이 없고, 세 가지 따르는 도리가 있으니, 집에 있을 때엔 아버지를 따르며, 남편에게 시집가면 남편을 따르고, 남편이 죽으면 아들을 따라서, 감히 스스로 이루는 바가 없어, 교훈과 명령이 문밖에 나가지 아니하며, 일이 음식을 제공하는 사이에 있을 뿐이다."

【글자 뜻】伏:굴복할 복. 엎드릴 복.　專:오로지 전.　制:지을 제.　從:좇을
종.　適:시집갈 적. 맞을 적.　遂:이룰 수. 드디어 수.　閨:작은문 규. 안
방 규.　饋:진지올릴 궤.　已:뿐 이. 이미 이.

【말의 뜻】伏於人:남편에게 복종함.　專制:마음대로 행함.　三從之道:여자
가 세 가지 따르는 도리.　在家從父:출가하기 전 집에 있을 때는 아버지
를 따름.　適人:남편에게 시집옴.　自遂:자신이 일을 이룸.　教令:교훈과
명령.　閨門:따로 세운 작은 문.　饋食:식사와 술 등을 제공함.

【뜻 풀이】봉건제도 사회에서는 남존여비(男尊女卑)라 하여, 여자는 항상
남자들에게 복종하는 위치에 있었다. 그러므로 아무 일도 마음대로 처
리하지 못하고, 삼종지도를 지켜야 했다. 삼종지도란 시집가기 전에는
아버지를 따르고, 시집가면 남편을 따르며, 남편이 죽으면 자식을 따르
는 것이 그것이다. 그러므로 하고 싶은 일이 있어도 마음대로 못하고,
손아랫사람들에게 내리는 교훈이나 명령도 문밖에까지 들려서는 안 되
었으며, 부인들이 하는 일이란 길쌈하는 것과 음식 차리는 일뿐이었다.

女有五不取 逆家子不取 亂家子不取 世有刑人不取 世有惡疾
여 유 오 불 취　역 가 자 불 취　란 가 자 불 취　세 유 형 인 불 취　세 유 악 질

不取 喪父長子不取.
불 취　상 부 장 자 불 취

婦有七去 不順父母去 無子去 淫去 妬去 有惡疾去 多言去 竊
부 유 칠 거　불 순 부 모 거　무 자 거　음 거　투 거　유 악 질 거　다 언 거　절

盜去.
도 거

有三不去 有所取 無所歸不去 與更三年喪不去 前貧賤後富貴
유 삼 불 거　유 소 취　무 소 귀 불 거　여 경 삼 년 상 불 거　전 빈 천 후 부 귀

不去.
불 거

"여자에게 다섯 가지 취하지 않는 것이 있으니, 패덕(悖德)한 집의 딸을 취하지 아니하고, 음란한 집의 딸을 취하지 아니하며, 대대로 형벌 받은 사람이 있으면 취하지 아니하고, 대대로 나쁜 병이 있으면 취하지 아니하며, 아버지를 잃은 장성한 딸을 취하지 아니한다.

부인에게 일곱 가지 버리는 것이 있으니, 부모에게 순종하지 않으면 버리고, 아들이 없으면 버리며, 음란하면 버리고, 질투하면 버리며, 나쁜 병이 있으면 버리고, 말이 많으면 버리며, 도둑질하면 버린다.

세 가지 버리지 못하는 것이 있으니, 명을 받을 데가 있었으나 돌아갈 곳이 없으면 버리지 못하고, 함께 부모의 삼년상을 지냈으면 버리지 못하며, 먼저는 빈천했는데 뒤에 부귀해졌으면 버리지 못한다."

【글자 뜻】 逆:거스를 역. 亂:어지러울 란. 刑:형벌 형. 疾:병 질. 喪:잃을 상. 상사 상. 去:버릴 거. 갈 거. 淫:음란할 음. 妬:질투할 투. 竊:도둑질할 절. 盜:도둑질할 도. 更:지날 경. 다시 갱. 고칠 경.

【말의 뜻】 逆家:도리에 어긋나는 행동을 하는 집. 국가에 반역하는 집이 아님. 亂家:음란한 집. 世有刑人:대대로 형벌 받은 사람이 있음. 喪父長子:아버지가 일찍 돌아간 집의 장성한 딸. 七去:일곱 가지 버릴 것. 三不去:세 가지 버리지 못하는 것. 有所取無所歸:시집올 때는 명령을 받을 곳이 있었으나, 부모가 돌아가 돌아갈 곳이 없음. 與更三年喪:시부모의 삼년상을 함께 치른 사람.

【뜻 풀이】 남존여비의 봉건사회였기 때문에, 여자에게는 여러 가지 제약이 많았다. 여기의 오불취(五不取)나 칠거지악(七去之惡)만 하더라도 그렇다.

오불취란 다섯 가지 취하지 않는 것이니, 첫째 도덕을 어기는 집안의 딸, 둘째 음란한 집안의 딸, 셋째로 조상에 형벌 받은 사람이 있는 집안의 딸, 넷째로 나쁜 병의 유전이 있는 집안의 딸, 다섯째로 아버지가 일찍 돌아가 교훈을 받지 못한 집안의 딸은 취하지 않았던 것이다.

다음으로 칠거지악이란 것이 있으니, 아내가 만일 이와 같은 행동이 있으면 버려도 된다는 것이다. 첫째로 시부모의 명령에 순종치 않는 아내, 둘째 아들을 낳지 못하는 아내, 셋째 행동이 음란한 아내, 넷째 질투하는 아내, 다섯째 나쁜 병이 있는 아내, 여섯째 수다를 떠는 아내, 일곱째 도둑질을 하는 아내는 버려도 된다고 했다.

그러나 세 가지 버리지 못하는 경우가 있으니, 첫째 시집올 때는 부모가 살아 계셔서 명령을 받을 곳이 있었는데, 뒤에 부모가 돌아가셔서 돌아갈 곳이 없는 아내, 둘째 시부모의 삼년상을 남편과 함께 무사히 치른 아내, 셋째 시집올 때는 가난하고 천했는데 뒤에 부유하고 귀하게 되었을 경우 등은 아내를 버리지 못한다는 것이다.

孟子曰 孩提之童 無不知愛其親 及其長也 無不知敬其兄也.
맹자왈 해제지동 무불지애기친 급기장야 무불지경기형야

맹자가 이렇게 말했다.

"어린아이도 그 부모를 사랑할 줄 알지 못하는 아이가 없고, 그 자라남에 이르러서는 그 형을 공경할 줄 알지 못하는 아이가 없다."

【글자 뜻】 孩:방글방글웃을 해. 어린아이 해. 提:끌 제. 長:자랄 장. 긴 장.

【말의 뜻】 孩提之童:방글방글 웃고 끌어안아 줄 만한 어린아이. 無不知(무부지):알지 못함이 없음. 다 앎.

【뜻 풀이】피는 물보다 진하다는 말이 있다. 역시 핏줄은 속일 수 없는 것
같다. 방글방글 웃고 안아 줄 만한 두세 살 된 어린아이도 부모는 사랑
할 줄 알고, 또 조금 자라면 자기 형을 공경할 줄 알게 된다. 이것은 모
두 선천적으로 타고난 지혜요 본능이다.

徐行後長者 謂之弟 疾行先長者 謂之不弟.
서 행 후 장 자　위 지 제　질 행 선 장 자　위 지 불 제

천천히 걸어서 어른보다 뒤에 가는 것을 공손하다고 말하고, 빨리 걸어
서 어른보다 앞서 가는 것을 공손치 못하다고 말한다.

【글자 뜻】徐:천천히 서. 長:어른 장. 긴 장. 弟:공손할 제. 悌와 같음.
아우 제. 疾:빠를 질. 병 질.

【말의 뜻】徐行:천천히 걸어감. 後長:어른보다 뒤에 따라감. 疾行:빨리
걸어감.

【뜻 풀이】어른과 함께 동행할 때는 천천히 걸어서 어른을 모시고 뒤따라
가는 것을 공손하다고 말한다. 이와 반대로 빨리 걸어서 어른보다 앞서
가는 것을 공손하지 못하다고 말한다. 이것은 孟子에 실려 있는 글이다.

曲禮曰 見父之執 不謂之進 不敢進 不謂之退 不敢退 不問 不
곡 례 왈　현 부 지 집　불 위 지 진　불 감 진　불 위 지 퇴　불 감 퇴　불 문　불
敢對.
감 대

곡례에서 이렇게 말했다.

"아버지의 친구를 뵙거든, 나오라고 말하지 않거든 감히 나아가지 말아야 하고, 물러가라 말하지 않거든 감히 물러가지 말며, 물으시지 않거든 감히 대답하지 말아야 한다."

【글자 뜻】 執:벗 집. 잡을 집. 進:나아갈 진. 退:물러갈 퇴. 對:대답할 대.

【말의 뜻】 父之執:아버지의 친구. 不謂之:말하지 않음. 不敢進:감히 나아가지 말아야 함.

【뜻 풀이】 아버지의 친구 되시는 분께는 아버지를 대하는 예법에 따라야 하며, 함부로 행동하지 말아야 한다. 즉 그분이 나오라고 말씀하시면 나아가고, 물러가라고 말씀하시면 물러가며, 질문을 하시지 않거든 대답하지 말아야 한다.

年長以倍 則父事之 十年以長 則兄事之 五年以長 則肩隨之.
년 장 이 배 즉 부 사 지 십 년 이 장 즉 형 사 지 오 년 이 장 즉 견 수 지

나이 많음이 나보다 배가 되거든 아버지처럼 섬기고, 열 살이 많거든 형처럼 섬기고, 다섯 살이 많거든 어깨를 나란히 하여 따르라.

【글자 뜻】 倍:갑절 배. 肩:어깨 견. 隨:따를 수.

【말의 뜻】 年長:나이가 자기보다 많음. 肩隨之:나란히 걷되 조금 뒤에서 걸어감. 어깨를 거의 나란히 하고 따라감.

【뜻 풀이】 이것은 禮記 曲禮篇에 있는 글로, 고향에서 지켜야 할 나이의 차례다. 상대방의 나이가 나보다 갑절이 되는 사람에게는 아버지처럼 섬

기고, 나보다 열 살이 많으면 형처럼 섬기고, 다섯 살이 많으면 거의 벗을 해도 된다는 말이다.

侍坐於先生 先生問焉 終則對 請業則起 請益則起.
시 좌 어 선 생 선 생 문 언 종 즉 대 청 업 즉 기 청 익 즉 기

선생님을 모시고 앉아 있을 때, 선생님이 물으시면 말씀이 끝난 뒤에 대답하고, 학습을 청할 때 일어나며, 설명을 더 청할 때도 일어나야 한다.

【글자 뜻】 侍:모실 시. 請:청할 청. 業:학업 업. 일 업. 起:일어날 기.
益:더할 익.
【말의 뜻】 侍坐:모시고 앉음. 終則對:말씀이 다 끝난 다음에 대답함. 請業:학습을 청함. 請益:설명을 더 청함.

【뜻 풀이】 이것도 禮記 曲禮篇에 있는 글이다. 선생님을 모시고 앉아 있을 때, 선생님이 질문을 하시면 말씀이 다 끝난 다음에 대답해야 한다. 또 배움을 청할 때는 일어나서 말씀드려야 하고, 다시 설명을 청할 때에도 자리에서 일어나서 말씀드려야 한다.

尊客之前 不叱狗 讓食不唾.
존 객 지 전 불 질 구 양 식 불 타

귀한 손님 앞에서는 개를 꾸짖지 말아야 하고, 음식을 사양할 때 침을 뱉지 말아야 한다.

【글자 뜻】 尊:높을 존. 叱:꾸짖을 질. 狗:개 구. 讓:사양할 양. 唾:침 타.

【말의 뜻】 尊客:귀한 손님. 叱狗:개를 꾸짖음. 讓食不唾:음식을 사양할 때 침을 뱉지 말아야 함.

【뜻 풀이】 이것도 禮記 曲禮篇에 있는 글이다. 만일 귀한 손님 앞에서 개를 꾸짖으면 손님이 기분이 좋지 않을 것이며, 음식을 사양할 때 침을 뱉으면 주인은 음식이 추하다고 오해하기 때문이다.

王制曰 父之齒隨行 兄之齒鴈行 朋友不相踰.
왕 제 왈 부 지 치 수 행 형 지 치 안 행 붕 우 불 상 유

왕제에서 이렇게 말했다.

"아버지의 나이에는 뒤따라가고, 형의 나이에는 약간 뒤따라가고, 친구 사이에는 서로 넘지 말아야 한다."

【글자 뜻】 齒:나이 치. 이 치. 鴈:기러기 안. 踰:넘을 유.

【말의 뜻】 王制: 禮記의 王制篇. 父之齒:아버지와 같은 나이. 隨行:뒤따라 감. 鴈行:옆으로 나란히 가되 약간 뒤져서 감. 不相踰:나란히 가야지 앞서 가지 않음.

【뜻 풀이】 아버지와 같은 나이의 어른과 길을 갈 때는 완전히 뒤따라가야 하고, 형과 같은 나이의 사람에게는 옆으로 조금 뒤쳐져서 가야 하며, 친구 사이에는 나란히 가야지 앞서 가서는 안 된다.

曾子曰 君子以文會友 以友輔仁.
증 자 왈 군 자 이 문 회 우 이 우 보 인

증자가 이렇게 말했다.
"군자는 글로써 벗을 모으고, 벗으로써 仁을 돕는다."

【글자 뜻】 會:모을 회. 輔:도울 보.
【말의 뜻】 以文會友:글로써 벗을 모음. 文은 詩書禮樂을 일컬음. 以友輔
仁:벗으로써 仁을 도움.

【뜻 풀이】 덕이 있는 君子는 富나 貴를 목적으로 벗을 사귀지 않는다. 오직
선한 마음과 덕행을 보고 사귄다. 그러므로 君子는 학문을 통하여 벗을 회
합하며, 이 벗들로 인하여 자신의 덕을 쌓아 仁을 완성하려 하는 것이다.

孟子曰 責善 朋友之道也.
맹 자 왈 책 선 붕 우 지 도 야

맹자는 이렇게 말했다.
"착함을 권고하는 것은 벗 사이의 도리이다."

【글자 뜻】 責:권할 책. 꾸짖을 책 .
【말의 뜻】 責善:착한 일을 하라고 서로 권고함. 朋友之道:벗 사이의 도리.

【뜻 풀이】 이것은 孟子에 나오는 글이다. 진정한 친구 사이에는 친구가 잘
못을 저지르면 충고하여 올바른 길을 찾도록 하는 것이 친구 사이의 우
정이요 도리이다.

子貢問友 孔子曰 忠告而善道之 不可則止 毋自辱焉.
자 공 문 우 공 자 왈 충 곡 이 선 도 지 불 가 즉 지 무 자 욕 언

자공(子貢)이 벗에 대하여 여쭈어 보자, 孔子께서 말씀하셨다.

"진심으로 고하여 선으로 인도하되, 되지 않으면 그만두어 자신을 욕되게 하지 말아야 한다."

【글자 뜻】 貢:바칠 공. 告:고할 곡. 고할 고. 道:인도할 도. 길 도. 止:그칠 지. 辱:욕될 욕.

【말의 뜻】 子貢:孔子의 제자. 성은 단목(端木), 이름은 사(賜), 子貢은 그의 자임. 忠告(충곡):진심으로 고함. 善道之:착한 길로 인도함. 不可則止:노력해도 되지 않으면 그만둠. 毋自辱:자신을 욕되게 하지 않음.

【뜻 풀이】 이것은 論語에 있는 글이다. 孔子의 제자 子貢이 벗을 사귀는 도리에 대하여 여쭈어 보자, 孔子께서 말씀하신 것이다.

벗에게는 마음에서 우러나온 진실한 충고를 하여 선으로 인도하여야 한다. 그러나 아무리 충고하여도 선으로 인도하는 것이 이루어지지 않고, 벗이 계속 악을 저지른다면 충고하는 것을 그만두어 자신을 욕되지 않게 해야 한다.

益者三友 損者三友 友直 友諒 友多聞益矣 友便辟 友善柔 友
익 자 삼 우 손 자 삼 우 우 직 우 량 우 다 문 익 의 우 변 벽 우 선 유 우
便佞損矣.
변 녕 손 의

유익한 벗이 셋 있고, 해로운 벗이 셋 있으니, 정직한 사람을 벗하고, 성실한 사람을 벗하며, 견문이 많은 사람을 벗하면 유익하고, 마음이 바르지

못한 사람을 벗하며, 행동이 성실하지 못한 사람을 벗하고, 말 잘하고 아는 것이 없는 사람을 벗하면 해롭다.

【글자 뜻】 益:이로울 익.　損:손될 손.　直:곧을 직.　諒:진실할 량.　辟:간
사할 벽.　柔:부드러울 유.　佞:아첨할 녕.

【말의 뜻】 友直:마음이 곧은 사람을 벗함.　友諒:행동이 성실한 사람을 벗
함.　多聞:널리 보고 들어서 아는 것이 많음.　便辟:겉으로는 잘하지만
마음이 바르지 못한 사람.　善柔:아첨하기를 잘하고 행동이 성실하지 못
한 사람.　便佞:말만 잘하고 아는 것이 없는 사람.

【뜻 풀이】 이것은 論語에 나오는 孔子의 말씀이다.

　　사람은 친구를 가려서 사귀어야 한다. 훌륭한 친구를 사귀면 자신도
모르는 사이에 올바른 사람이 되고, 나쁜 친구를 사귀면 자신도 모르는
사이에 악에 물들게 된다. 그러면 훌륭한 친구는 어떤 사람이고, 나쁜
친구는 어떤 사람인가?

　　유익한 친구가 세 가지 있고, 해로운 친구가 세 가지 있다. 마음이 착
하고 곧은 사람, 행동이 올바르고 성실한 사람, 학문과 견문이 많은 사
람들을 친구로 사귀어야 한다. 겉으로는 예의 바르지만 마음이 악한 사
람, 남에게 아첨은 잘하지만 행동이 성실하지 못한 사람, 말은 잘하지
만 아는 것이 없는 사람은 친구로 사귀어서는 안 된다.

孟子曰 不挾長 不挾貴 不挾兄弟而友 友也者 友其德也 不可
맹 자 왈　불 협 장　불 협 귀　불 협 형 제 이 우　우 야 자　우 기 덕 야　불 가

以有挾也.
이 유 협 야

맹자가 이렇게 말했다.

"나이가 많음을 믿지 말고, 귀함을 믿지 말며, 형제를 믿지 말고, 벗을 사귀어야 한다. 벗이란 것은 그 덕을 벗하는 것이니, 믿는 마음이 있어서는 안 된다."

【글자 뜻】 挾:믿을 협. 낄 협.

【말의 뜻】 挾長:나이가 많음을 믿음. 挾兄弟:형제의 세력 있음을 믿음. 友其德:상대방의 덕을 보고 벗으로 사귐.

【뜻 풀이】 이것은 孟子에 있는 글로, 孟子의 제자인 萬章이 벗을 사귀는 법을 묻자, 孟子가 대답한 말이다.

벗을 사귈 때에는 피차간에 나이가 많음을 믿고 사귀거나, 집안이 부귀함을 믿고 사귀거나, 그 형제의 세력이 있음을 믿고 사귀어서는 안 된다. 벗을 사귈 때는 오직 상대방의 덕이 있음을 보고 사귀어야지, 만일 이와 같은 믿고 의지할 것을 보고 벗을 사귀면, 이것은 진정한 벗의 사귐이 아니어서 결코 오래가지 못한다.

曲禮曰 君子不盡人之歡 不竭人之忠 以全交也.
곡 례 왈 군 자 불 진 인 지 환 불 갈 인 지 충 이 전 교 야

곡례에서 이렇게 말했다.

"군자는 벗의 환대를 다하지 못하게 하고, 벗의 성의를 다하지 못하게 하여 써 사귐을 온전하게 해야 한다."

【글자 뜻】 盡:다할 진. 歡:기쁠 환. 竭:다할 갈. 全:온전할 전.

【말의 뜻】 不盡人之歡(부진인지환):벗이 나에게 환대를 다하지 못하게 함. 不竭人之忠:벗이 나에게 성의를 다하지 못하게 함. 全交:사귐을 온전하게 함.

【뜻 풀이】 덕이 있는 君子는 벗이 자기에게 음식의 환대를 다하지 못하게 하고, 또 물질적으로 도와주려는 성의를 다하지 못하게 함으로써 친구와의 사귐을 완전하게 하여 오래 지속되도록 해야 한다.

孔子曰 君子之事親孝 故忠可移於君 事兄弟 故順可移於長
공 자 왈 군 자 지 사 친 효 고 충 가 이 어 군 사 형 제 고 순 가 이 어 장

居家理 故治可移於官 是以行成於內 而名立於後世矣.
거 가 리 고 치 가 이 어 관 시 이 행 성 어 내 이 명 입 어 후 세 의

공자께서 이렇게 말씀하셨다.

"군자는 부모를 섬김이 효성스럽기 때문에 충성을 능히 임금에게 옮길 수 있고, 형을 섬김이 공경하기 때문에 공경함을 능히 어른에게 옮길 수 있으며, 집에 거처함에 잘 다스리기 때문에 다스림을 능히 관직에 옮길 수 있는 것이니, 그러므로 행실이 안에서 이루어져서 이름이 후세에 세워지는 것이다."

【글자 뜻】 移:옮길 이. 弟:공경할 제. 아우 제. 順:따를 순. 순할 순. 理:다스릴 리. 이치 리.

【말의 뜻】 移於君:임금에게 옮김. 事兄弟:형을 섬김이 공경함. 移於長:어른에게 옮김. 居家理:가정생활에서 집안을 잘 다스림. 是以:이런 까닭으로. 그러므로. 行成於內:행실이 집안에서 이루어짐. 名立於後世:이름을 후세에 세움.

【뜻 풀이】 이것은 孝經에 있는 글이다. 인생의 모든 것은 가정생활로부터 이루어지는 법이다. 덕이 있는 君子는 부모를 효도로 섬기기 때문에 임금에게 충성할 수 있고, 형을 공경으로 섬기기 때문에 어른들에게 공경할 수 있으며, 집안을 잘 다스리기 때문에 관직에 나아가도 잘 다스릴 수 있는 것이다. 이와 같이 인간의 행실은 집안에서 이루어져서 이름을 후세에까지 남길 수 있는 것이다.

禮記曰 事親有隱而無犯 左右就養無方 服勤至死 致喪三年.
예 기 왈　사 친 유 은 이 무 범　좌 우 취 양 무 방　복 근 지 사　치 상 삼 년

예기에서 이렇게 말했다.

"부모를 섬기되 은근히 간하여 범하지 말아야 하고, 좌우로 나아가 봉양하여 방향이 없어야 하며, 죽음에 이르도록 부지런히 일하고, 삼년상을 이루어야 한다."

【글자 뜻】 隱:드러나지않을 은. 숨을 은.　犯:범할 범.　就:나아갈 취.　服: 일할 복. 옷 복.　勤:부지런할 근.

【말의 뜻】 有隱而無犯:부모가 잘못하면 은근히 남모르게 간하고 부모의 뜻을 거역하면서 간하지 말아야 함.　左右就養:부모의 좌우에 나아가 봉양함.　無方:일정한 방향이 없음.　服勤至死:죽음에 이르도록 부지런히 일함. 부모를 위하여 목숨이 있는 한 부지런히 일함.　致喪三年:삼년상을 이룸.

【뜻 풀이】 부모를 섬김에는, 부모가 잘못하시는 일이 있으면 다른 사람에게는 물론이고 부모에게도 은근히 간하여 부모의 뜻을 거역하지 말아

야 한다. 그리고 항상 부모 곁에 나아가 시중을 들어드리되, 일정한 법
도에 구애되지 말고 위해 드려야 한다. 또 부모를 위하여 목숨이 있는
한 부지런히 일해야 한다. 부모가 돌아가시면 슬픔을 다하여 3년상을
입어야 한다.

欒共子曰 民生於三 事之如一 父生之 師敎之 君食之 非父不
난공자왈 민생어삼 사지여일 부생지 사교지 군사지 비부불

生 非食不長 非敎不知 生之族也 故一事之 唯其所在 則致死
생 비사부장 비교불지 생지족야 고일사지 유기소재 즉치사

焉 報生以死 報賜以力 人之道也.
언 보생이사 보사이력 인지도야

난공자(欒共子)가 이렇게 말했다.

"백성은 세 가지에 의하여 사는 것이니, 섬기기를 한결같이 해야 한다.
아버지는 낳아 주시고, 스승은 가르쳐 주시며, 임금은 먹여 주시니, 아버
지가 아니면 태어나지 못하였으며, 먹이지 아니하면 자라지 못하였고, 가
르치지 아니하면 알지 못하였으니, 생명의 어버이들이다. 그러므로 한결
같이 섬겨서 오직 그 있는 바에 죽음을 이루어야 한다. 낳아주신 은혜 갚
기를 죽음으로써 하고, 주신 것 갚기를 힘써 하는 것이 사람의 도리이다."

【글자 뜻】欒:나무이름 란. 食:먹을 사. 밥 식. 族:동류 족. 겨레 족. 唯:
　　오직 유. 報:갚을 보. 賜:줄 사.
【말의 뜻】欒共子:晋나라의 大夫로, 이름은 成, 共子는 시호. 民生於三:백
　　성은 세 가지에 의해서 삶. 事之如一:섬기기를 한결같이 함. 食之(사
　　지):먹여 살림. 非食不長(비사부장):먹이지 않으면 자라지 못함. 生之
　　族:생명의 부모. 報生以死:나를 낳아 주신 부모의 은혜 갚기를 죽음으

로써 함. 報賜以力:먹여 주고 가르쳐 준 은혜 갚기를 힘써 함.

【뜻 풀이】 모든 백성들은 아버지와 임금과 스승의 세 가지 은혜에 의하여
사는 것이니, 이분들을 한결같이 섬겨야 한다. 아버지는 나를 낳아 주
셨고, 스승은 나를 가르쳐 주시며, 임금은 나를 먹여 살린다. 아버지가
아니면 내가 태어나지 못하였고, 임금이 먹여 주지 않으면 내가 자라지
못하였으며, 스승이 가르쳐 주시지 않으면 도리를 알지 못할 것이니,
아버지와 임금과 스승은 다 같이 나를 살아가게 하는 부모와 같다. 그
러므로 이 세 분은 한결같이 섬겨서 그분들이 계신 곳에는 생명을 다하
여 은혜를 갚아야 한다.

　부모가 낳고 길러 주신 은혜는 죽음으로써 갚아야 하고, 임금이 먹
여 주고 스승이 가르쳐 주신 은혜는 힘을 다하여 갚는 것이 사람의 도
리이다.

　이것은 國語 晉語에 실려 있는 글이다.

晏子曰 君令臣共 父慈子孝 兄愛弟敬 夫和妻柔 姑慈婦聽 禮也.
안자왈 군령신공 부자자효 형애제경 부화처유 고자부청 예야

君令而不違 臣共而不貳 父慈而教 子孝而箴 兄愛而友 弟敬
군령이불위 신공이불이 부자이교 자효이잠 형애이우 제경

而順 夫和而義 妻柔而正 姑慈而從 婦聽而婉 禮之善物也.
이순 부화이의 처유이정 고자이종 부청이완 예지선물야

안자(晏子)가 이렇게 말했다.

"임금은 명령하고 신하는 공손하며, 아버지는 인자하고 아들은 효도하
며, 형은 사랑하고 아우는 공경하며, 남편은 온화하고 아내는 부드러우며,
시어머니는 자애롭고 며느리는 따르는 것이 예절이다.

임금은 명령하되 도리에 어긋나지 말아야 하고, 신하는 공손하되 두 마음을 먹지 말아야 하며, 아버지는 인자하되 아들을 가르쳐야 하고, 아들은 효도하되 간해야 하며, 형은 사랑하되 우애가 있어야 하고, 아우는 공경하되 순종해야 하며, 남편은 온화하되 의로워야 하고, 아내는 부드럽되 올발라야 하며, 시어머니는 자애롭되 따라야 하고, 며느리는 따르되 순해야 하는 것이 예절의 좋은 일이다."

【글자 뜻】 晏:늦을 안. 令:명령할 령. 하여금 령. 共:공손할 공. 恭과 같음. 함께 공. 慈:사랑 자. 柔:부드러울 유. 姑:시어머니 고. 할미 고. 聽:따를 청. 들을 청. 違:어길 위. 貳:두 이. 箴:경계할 잠. 婉:순할 완.

【말의 뜻】 晏子:孔子와 같은 시대 사람으로 이름은 영(嬰), 자는 平仲. 齊나라의 大夫. 君令臣共:임금은 명령하고 신하는 공손하게 명령을 받듦. 姑慈婦聽:시어머니는 자애롭고 며느리는 순종함. 不違:도리에 어긋나지 않음. 不貳:두 마음을 먹지 않음. 子孝而箴:아들은 효도하되 아버지가 잘못이 있으면 조용히 간함. 姑慈而從:시어머니는 자애롭되 며느리의 옳은 말에는 따름. 婦聽而婉:며느리는 따르되 순해야 함. 善物:좋은 일. 좋은 상태.

【뜻 풀이】 이것은 左氏傳에 있는 글이다. 임금은 명령을 내리고 신하는 그 명령을 받들어 시행하며, 아버지는 인자한 마음으로 아들을 사랑하고 아들은 아버지에게 효도를 다해야 하며, 형은 아우를 사랑하고 아우는 형을 공경해야 하며, 남편은 온화한 태도를 취하고 아내는 유순하게 대해야 하며, 시어머니는 며느리에게 자애로워야 하고 며느리는 시어머니의 말에 순종해야 하거니와, 이것은 모두 인간생활의 질서를 위한 예절이다.

그러나 임금의 명령은 올바른 도리에서 벗어나지 말아야 하고, 신하는 임금의 명령을 공손하게 받들되 두 마음을 먹지 말고 시행해야 하며, 아버지는 아들을 사랑하되 올바른 도리를 가르쳐야 하고, 아들은 부모에게 효도를 다하되 잘못이 있으면 조용히 간해야 하며, 형은 아우를 사랑하되 우애가 두터워야 하고, 아우는 형을 공경하되 형의 말에 순종해야 하며, 남편은 아내에게 온화하게 대하되 의무를 다해야 하고, 아내는 유순하되 올바른 아내의 도리를 지켜야 하며, 시어머니는 며느리를 사랑하되 며느리의 옳은 말에는 따라야 하고, 며느리는 시어머니의 명령에 따르되 순해야 한다. 이것이 예의가 가장 잘 조화된 상태인 것이다.

曾子曰 親戚不說 不敢外交 近者不親 不敢求遠 小者不審 不
증자왈 친척불열 불감외교 근자불친 불감구원 소자불심 불

敢言大.
감언대

曾子가 이렇게 말했다.

"친척이 기뻐하지 않으면 감히 외부 사람들과 사귀지 말아야 하고, 가까운 사람과 친하지 않으면 감히 먼 사람을 구하지 말아야 하며, 작은 것을 살피지 못하면 감히 큰 것을 말하지 말아야 한다."

【글자 뜻】 戚:겨레 척. 說:기쁠 열. 말씀 설. 交:사귈 교. 審:살필 심.

【말의 뜻】 親戚不說:부모나 형제가 기뻐하지 않음. 外交:남과 사귐. 近者不親:가까운 친척과 친하지 않음. 求遠:먼 사람, 즉 남을 구함. 小者不審:작은 것을 살피지 못함. 즉 부모에게 효도하고 형제간에 우애를 지키는 도리를 알고 실천하지 못함. 言大:큰 것을 말함. 즉 나라를 다스리고 평천하하는 것을 말함.

【뜻 풀이】 사람은 우선 부모에게 효도하고 형제간에 우애를 지키는 일부터 실천해야 한다. 부모에게 효도하지 못하고 형제간에 우애를 지키지 못한다면, 부모와 형제의 사랑은 받지 못한다. 그러면서 다른 사람들과 친하게 사귀려 해서는 안 된다. 집안의 가까운 사람들과 친근하게 지내지 못하면서 먼 남들을 찾아 구한대서야 말이나 되겠는가? 부모에게 효도하고 형제간에 우애를 지녀 나가는 작은 일조차 못하는 사람이 감히 나라를 다스리는 일이나 평천하를 하는 등의 큰 것을 말할 수 있겠는가?

이것은 대대례(大戴禮)에 실려 있는 글이다.

官怠於宦成 病加於小愈 禍生於懈惰 孝衰於妻子 察此四者
관 태 어 환 성　병 가 어 소 유　화 생 어 해 타　효 쇠 어 처 자　찰 차 사 자

愼終如始 詩曰 靡不有初 鮮克有終.
신 종 여 시　시 왈　미 불 유 초　선 극 유 종

벼슬아치는 벼슬이 이루어질 때 게을러지고, 병은 조금 나을 때 더하며, 재앙은 게으른 데서 생기고, 효도는 처자로 인하여 쇠하여지거니와, 이 네 가지를 살펴서 끝을 삼가기를 처음과 같이 해야 할 것이니 詩經에도, "처음은 있지 않음이 없으나 능히 끝이 있기는 드물다."고 말하였다.

【글자 뜻】 怠:게으를 태. 宦:벼슬 환. 愈:나을 유. 懈:게으를 해. 惰:게으를 타. 衰:쇠할 쇠. 察:살필 찰. 愼:삼갈 신. 靡:아닐 미. 鮮:드물 선. 고울 선. 克:능할 극. 이길 극.

【말의 뜻】 宦成:벼슬의 지위가 이루어짐. 小愈:조금 나음. 懈惰:게으름. 孝衰於妻子:부모에 대한 효도는 처자가 생김으로 인하여 쇠하여짐. 愼終如始:끝을 삼가기를 처음과 같이 함. 靡不有初:처음이 있지 않음은 없음. 처음은 다 있음. 鮮克有終:능히 끝이 있기가 드묾.

【뜻 풀이】 이것은 說苑에 있는 글이다. 사람은 처음 벼슬자리에 나가면 열심히 근무하지만, 일단 지위가 안정되면 게을러지기 쉽다. 또 병은 조금 나았을 때 더해지기가 쉽고, 재앙은 일을 게을리 하는데서 생긴다. 그리고 부모에 대한 효도는 아내와 자식이 생겨 그들을 너무 사랑하는 데서 쇠퇴한다. 그러므로 이 네 가지를 잘 살펴서, 처음에 삼가는 마음을 끝까지 밀고 나가야 한다. 詩經 大雅篇에도, "처음은 다 있으나 끝이 있기가 어렵다."고 말하고 있다.

荀子曰 人有三不祥 幼而不肯事長 賤而不肯事貴 不肖而不肯
순자왈 인유삼불상 유이불긍사장 천이불긍사귀 불초이불긍
事賢 是人之三不祥也.
사현 시인지삼불상야

순자가 이렇게 말했다.

"사람에게 세 가지 상서롭지 못한 것이 있으니, 어려서 어른 섬기기를 즐겨 하지 않고, 천하면서 귀한 사람 섬기기를 즐겨 하지 않으며, 못나고서 현명한 사람 섬기기를 즐겨 하지 않는 것, 이것이 사람의 세 가지 상서롭지 못한 것이다."

【글자 뜻】 荀:성 순. 祥:상서 상. 肯:즐길 긍. 肖:닮을 초.

【말의 뜻】 荀子:중국 전국시대 말기의 유학자로 이름은 황(況). 孟子의 性善說에 대하여 性惡說을 주장함. 荀子 20권의 저서가 전함. 不祥:불길한 것. 不肯:즐겨 하지 않음. 하려 하지 않음. 不肖:못난 아버지를 닮지 않았다는 데서 나왔음.

【뜻 풀이】 이 글은 荀子에서 인용한 것이다. 사람에게는 세 가지 길하지

못한 것이 있다. 어리면서 어른을 섬기려 하지 않는 것, 지위가 낮으면서 지위 높은 사람을 섬기려 하지 않는 것, 어리석으면서 현명한 사람을 섬기려 하지 않는 것, 이것이 바로 사람의 세 가지 길하지 못한 것이다.

無用之辯 不急之察 棄而不治 若夫君臣之義 父子之親 夫婦
무 용 지 변 불 급 지 찰 기 이 불 치 약 부 군 신 지 의 부 자 지 친 부 부
之別 則日切磋而不舍也.
지 별 즉 일 절 차 이 불 사 야

쓸데없는 변론과 급하지 않은 살핌은 버리고서 다스리지 말아야 하거니와, 만약 저 임금과 신하의 의리와 아버지와 아들의 친함과 남편과 아내의 분별은 날로 갈고 닦아서 버리지 말아야 한다.

【글자 뜻】辯:말씀 변. 急:급할 급. 棄:버릴 기. 切:끊을 절. 磋:갈 차.
　　舍:버릴 사. 捨와 같음. 집 사.
【말의 뜻】無用之辯:쓸데없는 논의. 不急之察:급하지 않은 살핌. 棄而不
　　治:버리고서 다스리지 말아야 함. 切磋:갈고 닦음. 끊어서 갊. 不舍:
　　버리지 말아야 함.

【뜻 풀이】이 글도 荀子에서 인용한 것이다. 쓸데없는 토론이나 급하지 않
　　은 보살핌은 버려두고서 이에 종사하지 말아야 한다. 그러나 저 임금과
　　신하 사이의 의리, 아버지와 아들 사이의 사랑과 효도, 부부 사이의 분
　　별은 잠시도 놓지 말고 날마다 부지런히 갈고 닦도록 노력해야 한다.

제 3 경신편
(第三 敬身篇)

  이 敬身篇에서는 한 번밖에 살지 못하는 인생에서 자신의 마음과 몸을 수양하는 방법을 말하고 있다.

  착한 행동은 착한 마음에서 나오게 마련이다. 인간이 자기 마음을 선량하게 지녀 나간다는 것은 현대사회에서는 몹시 어렵다. 그러나 자신의 마음을 올바르게 가꾸는 일은 자기 자신이 해야지, 다른 사람들이 어찌 그 일을 해 줄 수 있겠는가? 사람은 마음 하나를 가꾸기 위하여 이 세상에 살고 있는 것이라고 말할 수 있다.

  마음만 선량하게 수양하면 자연히 모든 행동은 정의에서 벗어나지 않게 된다. 그러므로 현대사회에서 사는 우리들은 우선 마음부터 선량하게 가꾸도록 각자가 노력해야 할 것이다.

孔子曰 君子無不敬也 敬身爲大 身也者 親之枝也 敢不敬與
공자왈 군자무불경야 경신위대 신야자 친지지야 감불경여

不能敬其身 是傷其親 傷其親 是傷其本 傷其本 枝從而亡 仰
불능경기신 시상기친 상기친 시상기본 상기본 지종이망 앙

聖模 景賢範 述此篇 以訓蒙士.
성모 경현범 술차편 이훈몽사

공자께서 말씀하시기를, "군자는 공경하지 않음이 없으나 몸을 공경함이
중대한 일이 되거니와, 몸이란 것은 부모의 가지이니 감히 공경하지 않을
수 있으랴! 능히 그 몸을 공경하지 못하면 이는 그 부모를 상하게 하는 것
이요, 그 부모를 상하게 하면 이는 그 근본을 상하게 하는 것이니, 그 근본
이 상하면 가지는 따라서 망하게 된다."고 하셨으니, 성인의 법을 우러르
고 현인의 법을 사모하여 이 편을 지어서 써 어린 선비들을 가르치려 한다.

【글자 뜻】 枝:가지 지. 與:어조사 여. 더불어 여. 傷:상할 상. 從:좇을
종. 亡:망할 망. 仰:우러를 앙. 模:법 모. 景:사모할 경. 경치 경. 範:
법 범. 述:지을 술.

【말의 뜻】 無不敬:공경하지 않음이 없음. 다 공경함. 敬身爲大:자기 몸
을 공경함이 중대한 것이 됨. 敢不敬與:감히 공경하지 않을 수 있으랴!
與는 감탄종결어조사. 枝從而亡:가지는 따라서 망함. 仰聖模:성인의
법을 우러름. 景賢範:현인의 법을 사모함.

【뜻 풀이】 이것은 이 편의 서문이다. 사람을 나무에 비유하면 조상은 뿌리
요, 부모는 줄기요, 가지들은 형제이다.
　　孔子께서 말씀하시기를, "君子는 모든 것을 다 공경해야 하지만, 특
히 자기 몸을 공경하는 것이 중대한 일이다. 자기의 몸이란 곧 부모의
가지이니, 감히 공경하지 않을 수 있으랴! 만일 자기의 몸을 공경하지

못하면 이는 곧 자기 부모를 상하게 하는 것이 되고, 자기 부모를 상하게 하면 이는 곧 뿌리인 조상을 상하게 하는 것이 된다. 그러므로 뿌리가 상하면 가지는 따라서 시들게 된다."고 하셨으니, 성현들의 법도를 우러르고 사모하여 이 편을 지어서 어린 소년들에게 교훈이 되게 하려는 것이다.

丹書曰 敬勝怠者吉 怠勝敬者滅 義勝欲者從 欲勝義者凶.
단 서 왈   경 승 태 자 길   태 승 경 자 멸   의 승 욕 자 종   욕 승 의 자 흉

단서(丹書)에서 이렇게 말했다.

"공경함이 게으름을 이기는 사람은 길하고, 게으름이 공경함을 이기는 사람은 멸망하며, 의리가 욕심을 이기는 사람은 순조롭고, 욕심이 의리를 이기는 사람은 흉하다."

【글자 뜻】 丹:붉을 단. 勝:이길 승. 怠:게으를 태. 滅:멸할 멸. 欲:욕심 욕. 하고자할 욕. 從:순할 종. 좇을 종. 凶:흉할 흉.

【말의 뜻】 丹書:姜太公이 周 武王에게 바쳤다는 글. 敬勝怠:공경함이 게으름을 이김. 義勝欲:의리가 사리사욕을 이김. 從:순조로움.

【뜻 풀이】 모든 일을 행함에 마음을 공경스럽게 하여 게으르지 않은 사람은 길하고, 게으르고 공경하는 마음이 없는 사람은 멸망한다. 또 정의를 존중하고 사리사욕이 없는 사람은 일이 순조롭게 풀려 나가고, 사리사욕이 많고 정의감이 없는 사람은 흉하다.

曲禮曰 毋不敬 儼若思 安定辭 安民哉.
곡 례 왈 무 불 경 엄 약 사 안 정 사 안 민 재

敖不可長 欲不可從 志不可滿 樂不可極.
오 불 가 장 욕 불 가 종 지 불 가 만 낙 불 가 극

賢者 狎而敬之 畏而愛之 愛而知其惡 憎而知其善 積而能散
현 자 압 이 경 지 외 이 애 지 애 이 지 기 악 증 이 지 기 선 적 이 능 산

安安而能遷.
안 안 이 능 천

臨財毋苟得 臨難毋苟免 狠毋求勝 分毋求多 疑事毋質 直而
임 재 무 구 득 임 난 무 구 면 한 무 구 승 분 무 구 다 의 사 무 질 직 이

勿有.
물 유

곡례에서 이렇게 말했다.

"공경하지 아니함이 없어서, 엄연히 생각하는 것같이 하고, 말을 안정되게 하면, 백성들을 편안하게 할 수 있다.

거만함을 자라지 못하게 하고, 욕심을 마음대로 하지 못하게 하며, 뜻을 가득 채우지 말고, 즐거움을 극도로 하지 말아야 한다.

어진 사람은 가까이 하되 공경하고, 두려워하되 사랑하며, 사랑하되 그 악함을 알고, 미워하되 그 착함을 알며, 쌓되 능히 흩트리고, 편안하되 능히 잘 옮긴다.

재물에 임하여는 구차하게 얻으려 하지 말고, 어려움에 임하여는 구차하게 면하려 하지 말며, 싸움에서는 이기기를 구하지 말고, 나눔에서 많음을 구하지 말아야 하며, 의심나는 일에 책임 있는 말을 하지 말고, 바르게 말했더라도 자신을 갖지 말아야 한다."

【글자 뜻】 毋:말 무. 儼:엄연할 엄. 哉:어조사 재. 敖:거만할 오. 傲와 같음. 長:자랄 장. 긴 장. 從:놓을 종. 縱과 같음. 좇을 종. 志:뜻 지. 極:

다할 극. 狎:친할 압. 畏:두려울 외. 憎:미워할 증. 積:쌓을 적. 散:
흩을 산. 遷:옮길 천. 苟:구차할 구. 진실로 구. 免:면할 면. 狠:싸울
한. 疑:의심할 의. 質:바르게말할 질. 바탕 질. 直:곧을 직.

【말의 뜻】儼若思:엄연하게 생각하는 것 같음. 敖不可長:거만한 마음을 길
러서는 안 됨. 欲不可從:욕심이 마음대로 못하게 함. 욕심을 이겨 없애
야 함. 志不可滿:뜻을 가득 채우지 말아야 함. 樂不可極:즐거움을 다
누려서는 안 됨. 狎而敬之:가까이 지내면서도 상대방을 공경함. 畏而
愛之:두려워하고 공경하면서도 사랑함. 愛而知其惡:사랑하면서도 상
대방의 악한 점을 앎. 積而能散:재물을 쌓되 가난한 사람들에게 나누
어 줌. 安安而能遷:안정된 상태를 편안히 생각하되 마음을 의로운 것
으로 옮김. 臨財毋苟得:재물에 임하여 구차하게 얻지 말아야 함. 臨
難毋苟免:어려움을 당해도 구차하게 벗어나려 하지 말아야 함. 狠毋求
勝:싸움에서 꼭 이기려 하지 말아야 함. 分毋求多:재물을 나눔에서 많
은 것을 차지하려 하지 말아야 함. 疑事毋質:의심나는 일은 책임 있는
말을 하지 말아야 함. 直而勿有:올바른 말을 했다고 해서 자랑스러운
태도를 취하지 말아야 함.

【뜻 풀이】 모든 일을 공경하고 조심하여, 태도를 엄숙하게 하고 깊이 생각
하며, 말을 안정되고 명확하게 하면, 백성들을 편안하게 살 수 있게 한다.
　사람들의 위에 있는 사람은 거만한 마음을 길러서는 안 되고, 욕심을
억제할 줄 알아야 하며, 생각의 만족을 채워서는 안 되고, 즐거움을 다
누려서는 안 된다.
　그러므로 어진 사람은 가까이 지내면서도 상대방을 공경하고, 공경
하면서도 사랑한다. 또 비록 사랑하더라도 그의 단점을 알고 있고, 비
록 미워할지라도 그의 장점을 알고 있다. 또 재산을 모으되 그것을 흩

어서 가난한 사람들에게 나누어 주고, 안정된 생활을 즐기되 마음은 항상 정의에 가 있다.

재물은 구차하게 얻어서는 안 되고, 재난은 구차하게 벗어나서는 안 되며, 싸움에서는 이기려 하지 말고, 재물의 분배에서는 많은 것을 차지하려 하지 말아야 한다. 또 조금이라도 의심나는 일은 결정적인 말을 하지 말고, 도리에 맞는 올바른 말을 했다고 뽐내는 태도를 취해서는 안 된다.

孔子曰 非禮勿視 非禮勿聽 非禮勿言 非禮勿動.
공자왈 비례물시 비례물청 비례물언 비례물동

공자께서 이렇게 말씀하셨다.

"예가 아닌 것은 보지 말고, 예가 아닌 것은 듣지 말며, 예가 아닌 것은 말하지 말고, 예가 아닌 것은 움직이지 말아야 한다."

【글자 뜻】 視:볼 시. 聽:들을 청. 動:움직일 동.
【말의 뜻】 非禮勿視:예절에서 벗어난 것은 보지 말아야 함. 勿動:행동하지 말아야 함.

【뜻 풀이】 이것은 論語에 나오는 글이다. 顔子가 "仁이란 어떤 것입니까?" 하고 여쭙자 孔子는, "자기를 이기고 예로 돌아가는 것이 仁이다."라고 말씀하셨다. 顔子가 다시 그 구체적인 실천방법을 여쭙자, 孔子께서 이 말씀을 하신 것이다.

예절이란 사리사욕을 극복하는 마음이다. 그러므로 예절에서 벗어난 것은 보지 말고, 듣지 말며, 말하지 말고, 행동하지 말라는 뜻이다.

出門如見大賓 使民如承大祭 己所不欲 勿施於人.
출 문 여 견 대 빈 사 민 여 승 대 제 기 소 불 욕 물 시 어 인

문밖에 나갈 때는 귀한 손님을 보는 것같이 하고, 백성들을 부릴 때는
큰 제사를 받드는 것같이 하며, 내가 하고 싶지 않은 것을 남에게 베풀지
말아야 한다.

【글자 뜻】 賓:손 빈. 使:부릴 사. 하여금 사. 承:받들 승. 이을 승.   施:
베풀 시.

【말의 뜻】 出門:문밖에 나감. 大賓:큰 손님. 귀한 손님. 使民:백성을 부
림. 承大祭:큰 제사를 받듦. 己所不欲:자기가 바라지 않는 것. 자기가
하고 싶지 않은 것. 施於人:남에게 베풂. 남에게 시킴.

【뜻 풀이】 이것도 論語에 나오는 글이다. 문밖에 나가 다른 사람을 대할 때
는 마치 귀한 손님을 대하는 것같이 하여, 공경하는 마음을 지녀야 하
고, 백성들을 부릴 때는 마치 큰 제사를 받드는 것같이 하여, 삼가는 마
음을 지녀야 한다. 또 내가 하고 싶지 않은 일은 남도 싫어하는 법이니,
남에게도 시키지 말아야 한다.

居處恭 執事敬 與人忠雖之夷狄 不可棄也.
거 처 공 집 사 경 여 인 충 수 지 이 적 불 가 기 야

거처하기를 공손히 하고, 일 집행하기를 공경스럽게 하며, 사람과 더불어
사귀기를 성실히 하는 것을 비록 오랑캐 땅에 가더라도 버려서는 안 된다.

【글자 뜻】 執:잡을 집. 之:갈 지. 夷:오랑캐 이. 狄:오랑캐 적. 棄:버릴 기.

【말의 뜻】 居處恭:일상생활의 태도를 공손히 함.　執事敬:모든 일을 행할
　　때는 공경하는 마음을 지녀야 함.　與人忠:사람들과 접촉할 때는 성실하
　　게 행동함.　之夷狄:오랑캐 땅에 감.　不可棄:버리지 말아야 함.

【뜻 풀이】 이 글도 論語에서 인용한 것이다. 일상생활의 태도를 공손히 하
　　고 모든 일을 행할 때는 공경스러운 마음을 지녀야 하며, 다른 사람과
　　사귈 때는 성실하게 행동하는 것, 이 세 가지는 비록 미개한 곳에 가더
　　라도 버려서는 안 된다.

> 言忠信 行篤敬 雖蠻貊之邦行矣 言不忠信 行不篤敬 雖州里
> 언 충 신 행 독 경 수 만 맥 지 방 행 의 언 불 충 신 행 불 독 경 수 주 리
> 行乎哉.
> 행 호 재

　　말이 성실하고 미더우며 행실이 돈독하고 공경스러우면, 비록 오랑캐 나
　라에서도 행하여지거니와, 말이 성실하고 미덥지 못하며, 행실이 독실하고
　공경스럽지 못하면, 비록 고향이라도 행하여질 수 있으랴!

【글자 뜻】 篤:도타울 독.　蠻:오랑캐 만.　貊:오랑캐 맥.　邦:나라 방.　州:
　　고을 주.　里:마을 리.
【말의 뜻】 言忠信:말이 성실하고 미더움.　行篤敬:행실이 독실하고 공경스
　　러움.　蠻貊之邦:오랑캐의 나라.　行乎哉:행하여질 수 있으랴!

【뜻 풀이】 이것도 論語에서 인용한 글이다. 말이 항상 진심에서 우러나와
　　성실하고 미더우며, 행동이 항상 경박하지 않아 독실하고 공경스러우
　　면, 비록 풍속과 습관이 전혀 다른 오랑캐 나라에 가더라도 그의 언행

을 믿어 주지만, 만일 말이 성실하거나 미덥지 못하고, 행실이 경박하다면, 비록 자기의 고향이라 할지라도 통할 수 있겠는가!

君子有九思 視思明 聽思聰 色思溫 貌思恭 言思忠 事思敬 疑
군 자 유 구 사 시 사 명 청 사 총 색 사 온 모 사 공 언 사 충 사 사 경 의

思問 忿思難 見得思義.
사 문 분 사 난 견 득 사 의

군자는 아홉 가지 생각하는 것이 있으니, 보는데는 밝기를 생각하고, 듣는데는 총명하기를 생각하며, 얼굴빛은 온화하기를 생각하고, 모양은 공손하기를 생각하며, 말은 성실하기를 생각하고, 일은 공경하기를 생각하며, 의심나는 것은 묻기를 생각하고, 분할 때는 환난을 생각하며, 얼음을 보면 정의를 생각한다.

【글자 뜻】 聰:총명할 총. 貌:모양 모. 疑:의심할 의. 忿:분할 분.

【말의 뜻】 九思:아홉 가지 생각하는 것. 色思溫:안색을 온화하게 하려고 생각함. 貌思恭:태도를 공손하게 하려고 생각함. 事思敬:일하는 것을 공경하게 하려고 생각함. 행동을 공경하게 하려고 생각함. 忿思難:분한 생각이 들 때는 환난이 일어날 것을 생각함. 見得思義:이득을 보면 옳은 재물인가를 생각함.

【뜻 풀이】 이 글도 論語에서 인용한 것이다. 君子는 아홉 가지 생각을 가지고 있다. 사물을 볼 때는 분명히 보려고 생각하고, 말을 들을 때는 총명하게 들으려고 생각하며, 안색은 온화하게 하려고 생각하고, 태도는 공손하게 하려고 생각하며, 말할 때는 성실하게 하려고 생각하고, 행동할 때는 공경할 것을 생각하며, 의심나는 일이 있으면 물어볼 것을 생

각하고, 분노가 일어날 때는 재난이 일어날 것을 생각하여 분노를 가라앉히며, 재물이 생길 때는 그것이 정당한 재물인가 불의의 재물인가를 생각한다.

曾子曰 君子所貴乎道者三 動容貌斯遠暴慢矣 正顔色斯近信
증 자 왈　군 자 소 귀 호 도 자 삼　동 용 모 사 원 포 만 의　정 안 색 사 근 신
矣 出辭氣斯遠鄙倍矣.
의　출 사 기 사 원 비 배 의

증자가 이렇게 말했다.

"군자가 도리를 귀하게 여기는 것이 세 가지 있으니, 용모를 움직일 때 난폭하고 방자함을 멀리하고, 안색을 바르게 할 때 신의를 가까이 하며, 말의 기운을 낼 때 천하고 도리에 어긋남을 멀리하는 것이다."

【글자 뜻】 容:얼굴 용. 暴:사나울 포. 慢:방자할 만. 게으를 만. 辭:말씀 사. 鄙:더러울 비. 倍:어길 배. 갑절 배.

【말의 뜻】 容貌:용모. 몸 전체. 暴慢(포만):난폭하고 방자함. 出辭氣:말의 기운을 냄. 말소리를 냄. 鄙倍(비배):천하고 도리에 어긋남.

【뜻 풀이】 이 글도 論語에서 인용한 것이다. 君子가 귀하게 여기는 도리가 세 가지 있다. 첫째, 몸을 움직일 때는 사납고 방자한 것을 멀리한다. 둘째, 안색을 바르게 할 때는 믿음을 잃지 않도록 한다. 셋째, 말소리를 낼 때는 천하고 도리에 어긋나는 말을 하지 않는다.

曲禮曰 禮不踰節 不侵侮 不好狎 修身踐言 謂之善行.
곡 례 왈 예 불 유 절 불 침 모 불 호 압 수 신 천 언 위 지 선 행

곡례에서 이렇게 말했다.

"예절은 절도를 넘지 않고, 침범하고 모욕하지 않으며, 친압하는 것을
좋아하지 않는 것이니, 몸을 닦고 말을 실천하는 것을 좋은 행실이라고 말
한다."

【글자 뜻】踰:넘을 유. 侵:침범할 침. 侮:업신여길 모. 狎:친압할 압. 修:
　닦을 수. 踐:밟을 천.

【말의 뜻】踰節:절도를 넘음. 侵侮:침범하고 모욕함. 好狎:친압함을 좋아
　함. 修身踐言:몸을 닦고 말을 실천함. 善行:좋은 행실.

【뜻 풀이】예절이란 각자가 지켜야 할 절도를 넘지 않고, 다른 사람의 영역
　을 침범하여 모욕하지 않으며, 도를 지나치게 가까이하는 것이 아니다. 예
　절에 따라 몸을 닦고 말한 것을 실천하는 것을 좋은 행실이라고 말한다.

孔子曰 君子食無求飽 居無求安 敏於事而愼於言 就有道而正
공 자 왈 군 자 사 무 구 포 거 무 구 안 민 어 사 이 신 어 언 취 유 도 이 정
焉 可謂好學也已.
언 가 위 호 학 야 이

孔子께서 이렇게 말씀하셨다.

"君子는 먹는 데 배부름을 구함이 없고, 거처함에 편안함을 구함이 없으
며, 일에는 민첩하고 말에는 삼가고, 도리를 지닌 사람에게 나아가서 바로
잡으면, 가히 배우기를 좋아한다고 말할 수 있을 뿐이다."

【글자 뜻】飽:배부를 포. 敏:민첩할 민. 愼:삼갈 신. 就:나아갈 취. 已:
　　뿐 이. 이미 이.

【말의 뜻】食無求飽:먹음에 배부름을 구하지 않음. 居無求安:거처함에 편
　　안함을 구하지 않음. 敏於事:일에 민첩함. 有道:학문과 덕이 높은 사
　　람. 好學:배움을 좋아함.

【뜻 풀이】이 글도 論語에서 인용한 것이다. 배부르게 먹기를 구하지 않고,
　　편안하게 살기를 구하지 않아, 물질적인 생활의 안락과 만족을 추구하
　　지 않고, 자기가 맡은 일을 성실히 수행하며, 남에게 해를 끼칠 말을 하
　　지 않도록 조심하고, 학문과 덕이 높은 사람에게 나아가 자기 행실을 바
　　로잡는다면, 배우기를 좋아하는 사람이라고 말할 수 있다.

冠義曰　凡人之所以爲人者　禮義也　禮義之始　在於正容體　齊
관 의 왈　범 인 지 소 이 위 인 자　예 의 야　예 의 지 시　재 어 정 용 체　제
顔色　順辭令　容體正　顔色齊　辭令順　而後禮義備　以正君臣　親
안 색　순 사 령　용 체 정　안 색 제　사 령 순　이 후 예 의 비　이 정 군 신　친
父子　和長幼　君臣正　父子親　長幼和　而後禮義立.
부 자　화 장 유　군 신 정　부 자 친　장 유 화　이 후 예 의 립

관의(冠義)에서 이렇게 말했다.

"대저 사람이 사람답게 되는 까닭은 예절과 의리이니, 예절과 의리의 처
음은 얼굴과 몸을 바르게 하고, 낯빛을 정제하며, 말소리를 순하게 하는
데 있는 것이니, 얼굴과 몸을 바르게 하고, 낯빛을 정제하며, 말소리가 순
한 뒤에라야 예절과 의리는 갖추어지거니와, 써 임금과 신하 사이를 바르
게 하고, 아버지와 아들 사이를 친하게 하며, 어른과 어린이 사이를 화합하
게 할 것이니, 임금과 신하 사이가 바로잡히고, 아버지와 아들 사이가 친

하며, 어른과 어린이 사이가 화합한 뒤에라야, 예절과 의리가 서게 된다."

【글자 뜻】 冠:갓 관. 凡:무릇 범. 齊:가지런할 제. 備:갖출 비.

【말의 뜻】 冠義:禮記의 冠義篇. 所以:까닭. 禮義:예절과 의리. 容體:얼굴과 몸. 齊顔色:낯빛을 온화하게 갖춤. 順辭令:말을 도리에 맞게 함.

【뜻 풀이】 사람이 사람답게 되는 까닭은 예절과 의리가 있기 때문이다. 예절과 의리의 기초는 얼굴과 몸의 태도를 바르게 하고, 얼굴에 온화한 빛이 감돌게 하며, 말을 도리에 맞게 하는 데 있다. 얼굴과 몸의 태도를 바르게 하고, 얼굴에 온화한 빛이 감돌게 하며, 도리에 맞는 말을 한 뒤에라야 비로소 예절과 의리가 갖추어졌다고 하겠다. 그리고 임금과 신하 사이의 의리를 바로잡고, 아버지와 아들 사이의 관계가 친애를 지니며, 어른과 아랫사람 사이의 차례가 조화를 이루는 행동을 해야 하거니와, 임금과 신하 사이의 의리가 바로잡히고, 아버지와 아들 사이의 친애가 이루어지며, 어른과 아랫사람 사이의 차례가 조화를 이룬 뒤에라야 비로소 예절과 의리가 확립되었다 할 수 있다.

> 禮記曰 君子之容 舒遲 見所尊者 齊遫 足容重 手容恭 目容端
> 예기왈 군자지용 서지 견소존자 재속 족용중 수용공 목용단
> 口容止 聲容靜 頭容直 氣容肅 立容德 色容莊.
> 구용지 성용정 두용직 기용숙 입용덕 색용장

예기에서 이렇게 말했다.

"군자의 용모는 한가하고 조용하지만, 존경하는 사람을 보면 엄숙하고 공손해진다. 발의 모습은 무겁고, 손의 모습은 공손하며, 눈의 모습은 단정하고, 입의 모습은 움직이지 않으며, 목소리의 모습은 고요하고, 머리의

모습은 곧으며, 숨 쉬는 모습은 엄숙하고, 서 있는 모습은 꼿꼿하며, 낯빛의 모습은 씩씩하다."

【글자 뜻】 舒:한가할 서. 펼 서. 遲:늦을 지. 齊:엄숙할 재. 가지런할 제.
　　遬:공손할 속. 端:단정할 단. 止:그칠 지. 肅:엄숙할 숙. 莊:씩씩할 장.
【말의 뜻】 君子之容:군자의 모습. 君子의 태도. 舒遲:한가하고 조용함.
　　所尊者:존경하는 사람. 齊遬(재속):엄숙하고 공손함. 足容重:걸음걸
　　이의 모습은 무거움. 口容止:입의 모습은 움직이지 않음. 氣容肅:숨
　　쉬는 모습은 엄숙함. 立容德:서 있는 모습은 꼿꼿하여 덕이 있어 보임.
　　色容莊:안색의 모습은 씩씩함.

【뜻 풀이】 君子의 평소 태도는 한가하고 여유가 있어 보이지만, 일단 존경
　　하는 사람 앞에 나아가면, 공경하고 두려워서 엄숙해지고 공손해진다.
　　그의 발걸음은 무겁고, 손은 마주 잡아 공손한 태도를 나타낸다. 눈은
　　단정하게 뜨고, 입은 꽉 다물어 움직이지 않는다. 말소리는 고요하게 내
　　고, 머리를 곧게 세우며, 숨 쉬는 것도 조용하고 엄숙하다. 서 있는 모습
　　은 꼿꼿하여 덕이 있는 것 같고, 얼굴빛은 씩씩하게 빛난다.

論語曰 車中不內顧 不疾言 不親指.
논 어 왈 거 중 불 내 고 불 질 언 불 친 지

논어에서 이렇게 말했다.
"수레 안에서는 둘러보시지 않고 빨리 말씀하시지 않으며, 친히 손가락
질하시지 않았다."

【글자 뜻】顧:돌아볼 고. 疾:빠를 질. 병 질. 指:가리킬 지. 손가락 지.

【말의 뜻】內顧:둘러봄. 疾言:빨리 말함. 親指:친히 손가락질함.

【뜻 풀이】이 글은 論語에서 인용한 것으로, 孔子의 언행을 기록한 것이다. 孔子께서 수레에 타셨을 때는 수레 안을 둘러보시지 않고, 말씀을 빨리 하시지 않으며, 손가락질하여 물건을 가리키시지 않으셨다.

曲禮日 凡視上於面則敖 下於帶則憂 傾則姦.
곡 례 왈 범 시 상 어 면 즉 오 하 어 대 즉 우 경 칙 간 .

곡례에서 이렇게 말했다.

"대저 볼 때에 얼굴보다 위로 올라가면 거만하며, 띠보다 아래로 내려가면 근심스럽고, 고개를 기울이면 간사해 보인다."

【글자 뜻】敖:거만할 오. 傲와 같음. 帶:띠 대. 憂:근심할 우. 傾:기울어질 경. 姦:간사할 간.

【말의 뜻】上於面:얼굴보다 위로 올라감. 下於帶:띠보다 아래로 내려감. 傾則姦:고개를 기울이면 간사해 보임.

【뜻 풀이】상대방과 얘기할 때는 어디를 보느냐 하는 것이 중요하다. 만일 시선이 상대방의 얼굴보다 위로 올라가면 거만해 보이고, 띠보다 아래로 내려가면 마음에 근심을 지닌 것같이 보이며, 고개를 기울여 옆으로 보면 간사해 보인다. 즉 상대방의 얼굴을 바로 보아야 하는 것이다.

論語日 孔子於鄉黨恂恂如也 似不能言者 其在宗廟朝廷 便便
논 어 왈 공 자 어 향 당 순 순 여 야 사 불 능 언 자 기 재 종 묘 조 정 편 편

言 唯謹爾.
언 유 근 이

朝與下大夫言 侃侃如也 與上大夫言 誾誾如也.
조 여 하 대 부 언 간 간 여 야 여 상 대 부 언 은 은 여 야

논어에서 이렇게 말했다.

"공자께서 마을에 계실 때는 태도를 진실하게 하시어, 능히 말씀하시지 못하는 것 같으셨다. 그러나 종묘와 조정에 계실 때는 분명히 말씀하시어 오직 삼가실 뿐이었다.

조정에서 하대부와 더불어 말씀하심에는 강직하게 하시고, 상대부와 더불어 말씀하심에는 온화하고 삼가셨다."

【글자 뜻】鄉:시골 향. 黨:마을 당. 무리 당. 恂:진실한모양 순. 似:같을 사. 廷:조정 정. 便:말잘할 편. 편할 편. 爾:뿐 이. 너 이. 侃:강직할 간. 誾:화평한모양 은.

【말의 뜻】鄉黨:마을. 고향 마을. 恂恂:진실한 모양. 不能言:말할 줄 모름. 便便:말을 잘하는 모양. 唯謹爾:오직 삼갈 뿐임. 下大夫:大夫에는 上大夫와 下大夫가 있었음. 侃侃:강직한 모양. 誾誾:온화하고 삼가는 모양.

【뜻 풀이】孔子께서 마을에 계실 때는 진실하고 어리석은 듯하여, 말씀을 잘 못하시는 것 같았다. 그러나 종묘와 조정에 나아가 일하실 때는 사리를 밝혀 말씀을 잘 하시고, 오직 삼가실 뿐이었다.

조정에서 孔子와 같은 지위의 下大夫들과 말씀하실 때는 강직하고 솔직하게 나타내시고, 신분이 위인 上大夫와 말씀하실 때는 얼굴에 온화

한 빛을 띠시며, 일의 옳고 그름을 가려 조심하여 말씀하셨다.

> 孔子食不語 寢不言.
> 공자식불어 침불언

孔子께서는 식사하실 때 말씀을 아니하시고, 주무실 때 말씀을 아니하셨다.

【글자 뜻】 寢:잘 침.

【말의 뜻】 食不語:식사 중에 말하지 않음. 寢不言:자면서 말하지 않음.

【뜻 풀이】 이 글도 論語에서 인용한 것이다. 孔子께서는 식사 중에는 누구와 말씀하시지 않고, 주무시면서 말씀하시지 않았다.

> 士相見禮曰 與君言 言使臣 與大人言 言事君 與老者言 言使
> 사상견례왈 여군언 언사신 여대인언 언사군 여노자언 언사
> 弟子 與幼者言 言孝悌于父兄 與衆言 言忠信慈祥 與居官者
> 제자 여유자언 언효제우부형 여중언 언충신자상 여거관자
> 言 言忠信.
> 언 언충신

사상견례(士相見禮)에서 이렇게 말했다.

"임금과 더불어 말할 때는 신하를 부리는 도리를 말하고, 大夫와 더불어 말할 때는 임금을 섬기는 도리를 말하며, 늙은 사람과 더불어 말할 때는 자제를 부리는 도리를 말하고, 어린 사람과 더불어 말할 때는 아버지와 형에게 효도하고 공경하는 도리를 말하며, 여러 사람과 더불어 말할 때는 성실

과 신의와 인자함과 선행의 도리를 말하고, 관직에 있는 사람과 더불어 말
할 때는 충성과 신의의 도리를 말해야 한다."

【글자 뜻】 與:더불어 여. 使:부릴 사. 幼:어릴 유. 悌:공경할 제. 于:어
조사 우. 衆:무리 중. 慈:사랑 자. 祥:착할 상. 상서 상.
【말의 뜻】 與君言:임금과 더불어 얘기함. 使臣:신하를 부림. 大人:大夫와
上士. 使弟子:아우와 아들을 부림. 孝悌于父兄:부모에게 효도하고 형
을 공경함. 忠信慈祥:성실과 신의와 사랑과 선행. 居官者:관직에 있는
사람. 忠信:충성과 신의.

【뜻 풀이】 이 글은 儀禮의 士相見禮篇에서 인용한 것이다. 선비가 사람을
대할 때의 예절을 말한 것이다.
　　선비는 다른 사람과 얘기할 때는 그가 힘써야 할 도리에 대하여 말하
도록 해야 한다. 즉 임금과 얘기할 때는 신하들을 부리는 도리에 대하
여 말하고, 그리고 大夫와 얘기할 때는 임금을 섬기는 도리에 대하여
말해야 한다. 父兄과 얘기할 때는 子弟를 가르치고 부리는 도리에 대하
여, 그리고 子弟와 얘기할 때는 부모에게 효도하고 형을 공경하는 도리
에 대하여 말해야 한다. 그리고 일반인들과 얘기할 때는 사회생활의 바
탕인 성실과 신의와 사랑과 선행에 대하여, 그리고 관직에 있는 사람과
얘기할 때는 나라에 충성하고 청렴결백한 신의에 대하여 말해야 한다.

論語曰 席不正不坐.
논 어 왈 석 부 정 불 좌

논어에서 이렇게 말했다.

"공자께서는 자리가 바르지 아니하면 앉지 않으셨다."

【글자 뜻】席:자리 석. 坐:앉을 좌.

【말의 뜻】席不正(석부정):자리가 비뚤어지게 깔려 바르지 않음. 不坐:
앉지 않음.

【뜻 풀이】 이것은 孔子의 평소 행동을 기록한 것이다. 孔子께서는 자리가
잘못 깔려 비뚤어져 있으면 앉지 않으셨다.

禮記曰 若有疾風迅雷甚雨 則必變 雖夜必興 衣服冠而坐.
예기왈 약유질풍신뢰심우 칙필변 수야필흥 의복관이좌

예기에서 이렇게 말했다.

"만일 빠른 바람과 빠른 우레와 심한 비가 있으면 반드시 낯빛을 고치
고, 비록 밤이라도 반드시 일어나 옷을 입고 갓을 쓰고 앉아 있어야 한다."

【글자 뜻】疾:빠를 질. 병 질. 迅:빠를 신. 雷:우레 뢰. 甚:심할 심. 興:
일 흥. 冠:갓 관.

【말의 뜻】疾風:빨리 부는 바람. 폭풍. 迅雷:빨리 울리는 우레. 甚雨:심
하게 오는 비. 必變:반드시 안색을 바꿈. 必興:반드시 일어남. 衣服
冠而坐:옷을 입고 갓을 쓰고 단정한 모습으로 앉음.

【뜻 풀이】 만일 폭풍이 불고 번개와 우레가 치고 폭우가 쏟아지면, 옛날
사람들은 이것을 하늘이 성낸 것으로 생각했다. 그러므로 안색을 바로
하고 밤이라도 일어나서 의복을 단정하게 차리고 앉아 있었던 것이다.

子之燕居 申申如也 夭夭如也.
자 지 연 거 신 신 여 야 요 요 여 야

공자께서 한가하게 거처하실 때에는 태도가 펴인 것 같으시고, 안색이
온화한 것 같으셨다.

【字義】燕:편안할 연. 나라 연.　申:펼 신.　夭:온화할 요. 일찍죽을 요.
【말의 뜻】燕居:한가하게 지냄.　申申:태도가 쫙 펴인 모양.　夭夭:얼굴빛
　　이 온화한 모양.

【뜻 풀이】小人은 한가히 지내면 게으르고 방자한 생각이 일어나게 마련이
　　다. 그런데 孔子께서는 한가하게 일 없이 지내실 때는 태도가 유연하게
　　쫙 펴인 것 같으시고, 안색에 온화한 기운이 어려 있었다고 한다. 성인
　　다운 풍모를 나타낸 글이다.

曲禮曰 並坐不橫肱 授立不跪 授坐不立.
곡 례 왈　병 좌 불 횡 굉　수 립 불 궤　수 좌 불 립

곡례에서 이렇게 말했다.
　"다른 사람과 나란히 앉았을 때는 팔을 가로 뻗지 말아야 하고, 서 있는
사람에게는 꿇어앉아 주지 말아야 하며, 앉아 있는 사람에게는 서서 주지
말아야 한다."

【글자 뜻】並:나란히 병.　橫:가로 횡.　肱:팔뚝 굉.　授:줄 수.　跪:꿇어앉을 궤.
【말의 뜻】並坐:다른 사람과 나란히 앉음.　橫肱:팔을 가로 뻗음.　授立不
　　跪:서 있는 사람에게 물건을 줄 때는 꿇어앉아 주지 말아야 함.　授坐不

立:앉아 있는 사람에게 물건을 줄 때는 서서 주지 말아야 함.

【뜻 풀이】 다른 사람과 한자리에 앉아 있을 때는 팔을 옆으로 뻗지 말아야
한다. 옆에 있는 사람에게 방해가 되기 때문이다. 그리고 이것은 주로
어른에게 대한 예의거니와, 서 있는 사람에게는 무릎을 꿇고 앉아 물건
을 주어서는 안 되고, 앉아 있는 사람에게 선 채로 물건을 주어서는 안
된다. 그렇게 하면 받는 사람이 불편하기 때문이다.

> 少儀曰 執虛如執盈 入虛如有人.
> 소 의 왈 집 허 여 집 영 입 허 여 유 인

소의(少儀)에서 이렇게 말했다.
"빈 그릇 잡기를 가득 찬 그릇 잡는 것같이 하고, 빈 방에 들어가기를 사
람 있는 방에 들어가는 것같이 하라."

【글자 뜻】 儀:거동 의. 執:잡을 집. 虛:빌 허. 盈:찰 영.
【말의 뜻】 執虛:빈 그릇을 듦. 執盈:가득 들은 그릇을 듦. 入虛:빈 방에
들어감.

【뜻 풀이】 빈 그릇을 들 때에도 마치 물이 가득 담긴 그릇을 들 때처럼 조
심하고, 빈 방에 들어갈 때에도 마치 사람이 있는 방에 들어가는 것처
럼 공경하는 마음을 잃지 말아야 한다.

曲禮曰 爲人子者 父母存 冠衣不純素 孤子當室 冠衣不純采.
곡 례 왈 위 인 자 자 부 모 존 관 의 불 준 소 고 자 당 실 관 의 불 준 채

곡례에서 이렇게 말했다.

"남의 아들이 된 사람은 부모가 살아 계시면 갓과 옷에 흰 단을 두르지 말아야 하고, 서른 살 안쪽에 부모를 잃은 사람은 갓과 옷에 채색 단을 두르지 말아야 한다."

【글자 뜻】 存:있을 존. 純:선두를 준. 순전할 순. 素:흴 소. 孤:외로울 고. 采:채색 채. 가릴 채.

【말의 뜻】 爲人子者:남의 아들이 된 사람. 純素:흰 단을 두름. 孤子:부모를 잃은 사람. 當室:서른 살 안쪽에 부모가 돌아간 맏아들. 純采:채색으로 단을 두름.

【뜻 풀이】 부모가 생존해 계신 동안 아들은 갓의 테나 옷의 단을 흰 것으로 두르지 말아야 한다. 또 서른 살 안쪽에 부모가 돌아가셨을 때 맏아들은 갓의 테나 옷의 단을 채색으로 두르지 말아야 한다.

禮記曰 童子不裘不帛 不屨絇.
예 기 왈 동 자 불 구 불 백 불 구 구

예기에서 이렇게 말했다.

"어린아이는 털가죽 옷을 입지 않고 비단옷을 입지 않으며, 신발 코에 장식을 하지 않는다."

【글자 뜻】 童:아이 동. 裘:털가죽옷 구. 帛:비단 백. 屨:신 구. 絇:신

코꾸밀 구.

【말의 뜻】 童子:스무 살 안쪽의 남자. 不裘:털가죽 옷을 입지 않음. 不帛:
비단옷을 입지 않음. 屨絇:신발의 코를 장식함.

【뜻 풀이】 어린 사내아이는 털가죽 옷을 입어서는 안 되고, 비단옷을 입어
도 안 된다. 무명옷과 베옷을 입어야 한다. 그리고 신발 코에 장식을 달
아서는 안 된다. 장식이 없는 신발을 신어야 한다.

孔子曰 士志於道 而恥惡衣惡食者 未足與議也.
공자왈 사지어도 이치악의악식자 미족여의야

공자께서 이렇게 말씀하셨다.
"선비가 도에 뜻을 두고서 나쁜 옷과 나쁜 음식을 부끄러워하는 사람은
더불어 의논하기에 족하지 못하다."

【글자 뜻】 志:뜻 지. 恥:부끄러워할 치. 足:족할 족. 발 족. 議:의논할 의.
【말의 뜻】 志於道:도에 뜻을 둠. 惡衣惡食:나쁜 옷과 거친 음식. 未足與
議:함께 도를 의논하기에 족하지 못함.

【뜻 풀이】 이 글은 論語에서 인용한 것이다. 도를 배우려고 뜻을 지닌 선
비가 자신이 나쁜 옷을 입고 거친 음식 먹는 것을 부끄러워한다면, 이런
사람과는 함께 도에 대하여 의논할 수 없다는 말이다.

少儀曰 侍食於君子 則先飯而後已 毋放飯 毋流歠 小飯而亟
소 의 왈 시 식 어 군 자 즉 선 반 이 후 이 무 방 반 무 유 철 소 반 이 극

之 數噍 毋爲口容.
지 삭 초 무 위 구 용

소의(少儀)에서 이렇게 말했다.

"君子를 모시고 식사할 때는 먼저 밥 먹기 시작하여 뒤에 그쳐야 하거니와, 밥을 흩이지 말고 국물을 흘리지 말며, 밥을 작게 떠서 빨리 먹고, 자주 씹되 입 모양을 움직이지 말아야 한다."

【글자 뜻】 侍:모실 시. 飯:먹을 반. 밥 반. 已:그칠 이. 이미 이. 放:흩을 방. 놓을 방. 歠:마실 철. 亟:빠를 극. 數:자주 삭. 두어 수. 噍:씹을 초.

【말의 뜻】 少儀:禮記 少儀篇. 侍食:모시고 먹음. 先飯而後已:먼저 먹기 시작하여 뒤에 끝냄. 放飯:밥을 밥그릇에 흘림. 流歠:국물을 흘림. 小飯而亟之:밥을 조금씩 빨리 먹음. 數噍(삭초):자주 씹음. 爲口容:입의 모양을 움직임.

【뜻 풀이】 君子를 모시고 식사를 할 때는 君子보다 먼저 먹기 시작하여 君子보다 뒤에 끝낸다. 먼저 먹는 것은 독물이 없음을 보여 주기 위한 것이며, 뒤에 끝내는 것은 君子가 많이 먹을 수 있도록 하기 위해서이다. 또 밥숟갈을 크게 떠서 밥이 밥그릇에 떨어지도록 해서는 안 되고, 국물을 크게 떠서 흘리는 일이 없도록 해야 한다. 밥숟갈은 작게 떠서 빨리 먹도록 해야 하며, 입 안에서 자주 씹되 입 모양을 움직이지 않도록 해야 한다.

孟子曰 飮食之人 則人賤之矣 爲其養小以失大也.
맹 자 왈 음 식 지 인 즉 인 천 지 의 위 기 양 소 이 실 대 야

맹자가 이렇게 말했다.

"입에 맞는 음식만 생각하는 사람을 사람들은 천하게 여기거니와, 그것
은 작은 것을 기름으로써 큰 것을 잃기 때문이다."

【글자 뜻】賤:천할 천. 養:기를 양. 失:잃을 실.

【말의 뜻】飮食之人:맛있는 음식을 좋아하여 입과 몸을 기르는 사람. 賤
之:천하게 생각함. 養小以失大:작은 것을 기름으로써 큰 것을 잃음. 즉
입과 몸만을 생각하여 마음과 뜻을 잃음.

【뜻 풀이】세상 사람들은 음식에 전념하여 입과 배의 욕망을 채우는 사람
을 천하게 생각한다. 그것은 입과 배를 채우는 작은 일에 마음을 빼앗
겨, 가장 소중한 마음을 닦고 뜻을 기르는 큰 것을 잃어버리기 때문이
다.

제 4 계고편
(第四 稽古篇)

　이 계고편(稽古篇)에서는 옛날 성현들의 올바른 마음과 言行을 모아, 읽는 사람들로 하여금 올바른 도리를 깨닫고서 이를 실천하도록 한 것이다.

　인간은 가정교육이나 환경의 영향을 많이 받으며 자라난다. 특히 가정교육은 어릴 때부터 잘 시켜야 한다. 사리사욕에 눈이 어둡거나, 불의를 저지르는 사람들은 어린 시절부터 가정교육이 철저하지 못한 데서 기인된다 하겠다. 그러므로 이 稽古篇을 읽고 크게 마음부터 바로 잡아 주기를 바라는 바이다.

　이 가운데는 부모에게 효도하는 방법은 물론, 국가에 충성하고, 어른들을 공경하며, 친구를 잘 사귀는 모든 행동이 다 포함되어 있다.

孟子道性善 言必稱堯舜 其言曰 舜爲法於天下 可傳於後世
맹자도성선 언필칭요순 기언왈 순위법어천하 가전어후세

我猶未免爲鄕人也 是則可憂也 憂之如何 如舜而已矣 摭往行
아유미면위향인야 시즉가우야 우지여하 여순이이의 척왕행

實前言 述此篇 使讀者 有所興起.
실전언 술차편 사독자 유소흥기

맹자께서 사람의 성품이 원래 착함을 이르시되, 말씀마다 반드시 요(堯)임금과 순(舜)임금을 일컬으시더니 그 말씀에 이르기를, "舜임금은 천하에 법도가 되시어 가히 후세에까지 전하셨거늘, 나는 오히려 시골 사람이 됨을 면치 못하고 있으니, 이것이 가히 근심이라. 근심하기를 어떻게 하는가? 舜임금과 같이 할 따름이라." 하시니, 지나간 행실을 모으고 선인들의 말씀을 실증하여 이 편을 지어서, 읽는 사람들로 하여금 감흥을 일으키는 바가 있게 하려는 것이다.

【글자 뜻】 稽:생각할 계. 道:이를 도. 길 도. 性:성품 성. 稱:일컬을 칭. 堯:임금 요. 舜:임금 순. 傳:전할 전. 猶:오히려 유. 免:면할 면. 鄕:시골 향. 憂:근심 우. 已:따름 이. 이미 이. 摭:모을 척. 往:갈 왕.

【말의 뜻】 稽古:옛날의 성현을 생각함. 性善:사람의 본성은 착하다는 학설로, 孟子가 주장했음. 言必稱:말마다 반드시 일컬음. 堯舜:堯와 舜은 중국 고대의 聖王이라고 일컬어짐. 爲法:법도가 됨. 未免:면치 못함. 鄕人:시골사람. 평범한 사람. 摭往行:지나간 옛 성현들의 행실을 모음. 實前言:옛 성현들의 말씀을 실증함. 述此篇:이 稽古篇을 꾸밈. 有所興起:감흥을 느끼어 일어나는 바가 있게 함.

【뜻 풀이】 이 稽古篇에서는 옛날 성현들의 言行을 모아 독자들로 하여금 올바른 도리를 깨닫고 실천하도록 한 것이다.

孟子는 사람의 本性은 원래 착한 것이라는 性善說을 주장하고, 다른 사람과 말할 때에는 반드시 중국 고대의 聖王인 堯王과 舜王을 그 예로 들어 말하였다.

그리고 孟子는 이렇게 말하였다.

"舜임금은 天下에 법도를 만들어 펴시어, 그 법도는 후세에까지 전하게 되었다. 그런데 나는 아직도 시골의 평범한 사람에 불과하다. 똑같은 사람으로 태어나서, 나는 왜 舜임금과 같은 위대한 일을 하지 못하는가 하는 것이 나의 근심이다. 그러면 근심을 어떻게 하는가? 사람의 本性은 착하다는 것을 굳게 믿고, 오직 舜임금과 같이 될 수 있도록 노력할 뿐이다."

그러므로 여기에서는 옛날 성현들의 행실을 모으고, 또 그분들의 말씀을 실증으로 들어 이 稽古篇을 꾸며 이 글을 읽는 사람들로 하여금 느끼고 깨닫는 바가 있어, 人生에 올바른 길을 가게 하고자 하는 것이다.

孟軻之母 其舍近墓 孟子之少也 嬉戲爲墓間之事 踊躍築埋
맹가지모 기사근묘 맹자지소야 희희위묘간지사 용약축매

孟母曰 此非所以居子也 乃去舍市 其嬉戲爲賈衒 孟母曰 此
맹모왈 차비소이거자야 내거사시 기희희위가현 맹모왈 차

非所以居子也 乃徙舍學宮之旁 其嬉戲乃設俎豆 揖讓進退 孟
비소이거자야 내사사학궁지방 기희희내설조두 읍양진퇴 맹

母曰 此眞可以居子矣 遂居之.
모왈 차진가이거자의 수거지

맹자의 어머니께서 그 집이 공동묘지에 가깝더니, 맹자가 어릴 때 놀며 장난하기를 무덤 만드는 일을 하여 뛰고, 무덤을 쌓으며, 매장하는 흉내를 내거늘, 맹자의 어머니께서 말씀하시기를, "이곳은 자식을 기를 만한 곳이 못 된다."라고 말씀하시고 이에 가서 시장가에 사니, 그 놀고 장난하기

를 물건 파는 흉내를 내거늘, 맹자의 어머니께서 말씀하시기를, "이곳은
자식을 기를 만한 곳이 못 된다." 하시고 이에 집을 학궁(學宮) 곁으로 이
사하니, 그 놀며 장난하기를 이에 대그릇과 나무그릇을 차려 놓고, 읍하고
사양하여 나아가고 물러가거늘, 맹자 어머니께서 말씀하시기를, "이곳이
야말로 참으로 가히 써 자식을 기를 만한 곳이다." 하시고 드디어 사셨다.

【글자 뜻】 軻:굴대 가. 舍:집 사. 墓:무덤 묘. 嬉:놀 희. 戲:희롱할 희.
  踊:뛸 용. 躍:뛸 약. 築:쌓을 축. 埋:묻을 매. 賈:장사 고. 衒:행상
  현. 徙:이사할 사. 旁:곁 방. 넓을 방. 設:베풀 설. 俎:대그릇 조. 豆:
  나무그릇 두. 콩 두. 揖:읍할 읍. 退:물러갈 퇴. 遂:드디어 수.

【말의 뜻】 孟軻:孟子의 이름. 其舍近墓:그 집이 공동묘지에 가까움. 墓間
  之事:무덤을 만드는 일. 踊躍築埋:뛰고 무덤을 쌓고 시체를 묻음. 舍
  市:집을 시장가로 옮김. 賈衒:장사. 賈는 앉아서 파는 것이고, 衒은 행
  상. 徙舍:집을 이사함. 學宮:학교. 俎豆:대 그릇과 나무그릇. 제기.
  揖讓進退:허리를 굽혀 절하고, 서로 사양하며, 예의를 갖춰 나가고 물
  러섬. 遂居之:드디어 삶.

【뜻 풀이】 이것은 유명한 맹모삼천지교(孟母三遷之敎)의 이야기이다. 사
  람은 거처하는 환경이 얼마나 중요하다는 것을 잘 나타내 주고 있다.
    孟子는 아버지를 일찍 여의고 어머니 밑에서 자랐다. 孟子의 어린 시
  절 집이 공동묘지 근처에 있었다. 사람들이 자주 공동묘지에 와서 장사
  지내는 것을 보고, 孟子는 아이들과 어울려 장사 지내는 흉내를 냈다.
  무덤을 파서 시체를 묻고, 뛰고 밟고 하여 무덤을 만들곤 했다. 이것을
  본 孟子 어머니는, "이곳은 자식을 기를 곳이 못 된다." 하고 이사한 곳
  이 시장 근처였다. 그러자 이번에는 孟子가 물건을 파는 흉내를 내면서

놀았다. 孟子 어머니는 다시, "이곳 역시 자식을 기를 곳이 못 된다."고 이사를 했다. 그곳은 다행히 학교 근처였다. 그러자 孟子는 제기를 차려 놓고, 예법에 맞추어 절하며, 서로 사양하고, 나아가고 물러서는 흉내를 내면서 놀았다. 이에 맹자의 어머니는 비로소 "이곳이야말로 자식을 기를 곳이다."라고 말한 다음 그곳에서 살았다. 그래서 孟子와 같은 위대한 성현을 길러냈던 것이다.

孟子幼時 問東家殺猪何爲 母曰 欲啖汝 旣而悔曰 吾聞古有
맹자유시 문동가살저하위 모왈 욕담여 기이회왈 오문고유

胎敎 今適有知而欺之 是敎之不信 乃買猪肉 以食之 旣長就
태교 금적유지이기지 시교지불신 내매저육 이사지 기장취

學 遂成大儒.
학 수성대유

맹자가 어릴 때, "동쪽 집에서 돼지를 잡는 것은 무엇을 할 것입니까?" 하고 묻자 어머니가, "너에게 먹이려고 하는 것이다."라고 말했다. 이윽고 어머니 후회하여 말하기를, "내 들으니 예로부터 태교(胎敎)가 있었다 하니, 이제 바야흐로 앎이 있는데 속이면 이는 불신을 가르치는 것이 된다." 하고 이에 돼지고기를 사다가 먹였다. 맹자는 이미 성장하여 학문에 나아가, 드디어 큰 유학자를 이루었다.

【글자 뜻】殺:죽일 살. 猪:돼지 저. 啖:먹을 담. 汝:너 여. 旣:이미 기.
　　悔:뉘우칠 회. 胎:아이밸 태. 適:마침 적. 바야흐로 적. 欺:속일 기.
　　買:살 매. 食:먹일 사. 밥 식.

【말의 뜻】殺猪:돼지를 잡음. 何爲:무엇을 함. 啖汝:너에게 먹임. 旣而:
　　이윽고. 胎敎:임산부가 품행을 올바르게 하여 태아에게 좋은 감화를 주는 일. 有知而欺之:앎이 있는데 속임. 敎之不信:불신을 가르침. 食之(사지):먹임. 旣長就學:이미 장성하여 학문에 나아감. 大儒:학문과 덕행이 뛰어난 유학자.

【뜻 풀이】 孟子의 어머니에게는 다음과 같은 일화가 전해지고 있다. 孟子가 어렸을 때 동쪽 이웃집에서 돼지를 잡았다. 필시 제사나 잔치가 있었을 것이다. 그런데 孟子가 갑자기, "저 돼지는 무엇하려고 잡나요?" 하고 물었다. 이에 어머니는 농담으로, "너에게 먹이려고 잡는 것이다." 라고 대답했다. 그러나 이윽고 어머니는 후회했다. 옛날 사람들은 태교라고 하여 아직 뱃속에 있는 아이에게까지 교육을 실시했다고 들었는데, 세상일을 어느 정도 알고 있는 아들을 속인다는 것은 곧 그에게 불신을 가르치는 것과 마찬가지이다. 그래서 어머니는 무리를 해서 돼지고기를 사다가 아들에게 먹였다고 한다.

　이밖에 孟子의 어머니에 대하여는 단기지교(斷機之敎)라는 일화가 또 전해지고 있다. 이것은 孟子가 웬만큼 자란 뒤의 이야기인 것 같다. 어머니가 홀로 꾸려 나가는 살림이므로, 필시 간구했던 모양이다. 하루는 공부를 하던 孟子가 학문을 중단하고 어머니를 돕겠다고 말했다. 그러자 어머니는 마침 베틀에 앉아 베를 짜고 있다가, 칼로 짜고 있던 베의 날실을 끊었다. 학문을 중도에서 그만두면 이와 같이 된다는 것을 孟子에게 가르쳐 주기 위해서였다. 孟子는 어머니의 이와 같은 격려로 孔子의 손자인 子思에게서 학문을 배워, 드디어 孔子 다음으로 유명한 성현이 된 것이다.

孔子嘗獨立　鯉趨而過庭　曰學詩乎　對曰未也　不學詩無以言
공자상독립　리추이과정　왈학시호　대왈미야　불학시무이언

鯉退而學詩.
리퇴이학시

他日又獨立　鯉趨而過庭　曰學禮乎　對曰未也　不學禮無以立
타일우독립　리추이과정　왈학예호　대왈미야　불학예무이립

鯉退而學禮.
리퇴이학례

공자께서 일찍이 홀로 서 계실 때, 아들 이(鯉)가 달려서 뜰을 지나더니, 공자께서 "詩를 배웠느냐?"고 물으셨다. 이가 대답해 말하기를, "아직 배우지 못했습니다." 공자께서 말씀하시기를, "詩를 배우지 아니하면 말을 할 줄 모른다." 하시자 이가 물러가 詩를 배웠다.

후일에 공자께서 또 홀로 서 계실 때, 이가 달려서 뜰을 지나가더니 공자께서, "禮를 배웠느냐?" 하고 물으셨다. 이가 대답해 말하기를, "아직 배우지 못했습니다." 공자께서 말씀하시기를, "禮를 배우지 아니하면 세상에 설 수가 없다." 하시자 이가 물러가 禮를 배웠다.

【글자 뜻】 嘗:일찍이 상.　鯉:잉어 리.　趨:달릴 추.　過:지날 과.　庭:뜰 정.
【말의 뜻】 獨立:홀로 서 있음.　鯉:孔子의 아들 伯魚.　趨而過庭:달려서 뜰을 지나감.　無以言:할 말이 없음.　無以立:세상에 서서 살아나갈 수 없음.

【뜻 풀이】 한번은 孔子께서 홀로 서 계실 때 아들인 鯉가 달려서 뜰을 지나가려 하자 孔子께서 불러 세우시고, "詩經을 배웠느냐?"고 물으셨다. "아직 배우지 못했습니다."고 대답하자, "詩經을 배우지 아니하면 말을 할 줄 모른다."고 말씀하셨다. 이에 鯉는 물러가서 詩經을 배웠다.

다시 후일에 孔子께서 홀로 서 계실 때 鯉가 다시 뜰을 지나자, "너는

禮記를 배웠느냐?"고 물으셨다. "아직 배우지 못했습니다." 하고 대답
하자 孔子께서, "禮記를 배우지 않고서는 세상을 살아갈 수가 없다."고
말씀하셨다. 이에 鯉는 다시 물러가서 禮記를 배웠다.

孔子謂伯魚曰 汝爲周南召南矣乎 人而不爲周南召南 其猶正
공자위백어왈 여위주남소남의호 인이불위주남소남 기유정
墻面而立與也.
장면이립여야

공자께서 백어(伯魚)에게 일러 말씀하셨다.

"너는 주남(周南)과 소남(召南)을 배웠느냐? 사람으로서 周南과 召南을
배우지 아니하면 그것은 마치 담에 얼굴을 맞대고 서는 것과 같다."

【글자 뜻】 伯:맏 백. 汝:너 여. 召:부를 소. 猶:오히려 유. 墻:담 장. 與:
어조사 여. 더불 여.

【말의 뜻】 伯魚:孔子의 아들 鯉. 爲:배우다의 뜻. 周南·召南:詩經의 篇
名. 猶:마치 ~과 같다. 正墻面而立:담에 얼굴을 맞대고 섬.

【뜻 풀이】 詩經은 사람의 성정(性情)을 기를 뿐 아니라, 식견을 넓혀 주고
사회생활 전반에 걸친 수양서로 일컬어져 왔다. 그래서 孔子께서는 아
들인 伯魚에게, "너는 詩經의 周南과 召南을 공부했느냐? 사람으로서
周南과 召南을 공부하지 않는다면, 마치 담장에 얼굴을 맞대고 서 있는
것 같아서, 아무것도 알지 못한다."고 말씀하신 것이다.

虞舜父頑母嚚 象傲 克諧以孝 烝烝乂 不格姦.
우순부완모은 상오 극해이효 증증예 불격간

우(虞)나라 순(舜)임금의 아버지는 완악하고 어머니는 사나우며, 동생 상(象)은 거만하거늘, 효도로써 잘 화합하여 점점 다스려서 간악함에 이르지 아니하였다.

【글자 뜻】虞:나라 우. 頑:완고할 완. 嚚:어리석을 은. 傲:거만할 오. 克:능할 극. 이길 극. 諧:화합할 해. 烝:나갈 증. 乂:다스릴 예. 格: 이를 격. 姦:간악할 간.

【말의 뜻】虞舜:虞는 舜임금의 성. 父頑母嚚:아버지는 완악하고 어머니는 사나움. 象傲:동생인 象은 거만함. 克諧:잘 화합함. 烝烝乂:점점 잘 다스림. 不格姦:간악함에 이르지 않음. 格은 至의 뜻.

【뜻 풀이】舜임금은 큰 효자였다. 어머니가 일찍 돌아가, 아버지 고수(瞽瞍)는 후처를 얻었다. 여기에 나오는 어머니는 아버지의 후처이며, 동생 象은 이복동생이다. 아버지는 도리를 몰라 완악하였고, 어머니는 어리석고 사나웠으며, 동생 象은 거만하여, 세 사람이 舜을 못살게 굴었다. 그러나 舜은 부모에게 극진한 효성을 베풀고 동생을 사랑하여 능히 화목을 유지해 나갔다. 舜이 이와 같이 점점 집안을 다스려 나가 악함에 이르지 않자, 부모와 동생도 차차 잘못을 뉘우치고 마음을 고쳤다고 한다.

萬章問曰 舜往于田 號泣于旻天 何爲其號泣也 孟子曰 怨慕
만장문왈 순왕우전 호읍우민천 하위기호읍야 맹자왈 원모
也 我竭力耕田 共爲子職而已矣 父母之不我愛 於我何哉.
야 아갈력경전 공위자직이이의 부모지불아애 어아하재

만장(萬章)이 물어 말했다.

"순(舜)임금이 밭에 가서 하늘을 부르며 울었다 하니, 어찌하여 하늘을 부르며 울었습니까?"

맹자가 대답해 말했다.

"자기를 원망하고 부모를 사모한 것이다. 내가 힘을 다하여 밭을 갈아서 공손하게 자식의 직분을 다할 뿐인데, 부모가 나를 사랑하시지 아니함은 나에게 어떤 잘못이 있는가 한 것이다."

【글자 뜻】 章:글 장. 于:어조사 우. 號:부를 호. 泣:울 읍. 旻:하늘 민.
     怨:원망할 원. 慕:사모할 모. 竭:다할 갈. 耕:밭갈 경. 共:공경할 공.
     함께 공. 職:직분 직. 벼슬 직. 已:따름 이. 이미 이.

【말의 뜻】 萬章:孟子의 제자. 往于田:밭으로 감. 號泣:부르며 욺. 怨慕:
     자기를 원망하고 부모를 사모함. 竭力耕田:힘을 다하여 밭을 갊. 共爲
     子職:공손히 아들의 직분을 함. 於我何哉:나에게 어떤 잘못이 있는가?

【뜻 풀이】 이것은 舜임금이 아직 歷山에서 밭 갈고 있을 때의 이야기다.

     萬章이 孟子에게 "舜임금이 밭에 나가서 하늘을 부르며 울었다고 하
     는데, 왜 그랬습니까?" 하고 묻자, 孟子가 이렇게 대답했다.

     "그것은 자기를 원망하고 부모를 그리워한 것이다. '나는 힘을 다해
     밭 갈아 농사를 지어 공경스러이 자식의 도리를 다하고 있을 뿐인데,
     부모님은 나를 사랑해 주시지 않으니, 나에게 어떤 잘못이 있어서 그
     러시는가?' 하고 안타까워할 뿐, 조금도 부모의 원망을 하지 않았다."

帝使其子九男二女 百官牛羊倉廩備 以事舜於畎畝之中 天下
제 사 기 자 구 남 이 녀 　백 관 우 양 창 름 비 　이 사 순 어 견 묘 지 중 　천 하

之士多就之者 帝將胥天下而遷之焉 爲不順於父母 如窮人無
지 사 다 취 지 자 　제 장 서 천 하 이 천 지 언 　위 불 순 어 부 모 　여 궁 인 무

所歸.
소 귀

"堯임금이 자기 아들 아홉과 딸 둘로 하여금 백관과 소와 양과 창고를 갖추고서 써 舜임금을 밭두렁 가운데서 섬기게 하니, 천하의 선비들이 나아가는 자가 많거늘 堯임금이 천하를 다 옮겨 주니, 舜임금은 부모에게 순종치 못함 때문에 마치 궁한 사람이 돌아갈 곳 없는 것 같았다."

【글자 뜻】 倉:창고 창. 廩:창고 름. 備:갖출 비. 畎:밭이랑 견. 畝:밭이랑 묘. 就:나아갈 취. 胥:다 서. 遷:옮길 천. 窮:궁할 궁.

【말의 뜻】 帝:堯임금을 말함. 倉廩:창고. 畎畝之中:밭이랑 가운데. 胥天下而遷之:천하를 다 들어 舜임금에게 옮겨 줌. 不順於父母:부모에게 순종치 못함. 부모에게서 사랑받지 못함. 窮人無所歸:궁한 사람이 돌아갈 곳이 없음.

【뜻 풀이】 舜의 부모에 대한 효성이 극진하다는 소식은 堯임금의 귀에까지 들어갔다. 이에 堯임금은 王位를 舜에게 물려줄 것을 결심하고, 아들 아홉과 딸 둘로 하여금 百官과 소와 양과 곡식을 쌓은 창고까지 갖추고 가서, 밭에서 일하고 있는 舜을 섬기게 했다. 堯임금의 두 딸은 舜의 아내가 되었다. 과연 1년이 지나자 큰 마을을 이루고, 2년이 지나자 큰 邑이 되고, 3년이 지나자 도읍이 되어, 天下의 많은 선비들이 舜에게로 나아갔다. 이에 堯임금은 온 天下를 舜에게 주어 王位에 오르게 했다. 이것을 선양(禪讓)이라고 한다. 그러나 舜임금은 그때까지도 부모

에게서 사랑을 받지 못하여, 마치 돌아갈 곳이 없는 궁한 사람처럼 근
심하고 있었다.

天下之士悅之 人之所欲也 而不足以解憂 好色 人之所欲 妻
천 하 지 사 열 지 인 지 소 욕 야 이 부 족 이 해 우 호 색 인 지 소 욕 처
帝之二女 而不足以解憂 富人之所欲 富有天下 而不足以解憂
제 지 이 녀 이 부 족 이 해 우 부 인 지 소 욕 부 유 천 하 이 부 족 이 해 우
貴人之所欲 貴爲天子 而不足以解憂 人悅之 好色 富貴 無足
귀 인 지 소 욕 귀 위 천 자 이 부 족 이 해 우 인 열 지 호 색 부 귀 무 족
以解憂者 惟順於父母 可以解憂.
이 해 우 자 유 순 어 부 모 가 이 해 우

"천하의 선비들이 기뻐함은 사람이 바라는 바이지만, 족히 그것으로 근
심을 풀지 못하며, 여색(女色) 좋아함은 사람이 원하는 바이지만, 堯임금
의 두 딸을 아내로 삼았어도 족히 그것으로 근심을 풀지 못하며, 부유함은
사람이 원하는 바이지만, 부유함이 천하를 차지했으되 족히 그것으로 근
심을 풀지 못하며, 귀함은 사람이 원하는 바이지만, 귀함이 천자가 되었으
되 족히 그것으로 근심을 풀지 못하였다. 사람들이 기뻐함과 여색 좋아함
과 부함과 귀함도 족히 근심을 풀지 못하고, 오직 부모에게 효순하는 것만
이 근심을 풀어 줄 수 있었다."

【글자 뜻】 悅:기쁠 열. 解:풀 해. 憂:근심 우. 惟:오직 유.
【말의 뜻】 悅之:기뻐함. 人之所欲:사람들이 원하는 바임. 解憂:근심을 풂.
  帝之二女:堯임금의 두 딸. 富有天下:부유하기로는 天下를 소유함. 有는
  所有의 뜻.

【뜻 풀이】 天下의 선비들이 기뻐하며 民心이 자기에게 쏠리는 것은 누구나

가 바라는 일인데도, 舜임금은 그것으로 근심을 풀 수 없었고, 아름다운 아내를 맞이하는 것은 누구나가 바라는 일인데도, 舜임금은 堯임금의 아름다운 두 딸을 아내로 삼았는데도 그것으로 근심을 풀 수 없었고, 부유함은 누구나가 바라는 것인데도, 舜임금은 天下라는 큰 부를 물려받았는데도 그것으로 근심을 풀 수 없었고, 귀함은 누구나가 바라는 것인데도, 舜임금은 天下에서 가장 귀한 天子가 되었는데도 그것으로 근심을 풀 수 없었다. 天下의 民心이 자기에게로 돌아온 것, 미인을 아내로 맞이한 것, 부유한 것과 귀한 것으로는 舜임금의 근심을 풀어 줄 수 있는 것이 아무것도 없었다. 오직 부모의 사랑을 받는 일만이 舜임금의 근심을 풀어 줄 수 있었다.

人少則慕父母 知好色則慕少艾 有妻子則慕妻子 仕則慕君 不
인 소 즉 모 부 모 지 호 색 즉 모 소 애 유 처 자 즉 모 처 자 사 즉 모 군 부

得於君則熱中 大孝終身慕父母 五十而慕者 予於大舜見之矣.
득 어 군 즉 열 중 대 효 종 신 모 부 모 오 십 이 모 자 여 어 대 순 견 지 의

"사람이 어릴 때는 부모를 그리워하고, 女色 좋음을 알면 미녀를 그리워하고, 처자가 있으면 처자를 그리워하고, 벼슬하면 임금을 그리워하고, 임금의 사랑을 얻지 못하면 속으로 끓거니와, 큰 효자는 평생 동안 부모를 그리워하는 법이니, 오십이 되고서도 부모를 그리워하는 것을 나는 저 위대한 舜임금에게서 보았다."

【글자 뜻】 慕:사모할 모. 艾:예쁠 애. 仕:벼슬 사. 熱:더울 열. 予:나 여.
【말의 뜻】 慕父母:부모를 그리워함. 少艾:아름다운 소녀. 不得於君:임금에게서 총애를 얻지 못함. 熱中:마음이 달아오름.

【뜻 풀이】 일반적으로 사람들은 어린 시절에는 부모를 사랑하며 따르고, 자라서 女色을 알면 아름다운 소녀에게 마음이 끌려 그리워하며, 결혼하여 처자가 생기면 처자를 사랑하고, 벼슬하면 임금을 그리워하다가, 임금의 총애를 얻지 못하면 마음이 끓어오른다. 원래 큰 효자는 평생 동안 부모를 그리워하거니와, 나이 오십이 된 뒤에까지 부모를 그리워하는 것을, 나는 저 위대한 舜임금에게서 처음 보았다.

이상으로 孟子의 이야기는 끝난다.

楊子曰 事父母 自知不足者 其舜乎 不可得而久者 事親之謂
양자왈 사부모   자지부족자   기순호   불가득이구자   사친지위

也 孝子愛日.
야   효자애일

양자가 이렇게 말했다.

"부모를 섬기되 스스로 부족한 것을 안 사람은 저 舜임금이다. 얻어서 오래일 수 없는 것은 부모를 섬김을 이름이니 효자는 날을 아낀다."

【글자 뜻】 楊:버들 양. 久:오랠 구. 謂:이를 위. 愛:아낄 애. 사랑 애.
【말의 뜻】 楊子:漢나라의 학자 양웅(楊雄). 저서에 法言·太玄·方言이 있음. 不可得而久者:오래 얻을 수 없는 것. 愛日:시일이 지나감을 애석하게 생각함.

【뜻 풀이】 저 舜임금이야말로 부모를 섬기되 스스로 효성이 부족함을 절실히 느낀 분이다. 부모를 섬기는 일은 오래 두고 섬길 수가 없다. 부모가 사실 날은 많지 않으며, 그동안에 효도를 다할 수가 없다. 그래서 효자는 하루하루가 지나감을 안타깝게 생각하는 것이다.

文王有疾 武王不脫冠帶而養 文王一飯 亦一飯 文王再飯 亦
문 왕 유 질 무 왕 불 탈 관 대 이 양 문 왕 일 반 역 일 반 문 왕 재 반 역

再飯.
재 반

문왕이 병이 나면 무왕이 갓과 띠를 벗지 아니하고 봉양하더니, 문왕이
밥을 한 번 먹으면 무왕도 한 번 먹고, 문왕이 두 번 먹으면 무왕도 두 번
먹었다.

【글자 뜻】 疾:병 질. 脫:벗을 탈. 冠:갓 관. 帶:띠 대. 飯:밥 반.

【말의 뜻】 武王:周 文王의 아들. 이름은 發. 殷나라를 멸망시키고 周王
朝를 세웠음. 有疾:병듦. 不脫冠帶:갓과 띠를 벗지 않음. 一飯:밥을
한 번 먹음.

【뜻 풀이】 周나라 文王의 아들 武王은 아버지인 文王이 할아버지인 계력(
季歷)에게 하던 예법을 그대로 지켰다. 文王이 병이 나서 자리에 누우
면 武王은 의관을 풀지 않고서 옆에서 아버지의 병을 간호했다. 그리고
아버지가 하루에 한 번밖에 식사를 못할 때에는 武王도 한 번의 식사를
하고, 또 文王이 두 번 식사하면 武王도 두 번의 식사를 했다고 한다.

孔子曰 武王周公 其達孝矣乎 夫孝者 善繼人之志 善述人之
공 자 왈 무 왕 주 공 기 달 효 의 호 부 효 자 선 계 인 지 지 선 술 인 지

事者也. 踐其位 行其禮 奏其樂 敬其所尊 愛其所親 事死如事
사 자 야 천 기 위 행 기 례 주 기 악 경 기 소 존 애 기 소 친 사 사 여 사

生 事亡如事存 孝之至也.
생 사 망 여 사 존 효 지 지 야

공자께서 이렇게 말씀하셨다.

"무왕과 주공은 그 통달한 효도로다. 대저 효도란 것은 선인의 뜻을 잘 이어받으며 선인의 일을 잘 펴는 것이다.

그 선왕의 지위에 나아가, 그 예법을 행하며, 그 음악을 연주하며, 그 높이던 바를 공경하며, 그 친하던 바를 사랑하며, 죽은 이 섬기기를 산 사람 섬기듯하며, 없는 이 섬기기를 있는 이 섬기듯하는 것이 효도의 지극함이다."

【글자 뜻】達:달할 달. 善:잘할 선. 착할 선. 繼:이을 계. 述:펼 술. 지을 술. 踐:밟을 천. 位:자리 위. 벼슬 위. 奏:아뢸 주. 亡:없을 망. 存: 있을 존.

【말의 뜻】周公:武王의 동생. 이름은 단(旦). 達孝:통달한 효도. 善繼人之志:先人의 뜻을 잘 이어받음. 人은 아버지와 조부를 가리킴. 善述: 잘 펴서 밝힘. 踐其位:그 지위에 오름. 其는 先王을 가리킴. 行其禮: 先王의 예법을 그대로 행함. 奏其樂:先王의 음악을 그대로 연주함. 敬其所尊:先王이 존경하던 바를 공경함. 愛其所親:先王이 가까이 지내던 바를 사랑함. 事死如事生:죽은 이 섬기기를 산 사람 섬기듯함. 事亡如事存도 같은 뜻임.

【뜻 풀이】 이 글은 孔子께서 周나라의 武王과 周公의 효도가 뛰어남을 말씀한 것이다. 대저 효도란 무엇인가? 아버지나 할아버지가 생존해 계실 때뿐만이 아니라, 그분들이 돌아가신 뒤에까지도 그분들의 뜻을 계승하고, 그분들의 하시던 일을 잘 발전시켜 나가는 일이다. 그런데 周公은 武王을 도와 殷나라의 폭군인 주왕(紂王)을 멸하고 周나라 王朝를 반석 위에 올려놓으며, 어진 정치를 베풀어 백성들을 도탄에서 구원하여 편

안히 살 수 있게 하였으니, 지극한 효도를 다했다고 하겠다.

뿐만 아니라 武王이 王位에 오른 뒤에도 할아버지와 아버지인 先王들이 제정해 놓은 예법을 그대로 시행하고, 음악도 그대로 연주하였으며, 그분들이 높이어 대우하던 친족과 공신들을 공경하고 그분들이 가까이 사랑하던 친족과 관리들을 변함없이 사랑해 주었다. 이와 같이 하여 돌아가 안 계신 先王들 섬기기를 마치 살아서 생존해 계신 분들을 섬기듯 하였으므로, 지극한 효도라고 말씀하신 것이다.

淮南子曰 周公之事文王也 行無專制 事無由己 身若不勝衣
회남자왈 주공지사문왕야 행무전제 사무유기 신약불승의

言若不出口 有奉持於文王 洞洞屬屬 如將不勝 如恐失之 可
언약불출구 유봉지어문왕 동동촉촉 여장불승 여공실지 가

謂能子矣.
위능자의

회남자(淮南子)가 이렇게 말했다.

"주공이 문왕을 섬김에는 행함을 마음대로 함이 없으며, 일을 자기에 말미암음이 없으며, 몸이 옷을 이기지 못하는 것같이 하며, 말이 입에서 나오지 않는 것같이 하며, 문왕에게 받들어 가질 것이 있으면 두려워하고 조심하여 장차 감당하지 못하는 것 같으며, 잃을까 두려워하는 것 같으니, 가히 훌륭한 아들이라 이를 만하다."

【글자 뜻】淮:물이름 회. 專:오로지 전. 制:지을 제. 由:말미암을 유. 奉:
　　받들 봉. 持:가질 지. 洞:삼갈 동. 屬:이을 촉. 붙일 속. 恐:두려워할 공.
【말의 뜻】淮南子:漢의 淮南王 劉安. 淮南子 21권은 그가 학자들을 시켜
　　짓게 한 것임. 專制:자가 마음대로 행함. 由己:자기 생각대로 일을 처

리함. 身若不勝衣:몸이 옷을 감당하지 못하는 것 같음. 조심하여 몸을 낮추고 굽힘의 뜻. 言若不出口:말이 입에서 나오지 않는 것 같음. 조심하여 말이 잘 나오지 않음의 뜻. 奉持於文王:문왕을 위하여 물건을 받들어 가짐. 洞洞屬屬(동동촉촉):몹시 두려워하고 조심하는 모양. 不勝:감당하지 못함. 恐失之:잃을까 두려워함. 能子:훌륭한 아들. 아들의 도리를 다하는 사람.

【뜻 풀이】 周公이 아버지 文王을 섬김에 어떤 일이나 자기 마음대로 행하지 않고 반드시 文王에게 여쭈어 보고 그 뜻을 받들어 행하였으며, 아버지 앞에서는 마치 옷이 너무 무거워 감당하지 못하는 것처럼 몸을 구부리고 낮추었으며, 마치 입에서 말이 잘 나오지 않는 것처럼 조심해서 말씀을 드렸고, 아버지에게 드릴 물건을 가지고 있을 때에는 몹시 두려워하고 조심하여, 마치 그것을 감당할 수 없는 것처럼 조심하여 받들고, 또 그것이 없어지거나 깨지지나 않을까 하고 두려워했다. 아버지 앞에서 이와 같이 항상 두려워하고 조심한 周公이야말로 능히 아들로서 효도를 다한 사람이라고 말할 수 있을 것이다.

孟子曰 曾子養曾晳 必有酒肉 將徹 必請所與 問有餘 必曰
맹 자 왈 증 자 양 증 석 필 유 주 육 장 철 필 청 소 여 문 유 여 필 왈

有 曾晳死 曾元養曾子 必有酒肉 將徹 不請所與 問有餘 曰亡
유 증 석 사 증 원 양 증 자 필 유 주 육 장 철 불 청 소 여 문 유 여 왈 무

矣 將以復進也 此所謂養口體者也 若曾子 則可謂養志也 事
의 장 이 부 진 야 차 소 위 양 구 체 자 야 약 증 자 칙 가 위 양 지 야 사

親 若曾子者可也.
친 약 증 자 자 가 야

맹자께서 이렇게 말씀하셨다.

"증자가 아버지 증석(曾晳)을 봉양함에 반드시 술과 고기가 있더니, 장차 상을 물릴 때면 반드시 줄 곳을 청하며, 나머지가 있느냐고 물으시면 반드시 있다고 말하였다. 증석이 죽고 증원이 아버지 증자를 봉양함에 반드시 술과 고기가 있더니, 장차 상을 물릴 때 줄 곳을 청하지 않으며, 나머지가 있느냐고 물으면 없다고 말하니, 장차 그것을 다시 드리려 한 것이다. 이것은 소위 입과 몸을 봉양하는 것이니, 증자 같은 사람은 뜻을 봉양한다 할 수 있다. 부모를 섬김이 증자와 같은 것이 옳다."

【글자 뜻】 曾:일찍 증. 晳:밝을 석. 徹:물릴 철. 뚫을 철. 請:청할 청. 與:줄 여. 더불어 여. 餘:남을 여. 亡:없을 무. 망할 망. 復:다시 부. 회복할 복. 謂:이를 위. 若:같을 약.

【말의 뜻】 曾晳:曾子의 아버지. 孔子의 제자. 將徹:장차 상을 물림. 請所與:줄 곳을 청함. 누구에게 주냐고 물음. 曾元:曾子의 아들. 亡矣:없다. 復進:다시 드림. 養口體:입과 몸을 봉양함. 養志:부모의 뜻을 봉양함.

【뜻 풀이】 孔子의 학문을 曾子가 이어받았고, 曾子는 이것을 孔子의 손자인 子思에게 계승시켰으며, 孟子는 다시 子思에게서 학문을 배웠다. 한편 曾子와 그의 아버지 曾晳은 다같이 孔子에게서 학문을 배웠다.

曾子는 아버지 曾晳을 봉양함에 무리를 해서라도 꼭 아버지 진짓상에 술과 고기를 떨어지지 않게 대접했다. 그리고 상을 물릴 때면 반드시 상에서 남은 고기를 누구에게 주느냐고 물어보았다. 그리고 아버지가 남은 것이 있느냐고 물어보시면, 반드시 있다고 대답했다.

그러다가 曾晳이 죽고 아들 曾元이 아버지 曾子를 봉양하게 되었다. 曾元이 역시 아버지 진짓상에 술과 고기를 떨어뜨리지 않았다. 그런데 상을 물릴 때면 누구에게 주느냐고 물어보지도 않고, 아버지가 남은 것이 있느냐고 물어보시면 없다고 대답했다. 그것은 남은 것이 있을 때에도 다음에 아버지를 봉양하기 위해서 그렇게 말했던 것이다.

그러나 曾元의 경우는 아버지의 입과 몸만을 봉양한 것이고, 曾子의 경우는 아버지의 마음까지 봉양한 것이다. 그러므로 부모를 봉양하는 길은 曾子의 경우가 옳다고 하겠다.

孔子曰 孝哉 閔子騫 人不間於其父母昆弟之言.
공 자 왈 효 재 민 자 건 인 불 간 어 기 부 모 곤 제 지 언

공자께서 이렇게 말씀하셨다.

"효자로다, 민자건(閔子騫)이여. 다른 사람들이 그의 부모와 형제의 말을 이간하지 않는다."

【글자 뜻】閔:성 민. 騫:빼어날 건. 間:이간할 간. 사이 간. 昆:맏 곤.

【말의 뜻】閔子騫:孔子의 제자. 이름은 損. 子騫은 字. 人不間:사람들이 이간하지 않고 다 그 말을 믿음.

【뜻 풀이】세상에서 閔子騫을 효자라고 하더니 과연 그러하도다. 그의 부모와 형제들이 그의 효성과 우애를 칭찬하여 말해도, 사람들이 모두 그들의 말을 그대로 믿어 조금도 의심하거나 반대하는 사람이 없구나. 이 것은 閔子騫의 효성과 우애가 마음에서 우러나 밖으로 나타난 것이기 때문에, 孔子께서 칭찬하신 것이다.

老萊子孝奉二親 行年七十 作嬰兒戲 身著五色斑爛之衣 嘗取
노 래 자 효 봉 이 친 행 년 칠 십 작 영 아 희 신 저 오 색 반 란 지 의 상 취

水上堂 詐跌仆臥地 爲小兒啼 弄雛於親側 欲親之喜.
수 상 당 사 질 부 와 지 위 소 아 제 롱 추 어 친 측 욕 친 지 희

　노래자(老萊子)가 효성으로 두 부모를 봉양하더니, 나이 70이 되어 어린아이의 희롱을 지어, 몸에 다섯 가지 색깔의 아롱다롱한 옷을 입고 일찍이 물을 가지고 당에 오를 때, 거짓 미끄러져 땅에 누워 어린아이의 울음을 하며, 또 병아리를 가지고 부모 곁에서 희롱하여, 부모가 기뻐하시게 하려 했다.

【글자 뜻】 萊:쑥 래. 嬰:어릴 영. 戲:희롱할 희. 著:입을 착. 지을 저. 斑:얼룩 반. 爛:난만할 란. 詐:거짓 사. 跌:넘어질 질. 仆:엎어질 부. 臥:누울 와. 啼:울 제. 弄:희롱할 롱. 雛:새끼 추. 側:곁 측.

【말의 뜻】 老萊子:楚나라 사람으로 효성이 극진했음. 孝奉:효도로 봉양함. 嬰兒戲:어린아이의 장난. 五色:靑·黃·赤·白·黑의 다섯 빛깔. 斑爛之衣:무늬가 아름다운 옷. 색동옷. 取水上堂:물을 가지고 당에 오름. 詐跌仆臥地:거짓 넘어져 땅에 누움. 小兒啼:어린아이의 울음. 弄雛:병아리를 희롱함. 欲親之喜:부모를 기쁘게 해 드리고자 함.

【뜻 풀이】 老萊子는 우리나라에까지 널리 알려진 효자다. 그는 평소에 극진한 효성으로 부모를 봉양했을 뿐 아니라, 나이 70이 되었을 때 색동옷을 입고 부모님 앞에서 엉금엉금 기면서 어린아이의 재롱을 떨어 부모의 마음을 즐겁게 해 드렸다. 또 물을 가지고 부모님이 계신 당으로 올라갈 때 일부러 넘어져 땅에 누워 어린아이의 울음소리를 내어 부모의 마음을 기쁘게 해 드렸다. 또 어느 때는 어린아이처럼 부모 앞에서

병아리를 가지고 놀아 부모님의 마음을 기쁘게 해 드렸다.

伯俞有過 其母笞之泣 其母曰 他日笞子 未嘗泣 今泣何也 對
백 유 유 과 기 모 태 지 읍 기 모 왈 타 일 태 자 미 상 읍 금 읍 하 야 대

日 俞得罪笞常痛 今母之力不能使痛 是以泣.
왈 유 득 죄 태 상 통 금 모 지 력 불 능 사 통 시 이 읍

백유(伯俞)가 잘못이 있어 그 어머니가 매를 때리니 울자, 그 어머니가
말했다.

"다른 날에는 매질을 하되 네가 일찍이 울지 않더니, 이제 우는 것은 무
슨 까닭인가?"

백유가 대답해 말했다.

"제가 죄를 지음에 매질이 항상 아프더니, 이제 어머니의 힘이 능히 아프
게 하지 못하는지라, 그러므로 우는 것입니다."

【글자 뜻】伯:맏 백. 俞:그러할 유. 過:허물 과. 지날 과. 笞:볼기칠 태.
  泣:울 읍. 痛:아플 통.

【말의 뜻】伯俞:漢나라 사람으로 성은 韓. 이름은 俞. 伯은 장남을 나타내
  는 말. 笞之:매를 때림. 他日:전에는. 子未嘗泣:네가 일찍이 울지 않
  음. 子는 汝의 뜻. 不能使痛:아프게 하지 못함. 是以:그러므로.

【뜻 풀이】漢나라의 효자인 韓俞는 나이 50이 지난 뒤에 잘못한 일이 있
  어 그 어머니가 매 채로 때리자 눈물을 흘리며 울었다. 이것을 본 어머
  니가, "그전에는 매를 맞아도 울지 않더니, 지금 우는 것은 무슨 까닭
  이냐?"고 물었다. 그러자 俞는 이렇게 대답했다. "전에는 제가 잘못하
  여 어머니가 때리시면 언제나 아팠는데, 오늘은 전혀 아프지가 않습니

다. 어머니의 근력이 그만큼 줄어 아프게 때리시지 못하는 것을 생각하
니, 저절로 눈물이 나옵니다." 즉 어머니의 근력이 쇠하여짐을 가슴 아
프게 생각했던 것이다.

故曰 父母怒之 不作於意 不見於色 深受其罪 使可哀憐上也
고 왈 부 모 노 지 부 작 어 의 불 현 어 색 심 수 기 죄 사 가 애 련 상 야
父母怒之 不作於意 不見於色 其次也 父母怒之 作於意 見於
부 모 노 지 부 작 어 의 불 현 어 색 기 차 야 부 모 노 지 작 어 의 현 어
色下也.
색 하 야

그러므로 이렇게 말할 수 있다.

"부모가 화내심에 마음에 일으키지 않고, 낯빛에 나타내지 않아, 깊이 그
죄를 받아 슬프고 가엾게 생각하는 것이 최상이요, 부모가 화내심에 마음
에 일으키지 않고, 낯빛에 나타내지 않는 것이 그 다음이요, 부모가 화내심
에 마음에 일으키고, 낯빛에 나타냄이 최하이다."

【글자 뜻】 怒:성낼 노. 作:일으킬 작. 지을 작. 見:나타낼 현. 볼 견. 深:
　　 깊을 심. 受:받을 수. 哀:슬플 애. 憐:불쌍할 련.

【말의 뜻】 不作於意(부작어의):마음에 반발을 일으키지 않음. 不見於色(
　　 불현어색):낯빛에 원망을 나타내지 않음. 深受其罪:깊이 그 잘못한 죄
　　 를 받음. 使可哀憐:부모로 하여금 슬프고 불쌍히 생각하게 함.

【뜻 풀이】 그러므로 자기에게 잘못이 있어 부모가 화를 내실 때, 마음에 반
　　 발하는 감정이 일어나지 않고, 얼굴에 원망하는 빛을 나타내지 않고서,
　　 스스로 자신의 잘못을 깊이 깨닫고, 부모에게 슬프고 불쌍한 생각을 지

니게 한 것을 죄송스럽게 생각하는 것이 최상의 효자요, 부모가 화를 내
실 때, 마음에 반발하는 감정이 일어나지 않고, 얼굴에 원망하는 빛을
나타내지 않는 것이 그 다음 효자요, 부모가 화를 내실 때, 마음에 반
발하는 감정이 일어나고, 얼굴에 원망하는 빛을 나타내는 것은 불효다.

> 曾子有疾 召門弟子曰 啓予足 啓予手 詩云 戰戰兢兢 如臨深
> 증자유질 소문제자왈 계여족 계여수 시운 전전긍긍 여림심
>
> 淵 如履薄氷 而今而後 吾知免夫 小子.
> 연 여리박빙 이금이후 오지면부 소자

증자가 병들어 제자들을 불러 이렇게 말했다.

"이불을 열고 내 발을 보고 내 손을 보아라. 시경에 이르기를, '두려워하
고 조심하여 깊은 연못에 임한 것같이 하며 얇은 얼음을 밟은 것같이 하라.'
하였으니, 이제 이후로 나는 면한 것을 알겠구나, 얘들아."

【글자 뜻】 疾:병 질. 召:부를 소. 啓:열 계. 予:나 여. 兢:조심할 긍. 臨:
　　임할 림. 淵:못 연. 履:밟을 리. 薄:얇을 박. 氷:얼음 빙. 免:면할 면.
【말의 뜻】 有疾:병듦. 啓予手:내 손을 보라. 戰戰兢兢:몹시 두려워하고
　　조심하는 모양. 如臨深淵:깊은 연못가에 서 있는 것같이 함. 如履薄
　　氷:얇은 얼음을 밟은 것같이 함. 吾知免夫:나는 벗어난 것을 알겠구
　　나. 小子:제자들아.

【뜻 풀이】 앞에서도 나왔지만 曾子는 하늘이 낸 효자였다. 曾子가 병이 들
　　어 임종이 가까움을 알자, 제자들을 불러 말한 것이다. 원래 우리의 육
　　체는 부모에게서 받은 것이다. 그러므로 그 육체를 손상시키지 않고 잘
　　보존하는 것을 효도의 시작이라고 보았다. 그래서 曾子는 임종하는 자

리에서 제자들에게 자신의 손과 발을 보게 하고, 몸을 온전히 보존하기가 얼마나 어려운가를 제자들에게 가르쳐 주었던 것이다.

"얘들아, 이불을 열고 내 손과 발을 보아라. 시경에 이르기를 몸을 온전히 보존하려면 항상 두려워하고 조심하여, 마치 깊은 연못가에 서 있는 것같이 하고, 또 얇은 얼음을 밟고 서 있는 것같이 하라고 하였는데, 이제야 나는 그 어려움에서 벗어났구나, 제자들아."

箕子者紂親戚也 紂始爲象箸 箕子嘆曰 彼爲象箸 必爲玉杯
기 자 자 주 친 척 야 주 시 위 상 저 기 자 탄 왈 피 위 상 저 필 위 옥 배

爲玉杯 則必思遠方珍怪之物 而御之矣 興馬宮室之漸 自此始
위 옥 배 칙 필 사 원 방 진 괴 지 물 이 어 지 의 여 마 궁 실 지 점 자 차 시

不可振也.
불 가 진 야

기자(箕子)라는 사람은 주(紂)의 친척이다. 주가 처음으로 상아 젓가락을 쓰거늘 기자가 탄식하여 말했다.

"그가 상아 젓가락을 쓰니, 반드시 옥잔을 만들 것이다. 옥잔을 만들면 반드시 먼 지방의 진귀하고 괴이한 물건을 생각하여 사용할 것이니, 수레와 말과 궁궐이 점점 이로부터 시작하여 구원할 수 없게 될 것이다."

【글자 뜻】箕:키 기. 紂:말고삐 주. 戚:겨레 척. 象:코끼리 상. 箸:젓가락 저. 嘆:탄식할 탄. 彼:저 피. 杯:술잔 배. 珍:보배 진. 怪:괴이할 괴. 御:어거할 어. 興:수레 여. 漸:점점 점. 振:구원할 진. 떨칠 진.

【말의 뜻】箕子:殷나라 紂王의 숙부(아버지의 이복형제). 箕子朝鮮을 세웠다고도 함. 紂:殷나라의 마지막 임금. 호화로운 생활로 백성을 도탄에 빠지게 했음. 夏나라의 걸왕(桀王)과 아울러 폭군의 대표적인 인물.

象箸:상아로 만든 젓가락. 玉杯:옥으로 만든 술잔. 珍怪之物:진귀하
고 괴이한 물건. 御之:사용함. 輿馬:수레와 말. 自此始:이로부터 시
작됨. 不可振:구원할 수 없음.

【뜻 풀이】 箕子는 殷나라 마지막 임금인 紂王의 숙부였다. 紂王이 남방에
서 나는 상아로 젓가락을 만들어 사용하자, 箕子가 탄식하며 이렇게 말
하였다.

"저 紂王이 남방의 상아로 젓가락을 만들어 사용하니, 이번에는 틀림
없이 서방에서 나는 옥으로 술잔과 그릇을 만들어 사용할 것이다. 그리
고 옥잔을 만들어 사용하면, 다음에는 먼 지방에서 나는 진기하고 기이
한 물건들을 사용하려 할 것이다. 이와 같이 백성들의 생각은 하지 않
고서 점점 호화롭고 방탕한 생활에 빠져, 수레와 말과 궁궐을 점점 호
화스럽게 꾸미려 할 것이니, 도저히 구원할 길이 없구나."

이 이후로 紂王이 점점 방탕한 생활에 빠지자, 箕子는 올바른 도리
로 간하였지만, 紂王은 그의 간함을 받아들이기는 고사하고 그를 가두
어버렸다. 어떤 사람이 箕子에게 紂王의 측근에서 떠나라고 말하자 箕
子는, "남의 신하가 되어 간함이 받아들여지지 않는다고 떠난다면 이
는 임금의 악함을 드러내고 내가 백성들에게 기쁨을 주는 존재가 되는
것이니, 차마 그런 일을 하지 못하겠다" 하고, 머리를 풀어헤치고 거
짓 미친 체하여 종이 되어, 다시는 세상에 나오지 않고 거문고를 타면
서 스스로 슬퍼했다. 그래서 '箕子의 절개'라는 거문고의 곡명이 전해
지게 되었다고 한다.

王子比干者 亦紂之親戚也 見箕子諫不聽 而爲奴 則曰 君有
왕자비간자 역주지친척야 견기자간불청 이위노 즉왈 군유

過 而不以死爭 則百姓何辜 乃直言諫紂 紂怒曰 吾聞聖人之
과 이불이사쟁 즉백성하고 내직언간주 주노왈 오문성인지

心 有七竅 信有諸乎 乃遂殺王子比干 刳視其心.
심 유칠규 신유제호 내수살왕자비간 고시기심

왕자인 비간(比干)이란 사람도 역시 주왕의 친척이었다. 그는 기자가 간
하다가 듣지 않아 종이 됨을 보고, 이렇게 말했다.

"임금이 허물이 있는데 죽음으로써 간하지 아니하면, 백성들은 무슨 죄
인가?"

하고 이에 올바른 말로 주왕에게 간하자, 주왕이 화가 나서 말하기를,

"내 들으니 성인의 심장에는 일곱 구멍이 있다 하니, 진실로 있는가?"

하고 이에 드디어 왕자 비간을 죽여, 그 심장을 쪼개어 보았다.

【글자 뜻】 比:견줄 비. 干:방패 간. 聽:들을 청. 奴:종 노. 爭:간할 쟁.
다툴 쟁. 辜:허물 고. 直:곧을 직. 心:심장 심. 마음 심. 竅:구멍 규.
信:진실로 신. 믿을 신. 遂:드디어 수. 刳:쪼갤 고. 視:볼 시.

【말의 뜻】 比干:紂王의 숙부. 諫不聽:간함을 듣지 않음. 死爭:죽음으로
간함. 何辜:무슨 죄인가. 直言:올바른 말. 聖人之心:성인의 심장. 信
有諸乎:정말로 있는가. 刳視:쪼개어 봄.

【뜻 풀이】 王子 比干도 紂王의 숙부였다. 그는 箕子가 紂王에게 간하다가
간함이 받아들여지지 않아 종이 된 것을 보고, "임금에게 잘못함이 있
는데도 죽음으로써 간하여 그 잘못을 그치게 하지 않는다면, 백성들은
무슨 죄로 생활고에 시달려야 하는가? 그리고 나라가 기울어지는 것을
그대로 보고만 있을 수 있는가?" 이렇게 생각하고 紂王의 잘못을 들어

紂王에게 간했다. 그러자 紂王은 몹시 화가 나서, "성인의 심장에는 일곱 개의 구멍이 있다는데, 정말로 있는지 확인해 보자."고 말한 다음, 比干을 죽여 그 심장을 꺼내어 쪼개 보았다.

> 微子曰 父子有骨肉 而臣主以義屬 故父有過 子三諫而不聽
> 미 자 왈　부 자 유 골 육　이 신 주 이 의 속　고 부 유 과　자 삼 간 이 불 청
>
> 則隨而號之 人臣三諫而不聽 則其義可以去矣 於是遂行.
> 즉 수 이 호 지　인 신 삼 간 이 불 청　칙 기 의 가 이 거 의　어 시 수 행

미자(微子)가 말하기를,

"아버지와 아들은 뼈와 살이 있는데, 신하와 임금은 의리로써 이어져 있으므로, 아버지에게 잘못이 있으면 아들은 세 번 간하여 듣지 아니하면 따르면서 울고, 남의 신하가 세 번 간하여도 듣지 아니하면, 그 의리를 버릴 수 있다."

하고, 이에 드디어 갔다.

【글자 뜻】 微:적을 미. 屬:붙일 속. 隨:따를 수. 號:울부짖을 호. 이름 호. 遂:드디어 수.

【말의 뜻】 微子:紂王의 서형. 有骨肉:뼈와 살로 이어져 있음. 臣主:신하와 임금. 以義屬:의리로 이어져 있음. 隨而號之:울면서 따름. 其義:신하의 의리. 可以去:버릴 수 있음. 遂行:드디어 떠남.

【뜻 풀이】 微子는 紂王의 서형으로, "아버지와 아들 사이는 뼈와 살로 이어져 있고, 임금과 신하 사이는 의리로 이어져 있다. 그러므로 만일 아버지에게 잘못이 있으면, 아들은 세 번 간하여 아버지가 듣지 않을 때는 울면서 아버지의 뜻에 따라야 한다. 그러나 임금에게 잘못이 있을 때는

세 번 간하여 듣지 아니하면 그 의리를 버리고 떠나야 한다."고 생각하고, 드디어 紂王에게서 떠나버렸다

孔子曰 殷有三仁焉.
공자왈 은유삼인언

공자께서 이렇게 말씀하였다.
"은(殷)나라에는 세 어진 사람이 있었다."

【뜻 풀이】 紂王이 무도하자, 箕子는 간하다가 종이 되고, 比干은 간하다가 죽임을 당하고, 微子는 그를 떠났으므로, 孔子께서는 殷나라에 세 어진 사람들이 있었다고 말씀하신 것이다.

　　論語 微子篇에는, "微子는 떠나고, 箕子는 종이 되고, 比干은 간하다가 죽으니, 孔子께서 말씀하시기를, 殷나라에 세 어진 사람이 있었다고 하셨다(微子去之 箕子爲之奴 比干諫而死 孔子曰 殷有三仁焉)."라고 있다.

武王伐紂 伯夷叔齊叩馬而諫 左右欲兵之 太公曰 此義人也
무왕벌주 백이숙제고마이간 좌우욕병지 태공왈 차의인야

扶而去之 武王已平殷亂 天下宗周 而伯夷叔齊恥之 義不食周
부이거지 무왕이평은란 천하종주 이백이숙제치지 의불식주

粟 隱於首陽山 採薇而食之 遂餓而死.
속 은어수양산 채미이식지 수아이사

무왕이 주왕을 정벌하매 백이(伯夷)와 숙제(叔齊)가 말을 잡고 간하니 좌우에 있는 사람들이 그를 죽이려 하자 太公이, "이들은 의리가 있는 사람

이다." 말하고 부축하여 보냈다.

　무왕이 이미 은나라의 난리를 평정하니 천하가 주나라를 종주국으로 삼
거늘, 백이와 숙제는 부끄러이 여겨 의리로 주나라의 곡식을 먹지 않겠다
하고, 수양산에 숨어 고사리를 캐어 먹다가, 드디어 굶어서 죽었다.

【글자 뜻】 伐:칠 벌.　夷:오랑캐 이.　叩:잡아당길 고. 두드릴 고.　兵:칠 병.
　　군사 병.　扶:붙들 부.　宗:마루 종.　恥:부끄러울 치.　粟:조 속.　隱:숨
　　을 은.　採:캘 채.　薇:고사리 미.　餓:주릴 아.

【말의 뜻】 伐紂:紂王을 정벌함.　伯夷·叔齊:孤竹君의 두 아들.　叩馬:말
　　고삐를 잡음.　欲兵之:죽이려 함.　扶而去之:부축하여 보냄.　已平殷亂:
　　이미 은나라의 난을 평정함　天下宗周:天下의 모든 나라들이 周나라를
　　종주국으로 삼음.　周粟:周나라의 곡식.　採薇:고사리를 캠.　餓而死:
　　굶어서 죽음.

【뜻 풀이】 이것은 伯夷와 叔齊의 높은 절개를 칭찬한 글이다.

　드디어 周 武王이 군사를 이끌고 殷나라 紂王 정벌에 나섰다. 그런
데 伯夷와 叔齊가 武王의 말고삐를 잡고, "殷나라의 신하로서 殷나라를
치려는 것은 불의가 아니냐."고 간했다. 그러자 옆에 있던 병사들이 그
들을 죽이려 했다. 姜太公이 이것을 보고, "그들은 의리가 있는 사람이
다."라고 말한 다음, 그들을 부축하여 떠나게 했던 것이다.

　武王이 드디어 폭군으로 이름난 紂王을 죽이고 殷나라를 평정하자,
天下의 모든 나라들은 곧 周나라를 종주국으로 삼았다. 그러나 伯夷와
叔齊는 도리어 이를 부끄럽게 생각하고 의리를 위하여 周나라 곡식을
먹지 않으려고 首陽山에 들어가 고사리를 캐어 먹다가 드디어 굶어 죽
었다.

衛靈公與夫人夜坐　聞車聲轔轔　至闕而止　過闕復有聲　公問
위령공여부인야좌　문거성린린　지궐이지　과궐부유성　공문

夫人曰　知此爲誰　夫人曰　此蘧伯玉也　公曰　何以知之　夫人曰
부인왈　지차위수　부인왈　차거백옥야　공왈　하이지지　부인왈

妾聞　禮下公問　式路馬　所以廣敬也　夫忠臣與孝子　不爲昭昭
첩문　예하공문　식로마　소이광경야　부충신여효자　불위소소

信節　不爲冥冥惰行　蘧伯玉衛之賢大夫也　仁而有智　敬於事上
신절　불위명명타행　거백옥위지현대부야　인이유지　경어사상

此其人必不以闇昧廢禮　是以知之　公使人視之　果伯玉也.
차기인필불이암매폐례　시이지지　공사인시지　과백옥야

위령공(衛靈公)이 부인과 더불어 밤에 앉았는데, 수레 구르는 소리가 들리더니 대궐에 이르러 그쳤다가 대궐을 지나자 다시 소리가 나거늘, 公이 부인에게 물었다.

"저것이 누구인지 아오?"

부인이 말했다.

"저것은 거백옥(蘧伯玉)입니다."

公이 말했다.

"어찌하여 그것을 아오?"

그러자 부인이 이렇게 말했다.

"첩이 듣사오니, 예법에 대궐 문에서 내리며 길에서 王의 말에 절함은 공경하는 마음을 넓히는 까닭인데, 대저 충신과 효자는 밝다고 하여 예절을 펴지 아니하고, 어둡다고 하여 행실을 게을리 하지 않는 법이니, 거백옥은 위나라의 어진 대부라, 어질고 지혜가 있고, 王을 섬김에 공경하거니와, 이는 그 사람이 반드시 어둠으로써 예절을 폐하지 아니함이니, 이로써 아는 것입니다."

공이 사람을 시켜 보게 하니, 과연 거백옥이었다.

【글자 뜻】 衛:나라 위. 靈:신령할 령. 轔:수레구르는소리 린. 闕:대궐 궐.

　　復:다시 부. 誰:누구 수. 蘧:연꽃 거. 式:절할 식. 법 식. 昭:밝을 소.

　　信:펼 신. 믿을 신. 冥:어두울 명. 惰:게으를 타. 智:지혜 지. 闇:어

　　두울 암. 昧:어두울 매. 廢:폐할 폐. 果:과연 과. 실과 과.

【말의 뜻】 衛靈公:衛나라의 靈公. 이름은 元. 轔轔:수레 구르는 소리. 蘧

　　伯玉:衛의 大夫로 이름은 원(瑗). 孔子가 衛나라에서 그의 집에 머무신

　　일이 있음. 下公門:대궐 문에서는 말이나 수레에서 내려 걸어감. 式路

　　馬:임금이 탄 수레가 길을 지나갈 때, 말에 절하여 공경의 뜻을 나타냄.

　　信節:예절을 폄. 惰行:행실을 게을리 함. 事上:임금을 섬김. 闇昧廢

　　禮:어둡다고 예절을 그만둠. 使人視之:사람을 시켜 보게 함.

【뜻 풀이】 衛나라 靈公이 어느 날 밤 부인과 함께 궁중에 앉아 있을 때, 수

레 가는 소리가 들리더니, 대궐 앞에서 소리가 나지 않고, 대궐을 지나

자 다시 소리가 들려왔다.

　　靈公이 부인에게 "저게 누구인지 아느냐?"고 묻자 부인은, "저것은

거백옥입니다." 하고 대답했다. "어떻게 아느냐?"고 묻자 부인이, "선

비는 대궐 문을 지나갈 때는 수레에서 내려 걸어가고, 길에서 王의 수

레를 만나면 절하는 것이 예법으로, 이것은 王에 대한 경의를 넓히기

위한 것이라고 들었습니다. 충신과 효자는 사람들이 보는 앞이라고 과

장해서 예절을 나타내려 하지 않고, 사람들이 보지 않는다고 덕행을 게

을리 하지 않는 법입니다. 거백옥은 어진 대부입니다. 성품이 어질고

지혜가 있어 王에 대한 경의를 소홀히 하지 않을 사람이므로, 사람들이

보지 않는다고 하여 王에 대한 예절을 그만둘 사람이 아닙니다. 그래서

거백옥인 줄을 압니다." 하고 대답했다.

　　靈公이 사람을 시켜 가서 알아보게 하니, 그것은 과연 거백옥이었

다고 한다.

萬章問曰 象日以殺舜爲事 立爲天子 則放之何也 孟子曰 封
만 장 문 왈 상 일 이 살 순 위 사 입 위 천 자 칙 방 지 하 야 맹 자 왈 봉

之也 或曰放焉 仁人之於弟也 不藏怒焉 不宿怨焉 親愛之而
지 야 혹 왈 방 언 인 인 지 어 제 야 불 장 노 언 불 숙 원 언 친 애 지 이

已矣.
이 의

만장(萬章)이 맹자에게 물었다.

"상(象)이 날로 순을 죽이려는 것으로써 일을 삼았거늘, 순이 서서 천자
가 되자 추방한 것은 무슨 까닭입니까?"

이에 맹자가 대답해 말했다.

"제후에 봉한 것인데, 어떤 사람들은 추방했다고 하거니와, 어진 사람
은 아우에게 성냄을 간직하지 않으며 원망을 품지 아니하고, 친하고 사랑
할 뿐이다."

【글자 뜻】殺:죽일 살. 放:놓을 방. 封:봉할 봉. 藏:감출 장. 怒:성낼 노.
　　宿:잘 숙. 怨:원망할 원.

【말의 뜻】象:舜임금의 아우. 以殺舜爲事:舜임금 죽이려는 것을 일로 삼
　　음. 放之:추방함. 封之:제후에 봉함. 不藏怒:성냄을 간직하지 않음.
　　不宿怨:원망을 마음에 담아 두지 않음.

【뜻 풀이】舜을 살해하려는 계획은 항상 부모와 이복동생인 象이 함께 세
　　웠다. 한번은 부모가 舜에게 곡식창고에 올라가 지붕을 수리하라고 했
　　다. 舜이 지붕 위에 올라가 있을 때, 아버지는 사다리를 치우고 창고에

불을 질렀다. 요행히 죽음에서 벗어나자, 이번에는 舜에게 우물에 들어
가 물을 치게 한 다음, 뚜껑을 덮었다. 부모와 象은 舜이 완전히 죽었
다고 믿었다. 象은 舜의 소와 양과 창고는 부모의 것이고, 창과 방패와
거문고는 자기의 것이며, 두 형수도 자기의 아내라고 기뻐하며 형의 집
으로 가 보니, 舜은 침상에서 거문고를 타고 있다가, 동생을 반갑게 맞
아 주었다고 한다.

그래서 萬章은, "象이 그처럼 舜을 죽이려고 했는데, 舜이 天子가 되
자 象을 죽이지 않고 추방만 한 것은 무슨 까닭이냐."고 물은 것이다.
이에 孟子는, "사실은 象을 제후에 봉한 것인데 어떤 사람들은 추방했
다고 말한다. 마음이 어진 사람은 동생에 대하여 노여움을 지니지 않
고 원망도 품지 않으며, 오직 그를 가까이 사랑할 뿐이다."라고 대답
한 것이다.

伯夷叔齊 孤竹君之二子也 父欲立叔齊 及父卒 叔齊讓伯夷
백 이 숙 제　고 죽 군 지 이 자 야　부 욕 립 숙 제　급 부 졸　숙 제 양 백 이

伯夷曰 父命也 遂逃去 叔齊亦不肯立而逃之 國人立其中子.
백 이 왈　부 명 야　수 도 거　숙 제 역 불 긍 립 이 도 지　국 인 립 기 중 자

백이와 숙제는 고죽군(孤竹君)의 두 아들이다. 아버지가 숙제를 임금으
로 세우고자 하더니 아버지가 돌아간 뒤에 숙제가 백이에게 사양하자, 백
이가 아버지의 명령이라 하고 드디어 도망가거늘, 숙제 또한 임금에 서기
를 즐겨하지 아니하여 도망가자, 나라 사람들이 둘째아들을 임금으로 세
웠다.

【글자 뜻】孤:외로울 고.　卒:죽을 졸. 마칠 졸.　讓:사양할 양.　逃:도망
할 도.　肯:즐길 긍.

【말의 뜻】 孤竹君:孤竹國의 王. 欲立:王으로 세우고자 함. 父卒:아버지가 돌아감. 不肯立:王位에 오르기를 싫어함. 中子:仲子. 둘째아들.

【뜻 풀이】 伯夷와 叔齊는 의리와 절개가 높기로 유명하다. 孔子께서도 그들을 가리켜 "仁을 구하여 仁을 얻었다."고 말씀하셨다.

伯夷와 叔齊는 孤竹國의 王子들이다. 그런데 그들의 아버지는 평소에 셋째아들인 叔齊를 장차 자기의 뒤를 이을 임금으로 세우려고 했다. 그러나 중국 고대의 제도로는 원래 맏아들이 王位를 계승해야 한다. 그래서 아버지가 돌아가자, 叔齊는 王位를 伯夷에게 사양했던 것이다.

그러나 伯夷는 "아버지의 뜻을 받드는 것이 효도이며, 이것은 아버지의 명령이다." 하고 도망가 버렸다. 그러자 叔齊 역시 王位에 오르지 않고 도망해버렸다. 이리하여 그 나라 사람들이 둘째아들을 왕으로 세웠다고 한다.

曾子曰 以能問於不能 以多問於寡 有若無 實若虛 犯而不校
증자왈 이능문어불능 이다문어과 유약무 실약허 범이불교

昔者吾友 嘗從事於斯矣.
석자오우 상종사어사의

증자가 이렇게 말했다.

"능함으로써 능하지 못한 사람에게 물으며, 많음으로써 적은 사람에게 물으며, 있되 없는 것같이 하며, 찼되 빈 것같이 하며, 침범당해도 갚지 아니함을, 전에 내 친구가 일찍이 이에 종사하였다."

【글자 뜻】 能:능할 능. 寡:적을 과. 若:같을 약. 虛:빌 허. 犯:침범할 범. 校:갚을 교. 학교 교. 昔:옛 석. 從:좇을 종. 斯:이 사.

【말의 뜻】 以能問於不能:유능하면서도 무능한 사람에게 물어봄. 以多問
  於寡:지식과 견문이 많으면서도 지식과 견문이 적은 사람에게 물어봄.
  有若無:덕이 있으면서도 없는 것같이 함. 實若虛:덕행이 찼으면서도
  빈 것같이 함. 犯而不校:침범을 당해도 앙갚음하지 않음. 昔者:지난날.
  從事於斯:이와 같은 일에 노력했음.

【뜻 풀이】 이것은 일찍 죽은 顔子를 두고 한 말이라고 한다.
    자기는 유능한데 무능한 사람에게 묻고, 자기는 지식과 견문이 많은
  데도 적은 사람에게 물으며, 재능과 덕이 있으면서도 없는 것같이 하
  고, 덕행이 가득 차 있으면서도 먼 것같이 하며, 옳지 않게 침범을 당
  해도 앙갚음을 하지 않는 사람―전에 내 벗인 顔子가 이와 같이 하려
  고 노력했었다.

孔子曰 晏平仲 善與人交 久而敬之.
공 자 왈 안 평 중 선 여 인 교 구 이 경 지

공자께서 이렇게 말씀하셨다.
"안평중(晏平仲)은 사람과 더불어 잘 사귀는구나. 오래되어도 공경하는
구나."

【글자 뜻】 晏:늦을 안. 仲:버금 중. 善:잘할 선. 착할 선. 久:오랠 구.
【말의 뜻】 晏平仲:齊나라의 재상. 이름은 영(嬰)이고 平仲은 시호. 孔子와
  같은 시대에 살았음. 善與人交:다른 사람과 교제를 잘함. 久而敬之:
  오래 사귀어도 공경함.

【뜻 풀이】 사람은 친구를 오래 사귀어 친하게 되면, 상대방의 인격을 존중하는 마음이 없어져, 경솔하게 굴기가 쉽다. 그런데 晏平仲은 오래 사귀면서도 상대방의 인격을 존중하므로, 사람과 잘 사귄다고 말씀하신 것이다.

孟子曰 伯夷目不視惡色 耳不聽惡聲.
맹자왈 백 이 목 불 시 악 색 이 불 청 악 성

맹자가 이렇게 말했다.

"백이는 눈으로 악한 빛을 보지 아니하며, 귀로 악한 소리를 듣지 아니하였다."

【글자 뜻】 視:볼 시. 聽:들을 청. 聲:소리 성.

【말의 뜻】 不視惡色:악한 빛을 보지 않음. 不聽惡聲:악한 소리를 듣지 않음.

【뜻 풀이】 伯夷는 예법에 벗어나는 빛은 눈으로 보지 않고, 예법에 벗어난 소리는 귀로 듣지 않았다는 말이다. 즉 악한 일이 눈에 뜨이면 눈길을 돌리고, 악한 소리가 들려오면 일부러 듣지 않았다는 것이다.

子游爲武城宰 子曰 女得人焉爾乎 曰有澹臺滅明者 行不由徑
자 유 위 무 성 재 자 왈 여 득 인 언 이 호 왈 유 담 대 멸 명 자 행 불 유 경
非公事 未嘗至於偃之室也.
비 공 사 미 상 지 어 언 지 실 야

자유(子游)가 무성의 장관이 되었더니, 공자께서 말씀하셨다.

"너는 사람을 얻었느냐?"

자유가 말했다.

"담대멸명(澹臺滅明)이란 자가 있는데, 다닐 때 지름길로 가지 아니하며, 공사가 아니면 일찍이 저의 방에 이르지 않았습니다."

【글자 뜻】 游:놀 유. 宰:재상 재. 女:너 여. 계집 녀. 爾:어조사 이. 너이. 澹:맑은모양 담. 臺:집 대. 滅:멸할 멸. 由:말미암을 유. 徑:지름길 경. 偃:누울 언.

【말의 뜻】 子游:孔子의 제자. 성은 言이고 이름은 언(偃). 子游는 그의 字. 武城宰:武城의 지방장관. 武城은 魯나라의 고을. 得人焉爾乎:사람을 얻었는가. 澹臺滅明:澹臺는 성이고 滅明은 이름. 行不由徑:다닐 때 지름길로 가지 않음. 偃之室:저의 방. 偃은 子游의 이름.

【뜻 풀이】 孔子의 제자인 子游가 武城의 지방장관이 되었다. 그래서 孔子께서 쓸 만한 사람을 얻었느냐고 물어보신 것이다. 그러자 子游는 "澹臺滅明이란 사람이 있는데, 다닐 때 지름길로 가지 않고, 公事가 아닌 사사로운 일로는 제 방에 한 번도 오지 않았습니다." 하고 대답했다.

君子는 大路行이란 말이 있고, 또 公事가 아니고는 찾아온 일이 없다면 상당한 덕을 지니고 있고, 청렴결백한 관리였던 것 같다.

> 高柴自見孔子 足不履影 啓蟄不殺 方長不折.
> 고 시 자 현 공 자 족 불 리 영 계 칩 불 살 방 장 불 절

고시(高柴)가 공자를 뵙고부터는 발로 사람의 그림자를 밟지 않고, 새로 나온 벌레를 죽이지 아니하며, 바야흐로 자라나는 풀과 나무를 꺾지 않았다.

【글자 뜻】 柴:섶 시. 見:뵐 현. 볼 견. 履:밟을 리. 影:그림자 영. 啓:열
　　계. 蟄:벌레움츠릴 칩. 方:바야흐로 방. 모 방. 折:꺾을 절.

【말의 뜻】 高柴:孔子의 제자. 字는 자고(子羔). 自見孔子(자현공자):孔
　　子를 뵙고부터. 不履影:사람의 그림자를 밟지 않음. 啓蟄:새로 나온
　　벌레. 方長不折:막 자라는 나무나 풀을 꺾지 않음.

【뜻 풀이】 高柴는 孔子의 제자가 된 이후로 君子의 덕을 쌓기 위하여, 다
　　른 사람의 그림자를 밟지 않고, 봄철에 새로 나온 벌레를 죽이지 않으
　　며, 막 자라나는 나무의 가지나 풀을 꺾지 않아, 남을 공경하고 벌레나
　　초목까지 사랑하는 마음을 지니도록 노력했다고 한다.
　　　"스승의 그림자는 밟지 않는다."는 말이 있거니와, 모든 사람의 그림
　　자를 밟지 않는다는 것은 어려운 일이며, 더구나 미물이나 초목까지 사
　　랑하는 마음에는 감탄을 금할 수가 없다.

孔子曰 衣敝縕袍 與衣狐貉者 立而不恥者 其由也與.
공자왈　의폐온포　여의호학자　입이불치자　기유야여

공자께서 말씀하셨다.
　"떨어진 무명두루마기를 입고서 여우와 담비의 털가죽옷을 입은 사람과
함께 섰어도 부끄러워하지 않는 사람은 저 자로(子路)일 것이다."

【글자 뜻】 衣:입을 의. 옷 의. 敝:해칠 폐. 縕:솜 온. 袍:두루마기 포. 狐:
　　여우 호. 貉:담비 학. 恥:부끄러울 치.

【말의 뜻】 衣敝縕袍:떨어진 무명두루마기를 입음. 狐貉:여우나 담비의 털
　　가죽옷. 由:孔子의 제자 子路의 이름.

【뜻 풀이】 孔子의 제자들 중에서도 子路는 용기가 있는 사람이었다. 그래
서 떨어진 무명두루마기를 입고서 여우나 담비의 털가죽으로 만든 웃
옷을 입은 귀족과 함께 서 있어도 조금도 부끄러워하지 않을 사람은 子
路일 것이라고 칭찬하신 것이다.

孔子曰 賢哉回也 一簞食 一瓢飮 在陋巷 人不堪其憂 回也不
공자왈 현재회야 일단사 일표음 재루항 인불감기우 회야불

改其樂 賢哉回也.
개기락 현재회야

공자께서 말씀하셨다.

"어질도다, 안회(顔回)여. 한 소쿠리의 밥과 한 표주박의 마실 것으로 누
추한 거리에 사는 것을, 사람들은 그 근심을 견디지 못하거늘, 안회는 그
즐거움을 고치지 아니하니, 어질도다. 안회여."

【글자 뜻】 回:돌아올 회. 簞:소쿠리 단. 食:밥 사. 먹을 식. 瓢:표주박
표. 飮:마실 음. 陋:더러울 루. 巷:거리 항. 堪:견딜 감. 憂:근심 우.
改:고칠 개.

【말의 뜻】 回:孔子의 제자 顔回. 字는 子淵. 一簞食(일단사):한 소쿠리의
밥. 한 주발의 밥. 簞은 대나무로 만든 주발. 一瓢飮:한 표주박의 마실
것. 陋巷:누추한 거리. 누추한 집. 不堪其憂:그 근심을 견디지 못함.
不改其樂:그 즐거움을 고치지 않음.

【뜻 풀이】 孔子의 수제자인 顔子는 집이 몹시 가난하여 한 술의 밥과 한
표주박의 국도 제대로 이어가지 못하는 형편이었다. 사는 집도 옹색한
누추한 집이었다. 다른 사람들 같으면 도저히 그 괴로움을 견디어내지

못했을 것이다. 그러나 道에 뜻을 둔 顔子는 그런 생활도 즐겁기만 했다. 그래서 孔子께서는, "顔回는 어질도다." 하고 되풀이해서 칭찬하신 것이다.

외 편

(外篇)

詩曰 天生烝民 有物有則 民之秉彝 好是懿德 孔子曰 爲此詩
시 왈 천 생 증 민 유 물 유 칙 민 지 병 이 호 시 의 덕 공 자 왈 위 차 시

者 其知道乎 故有物必有則 民之秉彝也 故好是懿德 歷傳記
자 기 지 도 호 고 유 물 필 유 칙 민 지 병 이 야 고 호 시 의 덕 역 전 기

接見聞 述嘉言 紀善行 爲小學外篇.
접 견 문 술 가 언 기 선 행 위 소 학 외 편

詩經에 이르기를, "하늘이 모든 백성을 내시니, 사물이 있으면 법칙이 있
도다. 백성들이 떳떳한 성품을 지녀, 이 아름다운 덕을 좋아한다."고 하였
으니 孔子께서, "이 詩를 지은 사람이여, 그 道를 알았도다. 그러므로 사물
이 있으면 반드시 법칙이 있으니, 백성들이 떳떳한 성품을 지닌지라, 그러
므로 이 아름다운 덕을 좋아한다." 하셨으니, 전하는 기록을 상고하며 보
고 들은 것을 접하여 가언(嘉言:아름다운 말씀)을 짓고 착한 행실을 기록하
여, 小學의 外篇으로 삼는다.

【글자 뜻】 烝:무리 증. 찔 증. 則:법칙 칙. 곧 즉. 秉:잡을 병. 彝:떳떳
할 이. 懿:아름다울 의. 歷:생각할 력. 지낼 력. 接:접할 접. 紀:기록
할 기. 벼리 기.

【말의 뜻】 詩:大雅 烝民篇의 詩. 烝民:여러 백성. 有物有則(유물유칙):
사물이 있으면 법칙이 있음. 秉彝:떳떳한 성품을 지님. 懿德:아름다
운 덕. 知道:도리를 앎. 歷傳記:전하는 기록을 상고함. 紀善行:착한
행실을 기록함.

【뜻 풀이】 詩經 대아(大雅) 증민편(烝民篇)의 詩에, "하늘이 많은 백성들
을 내시니, 사물이 있으면 불변의 법칙이 있다. 백성들이 그 떳떳한 성
품을 지녀 아름다운 덕을 좋아한다."는 말이 있다. 孔子께서 이를 보시
고, "이 詩를 지은 사람은 道를 안 사람이로다. 사물이 있는 곳에는 반

드시 법칙이 있게 마련이므로, 백성들이 불변의 천성을 지녀 아름다운 덕을 좋아하는 것이다."라고 말씀하셨다. 그러므로 전하는 기록을 참고하며 보고 들은 것을 추려서 '嘉言'을 짓고 '善行'을 기록하여, 小學의 外篇으로 삼는 바이다.

제 5 가언편
(第五 嘉言篇)

　이 가언편(嘉言篇)에서는 옛사람들의 아름다운 言行을 모은 것으로, 독자들로 하여금 깊이 깨닫는 바가 있어 올바른 마음과 행실을 닦도록 한 것이다.

　인간생활에서는 무엇보다도 부모에게 효도하고 어른들을 공경하며 사회생활을 하는 데 성실과 신의와 예절과 의리를 지켜야 하며, 일을 처리하는 데 청렴결백함과 치욕을 알아야 한다. 이와 같은 모든 일들은 도리를 깨닫기는 쉽지만, 그대로 실천하기는 몹시 어렵다. 그러나 인간에게는 습관이라는 묘한 것이 있다.

　설사 아무리 큰 악행을 저지른 사람이라도, 일단 도리를 깨닫고 마음에 깊이 각오하면, 얼마든지 선량한 마음과 선량한 행실을 베풀어, 죄과를 깨끗이 씻고 올바른 길로 나아갈 수 있는 것이다.

横渠張先生曰 敎小兒 先要安詳恭敬 今世學不講 男女從幼便
횡거장선생왈 교소아 선요안상공경 금세학불강 남녀종유변

驕惰壞了 到長益凶狠 只爲未嘗爲子弟之事 則於其親 已有物
교타괴료 도장익흉한 지위미상위자제지사 즉어기친 이유물

我 不肯屈下 病根常在 又隨所居而長 至死只依舊.
아 불긍굴하 병근상재 우수소거이장 지사지의구

횡거(橫渠) 장선생이 이렇게 말했다.

"어린아이를 가르치되, 먼저 안정함과 자세함과 공손함과 공경함이 필
요하니, 지금 세상에 배움을 익히지 아니하여, 남녀가 어릴 때부터 문득
교만하고 게으르고 무너져버려, 자라남에 이르러 더욱 흉악하고 사나워지
거니와, 단지 일찍이 아들과 아우를 위하는 일을 아니하기 때문에 곧 자기
부모에게도 이미 물아(物我)가 있어 굽혀 아래 되기를 즐겨하지 아니하여,
병의 뿌리가 항상 있으며, 또 거처에 따라 점점 자라서 죽음에 이를 때까
지 다만 예전과 같다."

【글자 뜻】橫:가로 횡. 渠:개천 거. 詳:자세할 상. 恭:공손할 공. 講:익
힐 강. 便:문득 변. 편할 편. 驕:교만할 교. 惰:게으를 타. 壞:무너질
괴. 了:마칠 료. 益:더할 익. 凶:흉악할 흉 狠:사나울 한. 屈:굽힐
굴. 隨:따를 수. 依:의지할 의. 舊:예 구.

【말의 뜻】橫渠張先生:장재(張載). 자는 子厚, 橫渠는 그의 호. 程子와 아
울러 北宋의 학자. 저서에 東西銘·正蒙 등이 있음. 安詳:안정함과 자
세함. 恭敬:공손함과 공경함. 學不講:배움을 익히지 않음. 從幼:어릴
때부터. 驕惰壞了:교만하고 게을러 성격이 파괴되어 버림. 到長:자라
남에 이르러. 益凶狠:더욱 흉악하고 사나워짐. 爲子弟之事:아들이나
동생을 위하는 일. 有物我:부모와 자기를 별개로 봄. 不肯屈下:굽히어
아랫사람 되기를 꺼려함. 隨所居而長:환경에 따라 흉악하고 사나운 성

격이 더욱 자람. 依舊:옛날에 의지함. 여전함.

【뜻 풀이】이 글은 횡거어록(橫渠語錄)에서 인용한 것이다. 子女의 교육은
어릴 때부터 잘 시켜야 한다. 어린이를 가르칠 때는 우선 마음의 안정과
일을 자세하게 처리함과 태도가 공손하고 어른을 공경하도록 가르쳐야
한다. 그런데 지금 세상에는 이와 같은 교육을 실시하고 있지 않기 때
문에, 어릴 때부터 교만하고 게으름으로 성격이 무너지고, 자람에 따라
더욱 흉악하고 사나워진다. 이것은 모두 子女에게 어릴 때 가정교육을
올바로 시키지 않기 때문이다. 심지어는 부모에게조차도 부모와 자기를
갈라 생각하는 대립감정이 싹터 잘 복종하려 하지 않는 병의 뿌리가 박
혀버린다. 또 이와 같은 사고방식은 사회의 환경에 따라 더욱 자라나게
되어, 죽을 때까지 흉악하고 사나운 성격을 버리지 못하게 되는 것이다.

爲子弟則不能安灑掃應對 接朋友則不能下朋友 有官長則不
위 자 제 칙 불 능 안 쇄 소 응 대   접 붕 우 칙 불 능 하 붕 우   유 관 장 칙 불

能下官長 爲宰相則不能下天下之賢.
능 하 관 장 위 재 상 칙 불 능 하 천 하 지 현

甚則至於徇私意 義理都喪也 只爲病根不去 隨所居所接而長.
심 칙 지 어 순 사 의 의 리 도 상 야 지 위 병 근 불 거 수 소 거 소 접 이 장

"아들과 아우가 되어서는 능히 물 뿌리고 쓸고 응하고 대립하는데 편안
하지 못하고, 친구와 접촉함에는 능히 친구의 아래 되지 못하고, 상관이 있
으면 능히 상관의 아래 되지 못하고, 재상이 되어서는 능히 天下의 어진 사
람의 아래 되지 못한다.

심한 경우에는 사사로운 뜻을 따르기에 이르러 의리를 모두 잃어버리거
니와, 이는 다만 병의 뿌리를 버리지 못하여, 거처하는 곳과 접촉하는 바

에 따라 자라나기 때문이다."

【글자 뜻】 灑:물뿌릴 쇄. 掃:쓸 소. 接:접할 접. 朋:벗 붕. 宰:재상 재. 徇:
따를 순. 都:도무지 도. 도읍 도. 喪:잃을 상. 상사 상. 去:버릴 거. 갈 거.

【말의 뜻】 灑掃應對:물 뿌리고 쓸고 응낙하고 대답함. 接朋友:친구와 접
촉함. 官長:상관. 徇私意:사리사욕에 따름. 都喪:모두 잃음. 只爲~:
다만 ~때문이다. 所居所接:사는 곳과 접촉하는 것.

【뜻 풀이】 이와 같이 본성이 교만하고 게으르며 흉악하고 사나우면, 아들
이나 아우로서는 물 뿌리고 쓸고 응낙하고 대답하는 것을 하려 하지 않
고, 친구들과 사귀는 데 신의로써 사귀지 못하여 친구 밑에 들어가려 하
지 않고, 벼슬에 나아가면 상관의 명령에 복종하려 하지 않고, 재상이 되
면 어진 사람에게 존경을 나타내고 그 충고를 받아들이려 하지 않는다.
　　더욱 심한 경우에는 사리사욕에 따르고 의리를 모두 잃고 말거니와,
이는 모두가 교만하고 게으른 병의 뿌리를 버리지 못하여, 환경과 접촉
함에 따라 그 병의 뿌리가 점점 자라나기 때문이다.

楊文公家訓曰 童稚之學 不止記誦 養其良知良能 當以先入言
양 문 공 가 훈 왈　동 치 지 학　불 지 기 송　양 기 양 지 양 능　당 이 선 입 언

爲主.
위 주

日記故事 不拘今古 必先以孝弟忠信禮義廉恥等事 如黃香扇
일 기 고 사　불 구 금 고　필 선 이 효 제 충 신 예 의 렴 치 등 사　여 황 향 선

枕 陸績懷橘 叔敖陰德 子路負米之類 只如俗說 便曉此道理
침　육 적 회 귤　숙 오 음 덕　자 로 부 미 지 류　지 여 속 설　변 효 차 도 리

久久成熟 德性若自然矣.
구 구 성 숙　덕 성 약 자 연 의

양문공(楊文公)의 가훈에서 이렇게 말하고 있다.

"어린이의 배움은 기억하고 외우는데 그칠 것이 아니라, 그 타고난 지혜와 타고난 재능을 길러야 하거니와, 마땅히 먼저 들어온 말로써 주인을 삼아야 한다.

날로 옛일을 기억하여 이제와 옛날을 가리지 아니하되, 반드시 먼저 효도와 공경과 성실과 신의와 예절과 의리와 청렴함과 부끄러움 등의 일로써 해야 한다. 황향(黃香)이 베갯머리에서 부채질을 한 것과, 육적(陸績)이 귤을 품어간 것과, 숙오(叔敖)가 남몰래 덕을 쌓은 것과, 子路가 쌀을 져온 이야기들 같은 것을 다만 풍속의 이야기와 같이 하면, 곧 이 도리를 깨달을 것이니, 오래고 오래어 이루어지고 익어지면 덕성이 자연스러운 것 같이 될 것이다."

【글자 뜻】訓:가르칠 훈. 童:아이 동. 稚:어릴 치. 止:그칠 지. 記:기억할 기. 誦:외울 송. 故:예 고. 연고 고. 拘:거리낄 구. 弟:공경할 제. 아우 제. 廉:청렴할 렴. 恥:부끄러울 치. 等:무리 등. 扇:부채 선. 枕:베개 침. 陸:땅 륙. 績:길쌈 적. 懷:품을 회. 橘:귤 귤. 敖:거만할 오. 陰:그늘 음. 負:질 부. 類:같을 류. 俗:풍속 속. 曉:깨달을 효. 새벽 효. 久:오랠 구. 熟:익을 숙.

【말의 뜻】楊文公:宋나라 眞宗 때 사람. 楊億. 字는 大年. 文은 그의 시호. 家訓:집안의 훈계. 童稚:어린이. 不止記誦:기억하고 외우는 것에 그쳐서는 안 됨. 良知良能:타고난 지혜와 재능. 先入言:먼저 들어온 말. 孝悌忠信과 禮義廉恥에 관한 말. 日記故事:날마다 옛날에 있었던 일을 기억함. 不拘:가리지 않음. 孝弟忠信:효도와 공손함과 성실과 신의. 禮義廉恥:예절과 의리와 청렴함과 부끄러움. 俗說:풍속의 이야기. 便曉(변효):문득 깨닫게 됨. 若自然:자연스러워짐.

【뜻 풀이】楊文公의 家訓에 이렇게 씌어 있다. 어린이를 가르칠 때는 단지 기억하고 외우는 일에 그쳐서는 안 된다. 어린이의 타고난 지혜와 재능을 길러 주어야 한다. 그러므로 어린이에게는 우선 올바른 도리에 대한 말을 넣어 주어, 그것으로 바탕을 이루게 해야 한다.

옛날과 이제를 가리지 말고 날마다 올바른 이야기를 기억하게 하되, 우선 효도 · 공경함 · 성실 · 신의 · 예절 · 의리 · 염치 · 부끄러움 등에 관한 일을 가르쳐야 한다. 黃香이 여름에 부모의 베개 맡에서 부채질을 해 드린 이야기나, 陸績이 귤을 품어다가 어머니에게 드린 이야기나, 叔敖가 머리 둘 달린 뱀을 땅속에 묻어 남몰래 덕을 쌓은 이야기나, 孔子의 제자인 子路가 집이 가난하여 멀리에서 쌀을 져다가 부모를 봉양한 이야기 등을 어린이에게 세속의 이야기와 같이 들려주어, 곧 그 도리를 깨닫게 해야 한다. 오래도록 이와 같은 도리를 깨닫게 하면, 이윽고 그것이 성숙해져서 타고난 덕성이 자연스럽게 이루어지게 해야 한다.

다음에 이들에 관한 故事를 설명해 두겠다.

黃香扇枕:黃香은 後漢 사람으로 字는 文强이다. 그는 효성이 극진하여 살림이 가난한 속에서도 부모를 잘 봉양하여, 더운 여름에는 부모 곁에서 부채질을 해 드리고, 추운 겨울에는 부모의 이불속에 들어가 몸으로 덥힌 다음 부모가 들어가시게 했다고 한다.

陸績懷橘:三國時代 吳나라 사람으로 字는 公紀였다. 그는 여섯 살 때 원술(袁術)의 집에 갔었는데, 원술이 귤을 내놓았다. 육적은 그중에서 세 개를 품속에 넣고 원술에게 절을 하다가 귤이 바닥에 떨어졌다. 원술이 "손님으로 와서 귤을 품어 가느냐?"고 묻자 육적이 꿇어앉아, "어머니에게 갖다 드리려 했습니다." 하고 대답하자, 원술이 크게 기뻐했다고 한다.

叔敖陰德:숙오는 楚나라 사람으로 이름은 애(艾). 숙오는 어렸을 때 나가 놀다가 머리가 둘 달린 뱀을 보고, 죽여서 땅속에 묻었다. 그리고 집에 돌아와서 울자, 그의 어머니가 우는 까닭을 물으니 숙오가, "머리가 둘 달린 뱀을 보면 죽는다 하는데, 제가 그런 뱀을 보았으니, 어머니를 두고 죽을 것이 두렵습니다." 하고 대답했다. 어머니가 "그 뱀이 지금 어디에 있느냐?"고 묻자 숙오는, "다른 사람들이 볼까 두려워 죽여서 땅속에 묻었습니다." 하고 대답했다. 이에 어머니는, "내가 들으니 숨은 덕을 베푼 사람에게는 하늘이 복으로써 갚는다 하니, 너는 죽지 않을 것이다."라고 말했다. 과연 숙오는 뒤에 楚나라의 재상이 되었다고 한다.

子路負米:孔子의 제자인 子路는 집이 가난해도 부모를 효성으로 봉양하여, 자기는 항상 나물죽을 먹고 부모에게는 백리 밖에서 쌀을 져다가 봉양했다. 부모가 돌아가신 뒤에 子路는 楚나라의 大夫가 되어, 수레가 많고 곡식도 많이 쌓아 놓고 먹는 부귀를 누리게 되었다. 그러나 子路는, "비록 나는 나물죽을 먹고 부모를 위하여 쌀을 져오고 싶어도 할 수가 없다."고 탄식했다고 한다.

明道程先生曰 憂子弟之輕俊者 只敎以經學念書 不得令作文字.
명도정선생왈 우자제지경준자 지교이경학념서 불득영작문자

子弟凡百玩好 皆奪志 至於書札 於儒者事最近 然一向好著 亦
자제범백완호 개탈지 지어서찰 어유자사최근 연일향호착 역

自喪志.
자상지

명도(明道) 정선생(程先生)이 이렇게 말했다.

"아들과 아우가 재주를 믿고 경박하게 굴 것을 근심하는 사람은 오직 經書의 학문과 글을 소리 내어 읽음을 가르쳐야 하고, 문장을 짓게 해서는 안 된다. 아들과 아우의 모든 백 가지 희롱과 좋아하는 것은 다 뜻을 빼앗거니

와, 편지를 쓰는데 이르러서는 선비의 일에 가장 가깝지마는, 그러나 한결같이 좋아하면 역시 스스로 뜻을 잃게 된다."

【글자 뜻】程:길 정. 憂:근심 우. 輕:가벼울 경. 俊:준걸 준. 經:글 경. 念·글읽을 념. 생각 념. 玩:희롱할 완. 구경 완. 奪:빼앗을 탈. 札:편지 찰. 儒:선비 유. 著:다다를 착. 지을 저.

【말의 뜻】明道程先生:宋나라 학자로 이름은 호(顥), 字는 伯淳. 시호는 純公. 經書를 연구하여 大學者가 됨. 아우 伊川 先生과 아울러 二程子라고 함. 輕俊:재주를 믿고 경박하게 굶. 經學念書:經書의 학문과 글을 소리 내어 읽음. 不得令~:~하게 해서는 안 됨. 作文字:문장을 지음. 玩好:놀이와 취미. 奪志:道를 구하려는 마음을 빼앗음. 書札:편지. 儒者事:선비가 하는 일. 一向:한결같이. 好著(호착):좋아함. 喪志:道를 구하려는 뜻을 잃음.

【뜻 풀이】 子弟가 재주만 믿고 경박하게 굴 것이 걱정이 되거든, 인간의 올바른 도리를 설명한 四書三經 등 성현의 글을 소리 내어 읽게 가르치고, 함부로 글을 짓게 하지 말아야 한다. 또 여러 가지 놀이와 취미는 모두 子弟들의 올바른 마음을 뺏어 가거니와, 비록 편지를 쓰는 일이 君子가 하는 일에 가장 가깝기는 하지만, 그러나 한결같이 편지 쓰기만을 좋아한다면, 이 역시 子弟들은 올바른 뜻을 잃게 된다.
　　이 글은 이정유서(二程遺書)에서 인용한 것이다.

伊川程先生曰 敎人 未見意趣 必不樂學 且敎之歌舞 如古詩
이 천 정 선 생 왈 교 인 미 견 의 취 필 불 요 학 차 교 지 가 무 여 고 시

三百篇 皆古人作之 如關雎之類 正家之始 故用之鄕人 用之
삼 백 편 개 고 인 작 지 여 관 저 지 류 정 가 지 시 고 용 지 향 인 용 지

邦國 日使人聞之 此等詩 其言簡奧 今人未易曉 別欲作詩 略
방 국 일 사 인 문 지 차 등 시 기 언 간 오 금 인 미 이 효 별 욕 작 시 략

言敎童子 灑掃應對事長之節 令朝夕歌之 似當有助.
언 교 동 자 쇄 소 응 대 사 장 지 절 영 조 석 가 지 사 당 유 조

이천(伊川) 정선생이 이렇게 말했다.

"사람을 가르치되 의미와 흥취를 알지 못하면 반드시 배움을 좋아하지 않을 것이니, 아직 노래와 춤을 가르쳐야 한다. 옛날의 詩 3백 편 같은 것은 모두 옛사람들이 지은 것이니, 관저편(關雎篇) 종류 같은 것은 집안을 바로잡는 시작이다. 그러므로 시골 사람이 쓰고 나라에서 써서 날로 사람들로 하여금 듣게 하니, 이와 같은 詩는 그 말이 간략하고 심오하여 지금 사람들이 쉽게 깨닫지 못하니, 따로 詩를 지어서 대략 어린이들을 가르치되, 물 뿌리고 쓸고 응낙하고 대답하고 어른 섬기는 절차를 말해서, 하여금 아침과 저녁으로 노래하게 하고자 하니, 마땅히 도움이 있을 것 같다."

【글자 뜻】趣:뜻 취. 樂:좋아할 요. 즐거울 락. 且:아직 차. 또 차. 舞:춤 출 무. 雎:징경이 저. 鄕:시골 향. 邦:나라 방. 簡:간단할 간. 奧:깊 을 오. 曉:깨달을 효. 새벽 효. 略:대략 략. 似:같을 사. 助:도울 조.

【말의 뜻】伊川程先生:明道 先生의 아우. 이름은 이(頤), 字는 正叔. 만년 에 伊水 물가에서 살았기 때문에 伊川 先生이라고 함. 明道 先生과 아 울러 유명함. 유학자. 意趣:의미와 흥취. 不樂學(불요학):배움을 좋아 하지 않음. 古詩三百篇:詩經의 詩를 말함. 關雎:詩經 첫머리의 詩. 正 家:집안을 바로잡음. 簡奧:간략하고 심오함. 未易曉:쉽게 깨닫지 못

함. 事長之節:어른을 섬기는 절차. 似當有助:마땅히 도움이 있을 것
같음.

【뜻 풀이】 어린이를 가르칠 때 그 뜻과 흥미를 아직 깨닫지 못하면 배우는
것 자체를 싫어하게 된다. 그러므로 이런 때는 잠시 노래와 춤을 가르
쳐야 한다. 그런데 詩經에 있는 詩 3백 篇은 모두 옛사람들이 지은 것으
로, 關雎篇과 같은 詩는 君子가 덕이 있는 아름다운 女人을 구한 詩로,
올바른 부부관계는 집안을 바로잡는 시초가 된다. 그러므로 시골 사람
들도 이 詩를 읊고, 나라 조정에서도 이 詩를 사용하여 사람들에게 듣
게 했다. 그러나 이 詩는 그 말이 간략하고도 뜻이 심오하여 지금 사람
들이 쉽게 깨닫지를 못하고 있다. 그래서 따로 詩를 만들어, 어린이들
에게 물 뿌리고 쓸고, 응낙하고 대답하고, 어른을 섬기는 도리를 말하
여, 어린이들로 하여금 아침저녁으로 노래하게 하고자 하니, 어린이들
을 가르침에 도움이 될 것으로 생각한다.
　이 글도 二程遺書에서 인용한 것이다.

陳忠肅公曰 幼學之士 先要分別人品之上下 何者是聖賢所爲之
진 충 숙 공 왈　유 학 지 사　선 요 분 별 인 품 지 상 하　하 자 시 성 현 소 위 지

事 何者是下愚所爲之事 向善背惡 去彼取此 此幼學所當先也.
사　하 자 시 하 우 소 위 지 사　향 선 배 악　거 피 취 차　차 유 학 소 당 선 야

진충숙공(陳忠肅公)이 이렇게 말했다.
"어려서 배우는 사람은 먼저 사람의 품격의 상하를 분별하는 것이 필요
하니, 어떤 것이 바로 성현들이 하는 일이며, 어떤 것이 바로 아래의 어리
석은 사람이 하는 일인가를 분별하여, 착한 것으로 향하고 악한 것을 등져
저것을 버리고 이것을 취하는 것, 이것이 어려서 배우는 사람이 마땅히 먼

저 해야 할 것이다."

【글자 뜻】 陳:베풀 진. 肅:엄숙할 숙. 幼:어릴 유. 別:다를 별. 品:품수
품. 愚:어리석을 우. 背:등질 배. 등 배. 去:버릴 거. 갈 거.

【말의 뜻】 陳忠肅公:宋나라 사람으로 이름은 진관(陳瓘). 자는 영중(瑩中)
이고 忠肅公은 그의 시호. 幼學之士:어려서 배우는 사람. 先要分別:
먼저 분별해야 함. 人品之上下:사람 품격의 上下. 論語에는 上知·中
人·下愚로 구분되어 있음. 何者:어느 것. 聖賢所爲之事:성현들이 하
는 일. 下愚:못나고 어리석은 사람. 쓸모가 없는 사람. 向善背惡:착
한 일로 나아가고 악한 일에는 등을 돌림. 去彼取此:저것을 버리고 이
것을 취함. 악한 것을 버리고 선한 것을 취함. 所當先:마땅히 먼저 해
야 할 것.

【뜻 풀이】 이 글은 요옹문집(了翁文集)에서 인용한 것이다. 어려서 공부하
는 사람들에게는 우선 착한 것이 어떤 것이고 악한 것이 어떤 것인가를
가르쳐야 한다. 인생을 올바르게 살아가는 사람들이 하는 것은 어떤 일
이며, 못나고 어리석은 사람들이 하는 것은 어떤 일인가를 스스로 구분
할 수 있게 하여, 악함을 버리고 착함으로 나아가게 하는 일이야말로,
어린이들이 무엇보다도 먼저 배워야 할 일이다.

顔子孟子亞聖也 學之雖未至 亦可爲賢人 今學者若能知此 則
안자맹자아성야 학지수미지 역가위현인 금학자약능지차 칙

顔孟之事 我亦可學.
안맹지사 아역가학

言溫而氣和 則顔子之不遷 漸可學矣 過而能悔 又不憚改 則
언온이기화 칙안자지불천 점가학의 과이능회 우불탄개 칙

顔子之不貳 漸可學矣.
안자지불이 점가학의

知埋鬻之戲 不如俎豆 念慈母之愛 至於三遷 自幼至老 不厭
지매육지희 불여조두 염자모지애 지어삼천 자유지로 불염

不改 終始一意 則我之不動心 亦可以如孟子矣.
불개 종시일의 칙아지부동심 역가이여맹자의

"안자와 맹자는 공자 다음가는 성인이다. 배워서 비록 그들에게 이르지는 못할지라도, 또한 어진 사람은 될 수 있으니, 이제 배우는 사람은 만일 능히 이것을 알면, 안자와 맹자의 일을 나도 또한 배워야 할 것이다.

말이 온순하여 기운이 화하면, 안자의 노여움을 옮기지 아니한 것을 점차 배우게 되고, 잘못하고서 능히 뉘우치며 또 고치기를 꺼리지 않으면, 顔子의 두 번 잘못하지 아니함을 점차 배울 수 있게 될 것이다.

매장하고 장사하는 희롱이 예절을 배움만 못함을 알고, 어머니의 사랑이 세 번 이사하기에 이름을 생각하여, 어릴 때부터 늙음에 이르기까지 싫어하지 않고 고치지 아니하여, 처음부터 끝까지 한결같은 뜻을 지니면, 나의 움직이지 않는 마음이 또한 가히 맹자와 같아질 수 있을 것이다."

【글자 뜻】 亞:버금 아. 溫:부드러울 온. 따뜻할 온. 遷:옮길 천. 漸:점점 점. 過:허물 과. 지날 과. 悔:뉘우칠 회. 憚:꺼릴 탄. 貳:두 이. 鬻: 팔 육. 죽 죽. 慈:사랑 자. 厭:싫어할 염.

【말의 뜻】 亞聖:성인 다음가는 성인. 言溫:말이 온순함. 氣和:기운이 화

함. 不遷:노여움을 옮기지 않음. 過而能悔:잘못하고서 능히 후회함.
不憚改:꺼리지 않고 고침. 不貳:잘못은 두 번 저지르지 않음. 埋鬻之
戲:매장하고 장사하는 놀이. 俎豆:예절을 배우는 일. 自幼至老:어릴
때부터 늙을 때까지. 不厭:배움을 싫어하지 않음.

【뜻 풀이】 顔子와 孟子를 孔子 다음가는 성인인 亞聖이라고 말한다. 우
리가 학문과 사람의 도리를 열심히 배우면, 비록 顔子와 孟子 같은 亞
聖에까지는 이르지 못할지라도, 가히 어진 사람이 되어 인생을 그르치
는 일은 없을 것이다. 지금 세상의 배우는 사람들은 만일 이와 같은 진
리를 깨달았으면, 顔子나 孟子와 같이 되는 일을 나도 또한 배울 수 있
는 것이다.
　　말을 부드럽게 하여 기운을 늦추면, 차차로 顔子가 노여움을 옮기지
않는 것을 배울 수 있고, 잘못한 것을 후회하고 거리낌없이 이를 고치
면, 차차로 顔子가 같은 잘못을 두 번 저지르지 않은 것을 배울 수 있
게 될 것이다.
　　또 배우는 사람들이 매장하고 장사하는 놀이가 예절을 배움만 못하
다는 것을 알고, 孟子의 어머니가 세 번 이사한 것을 생각하여 어릴 때
부터 늙어 죽을 때까지 평생 동안 배움을 싫어하지 않고 道를 추구하는
마음을 고치지 않아 한결같은 뜻을 지녀 나간다면, 불의와 악에 움직이
지 않는 내 마음이 가히 孟子와 같아질 수 있을 것이다.

馬援兄子嚴敦 並喜譏議 而通輕俠客 援在交趾 還書誡之曰
마 원 형 자 엄 돈　　병 희 기 의　　이 통 경 협 객　　원 재 교 지　　환 서 계 지 왈

吾欲汝曹 聞人過失 如聞父母之名 耳可得聞 口不可得言也
오 욕 여 조　　문 인 과 실　　여 문 부 모 지 명　　이 가 득 문　　구 불 가 득 언 야

好議論人長短 妄是非政法 此吾所大惡也 寧死 不願聞子孫
호 의 논 인 장 단　　망 시 비 정 법　　차 오 소 대 오 야　　녕 사　　불 원 문 자 손

有此行也.
유 차 행 야

　마원(馬援)의 형의 아들 엄(嚴)과 돈(敦)이 다 같이 헐뜯어 의논하기를 좋아하여 경박하고 놀기를 좋아하는 사람들과 사귀더니, 馬援이 교지(交趾)에서 편지를 보내어 경계하여 말했다.

　"나는 너희들이 다른 사람의 잘못을 듣거든 마치 부모의 이름을 들은 것 같이 하여, 귀로는 얻어 들을지언정 입으로는 말하지 말기를 바란다. 다른 사람의 잘잘못을 의논하기를 좋아하고, 망령되이 정치와 법령이 옳으니 그르니 하는 것, 이것을 나는 크게 싫어하는 바이니, 차라리 죽을지언정 자손이 이와 같은 행실이 있음을 듣기를 원치 아니한다."

【글자 뜻】援:구원할 원. 嚴:엄할 엄. 敦:도타울 돈. 並:아울러 병. 譏:
　헐뜯을 기. 俠:협객 협. 趾:발자취 지. 還:보낼 환. 돌아올 환. 誡:
　경계할 계. 汝:너 여. 曹:무리 조. 妄:망령될 망. 惡:미워할 오. 악할
　악. 寧:차라리 녕. 편안 녕. 願:원할 원.

【말의 뜻】馬援:後漢 光武帝 때의 장군. 譏議:헐뜯어 의논함. 通輕俠客:
　경박하고 놀기 좋아하는 사람들과 사귐. 交趾:지명. 還書誡之:편지를
　보내어 경계함. 汝曹:너희들. 是非政法:정치와 법령에 대하여 옳으니
　그르니 따짐. 大惡(대오):크게 싫어함. 寧~不願~:차라리 ~할지언정
　~하기를 원치 않음.

【뜻 풀이】 이 글은 後漢書에서 인용한 것이다. 馬援은 後漢 光武帝 때 장군
으로 원정하기 위하여 交趾라는 곳에 나아가 있었다. 그런데 조카들인
嚴과 敦이 남을 헐뜯어 말하기를 좋아하고 경박한 무리들과 어울려 지
낸다는 소식을 듣고, 편지를 보내어 조카들을 훈계한 것이다.

　나는 너희들이 다른 사람의 잘못을 들으면, 마치 부모의 이름을 들은
것같이 하여, 귀로는 듣지 않을 수 없지만, 입으로는 절대로 말하지 말
기를 바란다. 남의 잘잘못을 말하기 좋아하고, 망령되이 나라의 정치
나 법령에 대하여 옳고 그름을 따지는 것을 나는 제일 싫어한다. 차라
리 죽을지언정 馬氏 집안의 자손으로서 그와 같은 행실을 한다는 말은
듣기를 바라지 않는다.

龍伯高敦厚周愼 口無擇言 謙約節儉 廉公有威 吾愛之重之
용 백 고 돈 후 주 신　구 무 택 언　겸 약 절 검　염 공 유 위　오 애 지 중 지

願汝曹效之.
원 여 조 효 지

杜季良豪俠好義 憂人之憂 樂人之樂 淸濁無所失 父喪致客
두 계 량 호 협 호 의　우 인 지 우　낙 인 지 락　청 탁 무 소 실　부 상 치 객

數郡畢至 吾愛之重之 不願汝曹效也.
수 군 필 지　오 애 지 중 지 불 원 여 조 효 야

效伯高不得 猶爲謹勅之士 所謂刻鵠不成 尙類鶩者也 效季良
효 백 고 부 득　유 위 근 칙 지 사　소 위 각 곡 불 성　상 류 목 자 야　효 계 량

不得 陷爲天下輕薄子 所謂畵虎不成 反類狗者也.
부 득　함 위 천 하 경 박 자　소 위 화 호 불 성　반 류 구 자 야

　"용백고(龍伯高)는 돈독하고 중후하고 두루 삼가서 입으로 가릴 말이 없
고, 겸손하고 단속하고 절약하고 검소하며, 청렴하고 공평하고 위엄이 있
었으니, 내가 사랑하고 중히 여겨서 너희들이 본받기를 원한다.
　두계량(杜季良)은 호협하고 의리를 좋아하여, 남의 근심을 근심하고 남

의 즐거움을 즐거워하여, 맑고 탁함에 실수하는 바가 없어서, 아버지 상사
에 온 손님이 몇 군의 사람들이 다 이르니, 내가 사랑하고 중히 여기거니
와, 너희들이 본받기를 원치 않는다.

　용백고를 본받다가 얻지 못하더라도 오히려 삼가고 조심하는 선비는 될
것이니, 소위 백조를 새기다가 이루지 못하더라도 오히려 집오리와 비슷
하게는 되거니와, 두계량을 본받다가 얻지 못하면, 빠져서 천하의 경박한
사람이 될 것이니, 소위 호랑이를 그리다가 이루지 못하면 도리어 개와 같
은 것이 된다."

【글자 뜻】 敦:도타울 돈.　厚:두터울 후.　周:두루 주.　愼:삼갈 신.　擇:가
　　릴 택.　謙:겸손할 겸.　約:단속할 약. 줄일 약.　儉:검소할 검.　廉:청렴
　　할 렴.　威:위엄 위.　效:본받을 효.　杜:막을 두.　季:끝 계.　豪:호걸 호.
　　濁:흐릴 탁.　喪:상사 상.　致:이를 치.　畢:마칠 필.　猶:오히려 유.　謹:
　　삼갈 근.　勅:신칙할 칙.　刻:새길 각.　鵠:고니 곡.　尙:오히려 상.　類:
　　같을 류.　鶩:집오리 목.　陷:빠질 함.　薄:얇을 박.　狗:개 구.

【말의 뜻】 龍伯高:이름은 述이고 字는 伯高.　敦厚周愼:독실하고 중후하
　　고 두루 삼감.　口無擇言:실수하는 말이 없어 가릴 말이 없음.　謙約節
　　儉:겸손하고 단속하고 절약하고 검소함.　廉公有威:청렴결백하고 공평
　　무사하고 위엄이 있음.　效之:본받음.　杜季良:이름은 保, 季良은 그의
　　字.　豪俠:호걸스럽고 의협심이 있음.　淸濁無所失:좋은 일이나 궂은일
　　이나 실수하는 일이 없음.　致客:조객이 옴.　畢至:다 모임.　不得(부
　　득):얻지 못함. 이르지 못함.　謹勅之士:삼가고 조심하는 선비.　刻鵠:
　　백조를 새김.　尙類鶩:오히려 집오리와 같음.　輕薄子:경박한 사람.　反
　　類狗:도리어 개와 같이 됨.

【뜻 풀이】 龍伯高는 생활태도가 착실하고 모든 일에 조심하여, 그의 입에
서 나오는 말은 하나도 버릴 것이 없으며, 겸손하게 몸을 단속하고 절약
하고 검소한 생활을 하며, 청렴결백하고 공평무사하고 위엄이 있어 내
가 사랑하고 존중하는 바이니, 너희들이 그를 본받기를 바란다.

한편 杜季良은 호탕하고 의협심이 많으며 의리를 존중하여, 다른 사
람의 근심을 자기 일처럼 근심하고, 다른 사람의 즐거움을 자기 일처럼
즐겁게 생각하여, 좋은 일이거나 궂은일이거나 도무지 실수하는 일이
없어서, 그의 아버지가 돌아갔을 때에는 몇 고을 사람들이 다 와서 조
상을 하였으니, 역시 내가 사랑하고 존중하는 사람이거니와, 너희들은
이 사람을 본받지 말기를 바란다.

龍伯高를 본받으려 하다가 그에게 이르지 못하더라도 삼가고 조심하
는 선비가 될 수는 있으니, 이는 백조를 새기려다가 이루지 못할지라도
집오리는 이룰 수 있기 때문이다. 그러나 杜季良을 본받으려 하다가 그
에 이르지 못하면, 그때는 경박한 사람으로 전락하게 될 것이니, 이는
마치 호랑이를 그리려다 이루지 못하면, 도리어 개가 되기 때문이다.

漢昭烈將終 勅後主曰 勿以惡小而爲之 勿以善小而不爲.
한 소 열 장 종 칙 후 주 왈 물 이 악 소 이 위 지 물 이 선 소 이 불 위

漢나라 소열왕(昭烈王)이 장차 죽음에 後主에게 신칙하여 말했다.
"악함이 작다고 하여 하지 말고, 착함이 작다고 하여 아니 하지 말라."

【글자 뜻】 昭:밝을 소. 烈:매울 열. 勅:신칙할 칙.
【말의 뜻】 漢昭烈:三國時代 蜀漢의 劉備. 字는 玄德. 將終:장차 죽음. 勅:
王이 경계하는 말. 後主:뒤의 임금. 劉備의 아들. 이름은 선(禪).

【뜻 풀이】 三國志로 널리 알려진 劉備는 임종의 자리에서 아들인 後主에게 경계하여 말했다. 악함은 비록 작더라도 하지 말고, 착함은 아무리 작더라도 하도록 하라.

악함은 아무리 작더라도 쌓이면 큰 악이 되고, 착함은 아무리 작더라도 쌓이면 큰 선이 되기 때문이다.

諸葛武侯戒子書曰 君子之行 靜以修身 儉以養德 非澹泊 無
제갈무후계자서왈 군자지행 정이수신 검이양덕 비담박 무
以明志 非寧靜 無以致遠.
이명지 비녕정 무이치원
夫學須靜也 才須學也 非學 無以廣才 非靜 無以成學 慆慢則
부학수정야 재수학야 비학 무이광재 비정 무이성학 도만칙
不能研精 險躁則不能理性 年與時馳 意與歲去 遂成枯落 悲
불능연정 험조칙불능리성 년여시치 의여세거 수성고락 비
歎窮廬 將復何及也.
탄궁려 장부하급야

제갈무후(諸葛武侯)가 아들을 경계하는 편지에서 이렇게 말했다.

"군자의 행실은 안정함으로써 몸을 닦아야 하고, 검소함으로써 덕을 길러야 하거니와, 마음이 담박하지 않으면 뜻을 밝힐 수 없고, 마음이 편안하고 고요하지 않으면 원대함에 이르지 못한다.

대저 배움은 모름지기 고요해야 하고, 재주는 모름지기 배워야 한다. 배우지 아니하면 재주를 넓힐 수 없고, 안정하지 아니하면 배움을 이루지 못하거니와, 거만하고 게으르면 능히 정밀한 도리를 닦지 못하고, 마음이 들뜨면 능히 성품을 다스리지 못한다. 나이는 시간과 더불어 달리고 뜻은 세월과 더불어 가서, 드디어 마르고 떨어짐을 이루어서야 궁한 집에서 슬퍼하고 탄식한들, 장차 다시 어찌 미칠 것인가."

【글자 뜻】 葛:칡 갈. 武:호반 무. 戒:경계할 계. 靜:고요 정. 修:닦을 수.
澹:맑을 담. 泊:담박할 박. 寧:편안 녕. 須:모름지기 수. 慆:거만할
도. 慢:게으를 만. 硏:갈 연. 險:험할 험. 躁:조급할 조. 馳:달릴 치.
枯:마를 고. 窮:궁할 궁. 廬:집 려. 復:다시 부.

【말의 뜻】 諸葛武侯:제갈량(諸葛亮). 字는 孔明, 시호는 忠武. 아들의 이름
은 瞻. 靜以修身:마음을 편안하고 고요하게 가짐으로써 몸을 수양함.
儉以養德:검소한 생활로써 덕을 기름. 澹泊:마음이 깨끗하고 검소함.
明志:뜻을 밝힘. 寧靜:마음이 편안하고 고요함. 致遠:원대함에 이름.
學須靜:배움에는 반드시 마음이 편안하고 고요해야 함. 廣才:재주를
넓힘. 慆慢:거만하고 게으름. 硏精:정묘한 도리를 갈고 닦음. 險躁:
마음이 안정되지 못함. 理性:덕성을 다스림. 年與時馳:나이는 시간과
함께 달림. 意與歲去:뜻은 세월과 함께 사라짐. 枯落:마르고 떨어짐.
悲歎窮廬:가난한 집에서 슬퍼하고 탄식함. 何及:어찌 미치랴.

【뜻 풀이】 제갈량이 자기 아들에게 편지를 보내어 이렇게 훈계했다.

君子는 마음을 편안하고 고요하게 가짐으로써 자기 몸을 닦아야 하고
검소한 생활로써 자기의 덕을 길러야 한다. 검소하지 못하면 물욕이 생
겨 맑은 마음을 잃어 君子로서 뜻을 밝게 지녀 나가지 못하고, 마음의
편안함과 고요함을 잃으면 원대한 사업은 이루지 못한다.

대저 배움에는 반드시 마음이 안정되어야 하고, 재주는 반드시 배워
서 얻어야 하거니와, 만일 배우지 아니하면 재주를 넓힐 수 없고, 마음
이 안정되지 않고서는 배움은 이루지 못한다. 만일 배움을 게을리 하면
정묘한 도리를 깨닫지 못하게 되고, 마음이 안정을 잃어 침착하지 못하
면 올바른 성품을 이루지 못한다. 이리하여 아무것도 이루지 못하는 사
이에, 시간이 흘러 나이를 먹게 되고 배움에 대한 의욕도 해마다 쇠퇴

하여, 마침내 마르고 떨어지는 늙은이가 되어, 가난한 집에서 슬퍼하고 탄식한들 어찌 미칠 수 있겠는가!

이 글은 諸葛武侯集에서 인용한 것이며, 제갈량은 五丈原에서 魏의 장군 사마의(司馬懿)와 대진 중에 54세로 병사했고, 그의 아들 담(瞻)도 魏軍에서 보낸 사신을 목 베고 싸우다가 패하여 죽었다.

柳玭嘗著書 戒子弟曰 壞名災己 辱先喪家 其失尤大者五 宜
유빈상저서 계자제왈 괴명재기 욕선상가 기실우대자오 의

深誌之.
심지지

其一 自求安逸 靡甘澹泊 苟利於己 不恤人言.
기일 자구안일 미감담박 구리어기 불휼인언

其二 不知儒術 不悅古道 懵前經而不恥 論當世而解頤 身旣
기이 불지유술 불열고도 몽전경이불치 논당세이해이 신기

寡知 惡人有學.
과지 오인유학

其三 勝己者厭之 佞己者悅之 唯樂戲談 莫思古道 聞人之善
기삼 승기자염지 녕기자열지 유요희담 막사고도 문인지선

嫉之 聞人之惡揚之 浸漬頗僻 銷刻德義 簪裾徒在 廝養何殊.
질지 문인지악양지 침지파벽 소각덕의 잠거도재 사양하수

其四 崇好優游 耽嗜麴蘖 以啣杯爲高致 以勤事爲俗流 習之
기사 숭호우유 탐기곡얼 이함배위고치 이근사위속류 습지

易荒 覺已難悔.
이황 각이난회

其五 急於名宦 匿近權要 一資半級 雖或得之 衆怒羣猜 鮮有
기오 급어명환 닉근권요 일자반급 수혹득지 중노군시 선유

存者.
존자

余見名門右族 莫不由祖先忠孝勤儉 以成立之 莫不由子孫頑
여견명문우족 막불유조선충효근검 이성립지 막불유자손완

率奢傲 以覆墜之 成立之難如升天 覆墜之易如燎毛 言之痛心
솔사오 이복추지 성립지난여승천 복추지이여료모 언지통심

爾宜刻骨.
이의각골

유빈(柳玭)이 일찍이 글을 지어 자기 자제들을 훈계하여 말했다.

"이름이 무너지고 몸이 재앙을 받아 조상을 욕되게 하고 집안을 망치는
것이, 그 잃음이 더욱 큰 것이 다섯 가지이니, 마땅히 깊이 마음에 새기라.

그 첫째는, 스스로 안일을 구하고 맑고 안정함을 달갑게 여기지 아니하

여, 구차하게 자기에게 이익이 되면 다른 사람의 말을 근심하지 않는 것이다.

그 둘째는, 선비의 일을 알지 못하고 옛날의 도덕을 기뻐하지 아니하여, 옛 성현의 글을 모르되 부끄러워하지 아니하고, 지금 세상을 논하여 크게 웃어, 자기는 이미 아는 것이 적으면서 다른 사람의 학문이 있음을 미워하는 것이다.

그 셋째는, 나보다 나은 사람을 싫어하고 나에게 아첨하는 자를 좋아하여, 오직 희롱하는 말을 좋아하고 옛날 도덕을 생각지 아니하여, 다른 사람의 선함을 들으면 질투하고 다른 사람의 악함을 들으면 떠들어대어, 점점 사악함에 물들어 도덕과 의리를 깎아 해치면, 점잖은 갓과 옷이 헛되이 있은들 종들과 무엇이 다르랴.

그 넷째는, 한가히 노는 것을 숭상하고 좋아하며 술을 몹시 좋아하여, 술잔 마심으로써 높은 풍치라 하고 일에 부지런한 것을 속된 무리라 하거니와, 편하고 거친데 익숙해졌기 때문에, 깨달아도 이미 뉘우치기 어렵다.

그 다섯째는, 이름 있는 벼슬이 급해서 권력자와 요인을 남몰래 가까이 하여 한 자격과 반 등급을 비록 혹시 얻을지라도, 여러 사람이 성내고 시기하여 보존하는 자가 드물다.

내가 이름난 귀족들을 보니, 조상들의 충성과 효도와 근면과 검소에 말미암지 않고서 이루어진 것이 없고, 자손들의 완악하고 경솔하고 사치하고 거만함에 말미암지 않고서 집안이 엎어지고 명예가 엎어짐이 없거니와, 이루어 세우기 어려움은 하늘에 오르는 것 같고 엎어지고 떨어지기 쉬움은 터럭을 불사르는 것 같다. 말을 함에 마음이 아프니, 너희는 마땅히 뼈에 새기라."

【글자 뜻】 玭:진주 빈. 著:지을 저. 壞:무너질 괴. 辱:욕될 욕. 喪:잃을

상. 상사 상. 尤:더욱 우. 誌:기록할 지. 逸:편안 일. 靡:아닐 미. 苟:
구차할 구. 진실로 구. 恤:근심할 휼. 術:재주 술. 悅:기쁠 열. 懵:무
지할 몽. 頤:입가 이. 寡:적을 과. 勝:나을 승. 이길 승. 厭:싫어할 염.
佞:아첨할 녕. 嫉:질투할 질. 浸:잠길 침. 漬:물들 치. 頗:치우칠 파.
僻:치우칠 벽. 銷:깎을 소. 刻:해할 각. 새길 각. 簪:갓 잠. 비녀 잠.
裾:좋은옷 거. 徒:헛될 도. 무리 도. 厮:종 시. 殊:다를 수. 崇:숭상
할 숭. 耽:빠질 탐. 嗜:즐길 기. 麯:누룩 곡. 蘗:싹 얼. 啣:머금을 함.
荒:거칠 황. 宦:벼슬 환. 匿:숨길 닉. 資:지위 자. 바탕 자. 級:등급
급. 羣:무리 군. 猜:시기할 시. 鮮:드물 선. 고울 선. 余:나 여. 率:
경솔할 솔. 거느릴 솔. 奢:사치 사. 傲:거만할 오. 覆:엎어질 복. 墜:
떨어질 추. 升:오를 승. 되 승. 燎:불놓을 료. 痛:아플 통. 爾:너 이.

【말의 뜻】 柳玭:唐나라 때 名門의 자손. 字는 直淸. 壞名災己:집안의 이름
을 무너뜨리고 자신이 재앙을 받음. 辱先喪家:조상을 욕되게 하고 家
門을 잃음. 尤大者:더욱 큰 것. 誌之:기록함. 명심함. 靡甘澹泊:마음
이 맑아 욕심이 없음을 달갑게 생각하지 않음. 不恤:근심하지 않음. 꺼
리지 않음. 儒術:선비의 도리. 懵前經:옛날 성현의 글을 모름. 解頤:
입을 벌리고 웃음. 惡人有學:다른 사람의 학문 있음을 미워함. 勝己
者:나보다 나은 사람. 佞己者:나에게 아첨하는 사람. 樂戲談(요희담):
희롱하는 말을 좋아함. 揚之:떠들어댐. 浸漬頗僻:점점 한쪽으로 치우
쳐 악에 물듦. 銷刻德義:덕과 의리를 깎아 해침. 簪裾:좋은 갓과 옷.
厮養:종과 가축을 기르는 사람. 종. 優游:한가하게 놂. 耽嗜:몹시 좋
아함. 麯蘗:술. 누룩. 啣杯:술잔을 마심. 高致:고상한 풍치. 俗流:저
속한 사람. 習之易荒:편안하고 거친데 익숙함. 覺已難悔:깨달아도 이
미 뉘우치기 어려움. 名宦:이름 있는 벼슬. 匿近權要:남몰래 권력자와
요인에게 접근함. 一資半級:벼슬의 한 자리와 반 등급. 衆怒羣猜:많은

사람들이 화내고 시기함. 鮮有存:보존하기가 어려움. 右族:귀족. 莫
不由~:~에 말미암지 않음이 없음. 다 ~에 말미암음. 頑率奢傲:완악
함과 경솔함과 사치와 거만함. 覆墜:가문을 엎고 이름이 땅에 떨어짐.
升天:하늘에 오름. 燎毛:터럭을 불태움. 痛心:마음이 아픔. 刻骨:뼈
에 새김. 깊이 명심함.

【뜻 풀이】 柳玭의 집안은 대대로 이름난 집안이요 귀족이었다. 그래서 그
名門을 유지해 나가기가 얼마나 어려운가를 글로 지어 자제들을 훈계한
것이다. 이 이후로 이 글은 柳氏家門의 家訓이 되었다고 한다.

집안의 명예를 허물고 자신이 재앙을 받아, 조상을 욕되게 하고 家
門을 잃게 하는 것에 더욱 큰 것이 다섯 가지가 있으니, 너희들은 마땅
히 마음에 깊이 새겨 두기 바란다.

첫째로, 부지런히 일하고 검소한 생활을 하지 않고서, 안일한 것만을
구하고 마음이 맑고 깨끗한 것을 싫어하여, 나에게 이익이 되면 다른 사
람들의 욕을 먹어도 행하는 일이 있어서는 안 된다.

둘째로, 선비의 도리를 알지 못하고 옛날 성현들이 만들어 놓으신 올
바른 도리를 좋아하지 아니하여, 성현들의 글을 모르면서도 부끄러워
할 줄 모르고, 지금 세상의 옳고 그름을 말하기를 좋아하여 남의 비웃
음을 사며, 자기는 아는 것이 없으면서 다른 사람의 학식 있는 것을 미
워하는 일이 있어서는 안 된다.

셋째로, 나보다 나은 사람을 싫어하고, 나에게 아첨하는 사람을 좋아
하여, 오직 희롱하는 얘기를 좋아하고 옛날 성현들이 세우신 올바른 법
도를 생각하지 아니하여, 다른 사람의 선행을 들으면 이를 시기하고,
다른 사람의 악행을 들으면 이를 만나는 사람마다 지껄여대어, 점점 치
우쳐 악에 물들어 올바른 도덕과 의리를 깎아내리고 해친다면, 아무리

좋은 의관을 차려입고 다닐지라도 종이나 가축을 기르는 무식한 사람들과 무엇이 다르랴.

넷째로, 하는 일 없이 놀기만을 좋아하고 술과 여색을 즐기어, 술 마시며 즐겁게 노는 것을 고상한 사람의 정취로 알고, 부지런히 일하는 것을 저속한 사람들의 하는 일로 알거니와, 이렇게 되면 안이하고 방탕한 생활이 습관이 되어, 그 습관을 뉘우치고 고치기는 어려워진다. 너희들은 이런 방탕한 생활에 빠져서는 안 된다.

다섯째로, 성현들이 세워 놓으신 학문과 덕행은 닦지 않고서도 이름 있는 벼슬자리가 탐이 나서, 남몰래 권세 있는 사람과 요로에 있는 사람에게 접근하여, 설사 벼슬 한 자리를 얻을지라도, 다른 사람들이 화를 내고 시기하여 그 지위를 오래 보존하지 못하고 잃고 말거니와, 너희들은 이런 일을 해서는 안 된다.

내가 名門과 귀족들을 살펴보니, 그 조상들이 나라에 충성하고 부모에게 효도하며, 부지런히 일하고 검소한 생활로 절약하여 名門과 귀족의 집안을 이룩한 것이다. 그런데 그 집안이 망할 때는 자손들이 완악하고 경솔하며, 사치하고 방탕한 생활을 하며 태도가 거만하여, 조상이 쌓아올린 家門을 엎어버리고 명예를 땅에 떨어지게 하기 때문이다. 名門과 귀족을 이룩하기는 하늘에 오르는 것과 같이 어렵고, 집안을 엎어버리고 명예가 땅에 떨어지게 하는 것은 깃털을 불사르는 것처럼 쉬운 일이다. 이와 같은 일을 생각하면 마음이 아프거니와, 너희들은 마땅히 이와 같은 사실을 마음에 깊이 새겨 잘못되는 일이 없도록 하기를 바란다.

이 글은 柳氏家訓에서 인용한 것이다.

康節邵先生戒子孫曰 上品之人 不敎而善 中品之人 敎而後善
강 절 소 선 생 계 자 손 왈 상 품 지 인 불 교 이 선 중 품 지 인 교 이 후 선

下品之人 敎亦不善 不敎而善 非聖而何 敎而後善 非賢而何
하 품 지 인 교 역 불 선 불 교 이 선 비 성 이 하 교 이 후 선 비 현 이 하

敎亦不善 非愚而何.
교 역 불 선 비 우 이 하

是知善也者 吉之謂也 不善也者 凶之謂也.
시 지 선 야 자 길 지 위 야 불 선 야 자 흉 지 위 야

강절 소선생이 자손을 경계하여 이렇게 말했다.

"상품의 사람은 가르치지 않아도 착하고, 중품의 사람은 가르친 뒤에라
야 착하고, 하품의 사람은 가르쳐도 역시 착하지 못하다. 가르치지 않아도
착한 것은 성인이 아니고 무엇이며, 가르친 뒤에라야 착한 것은 어진 사람
이 아니고 무엇이며, 가르쳐도 역시 착하지 못한 것은 어리석은 사람이 아
니고 무엇이겠느냐?

이것으로 착하다는 것은 길함을 이르는 것이고, 착하지 못하다는 것은
흉함을 이르는 것임을 알겠다."

【글자 뜻】 康:편안 강. 邵:성 소. 吉:길할 길. 凶:흉할 흉.

【말의 뜻】 康節邵先生:宋나라 학자. 이름은 소옹(邵雍), 字는 堯夫, 康節은
시호. 上品:상등. 不敎而善:가르치지 않아도 착함. 敎亦不善:가르쳐
도 역시 악함. 非聖而何:성인이 아니고 무엇인가. 是知~:이것으로 ~
함을 알 수 있음. 善也者:착하다는 것. 吉之謂:길한 것을 이름.

【뜻 풀이】 이 글은 황극경세서(皇極經世書)에서 인용한 것이다. 康節先
生은 가난한 속에서도 부모를 잘 봉양하고, 학문과 덕이 높아 많은 사
람들의 존경을 받았다. 사람은 크게 나누면 上·中·下로 구분할 수 있

다. 上品의 사람은 가르치지 않아도 마음이 착하고 행실이 올바르게 마련이니, 이는 곧 성인들이 이에 속한다. 그리고 中品의 사람은 가르침을 받은 뒤에라야 마음이 착하고 행실이 올바르게 되거니와, 보통 사람들이 이에 속한다. 또 下品의 사람은 가르침을 받을지라도 마음이 악하고 행실이 올바르지 못하거니와, 어리석고 악한 사람들이 이에 속한다.

이와 같이 착함은 성현들이 행하는 것이고, 악함은 어리석고 악한 사람이 행하는 것이니, 이로 미루어 보면 착함은 곧 길한 일이고 악함은 곧 흉한 일이란 것을 알 수 있다.

吉也者 目不觀非禮之色 耳不聽非禮之聲 口不道非禮之言 足
길 야 자 목 불 관 비 례 지 색 이 불 청 비 례 지 성 구 불 도 비 례 지 언 족

不踐非禮之地 人非善不交 物非義不取 親賢如就芝蘭 避惡如
불 천 비 례 지 지 인 비 선 불 교 물 비 의 불 취 친 현 여 취 지 란 피 악 여

畏蛇蝎 或曰 不謂之吉人 則吾不信也.
외 사 갈 혹 왈 불 위 지 길 인 즉 오 불 신 야

"길하다는 것은 눈으로 예가 아닌 빛을 보지 아니하며, 귀로 예가 아닌 소리를 듣지 아니하고, 입으로 예가 아닌 말을 하지 아니하며, 발로 예가 아닌 땅을 밟지 아니하여, 사람이 착하지 않으면 사귀지 아니하고, 물건이 의리가 아니면 취하지 아니하며, 어진 사람과 친하기를 지초와 난초에 나아감 같이 하고, 악한 것 피하기를 뱀과 전갈을 두려워하는 것같이 하면, 혹 말하기를 길한 사람이라고 이르지 않더라도, 곧 나는 믿지 않을 것이다."

【글자 뜻】 觀:볼 관. 道:이를 도. 길 도. 踐:밟을 천. 就:나아갈 취. 芝: 지초 지. 避:피할 피. 蛇:뱀 사. 蝎:전갈 갈.

【말의 뜻】 不觀:보지 않음. 非禮之色:예가 아닌 빛. 不道:말하지 않음.
不踐:밟지 않음. 非善不交:착하지 않으면 사귀지 않음. 非義不取:옳지
않으면 취하지 않음. 親賢:어진 사람을 가까이 친함. 芝蘭:지초와 난
초. 향기가 그윽함. 避惡:악한 것을 피함. 蛇蝎:뱀과 전갈. 독을 지니
고 있음. 不謂:말하지 않음.

【뜻 풀이】 길하다는 것은 무엇인가? 눈으로 예절에서 벗어난 빛을 보지 않
고, 귀로는 예절에서 벗어난 소리를 듣지 않고, 입으로는 예절에서 벗
어난 말을 하지 않고, 예절에서 벗어난 땅에는 발을 들여놓지 않는 것이
이다. 또 착한 사람이 아니면 사귀지 않고, 정당한 도리가 아닌 물건은
취하지 말아야 한다. 어진 사람과 친하기를 향기가 그윽한 지초와 난
초가 있는 방에 들어간 것같이 하고, 악한 것 피하기를 마치 독을 지닌
뱀이나 전갈을 두려워하는 것같이 해야 한다. 이와 같이 실천하기만 하
면, 비록 다른 사람들이 길한 사람이라고 말하지 않더라도, 나는 그 말
을 믿지 않겠다.

凶也者 語言詭譎 動止陰險 好利飾非 貪淫樂禍 疾良善如讐
흉야자 어언궤휼 동지음험 호리식비 탐음낙화 질양선여수
隙 犯刑憲如飮食 小則隕身滅性 大則覆宗絕嗣 或曰不謂之凶
극 범형헌여음식 소즉운신멸성 대즉복종절사 혹왈불위지흉
人 則吾不信也.
인 즉오불신야

"흉하다는 것은 말을 속여 거짓말을 하고, 움직이고 멈춤이 음흉하고 험
악하며, 이득을 좋아하여 그름을 꾸미고, 탐욕스럽고 음탕하여 재앙을 즐
거워하여, 어질고 착한 것 미워하기를 원수와 같이 하며, 형벌과 법 범하기

를 음식과 같이 하여, 작으면 몸을 떨어뜨리고 천성을 멸하며, 크면 집안을 엎어뜨리고 자손이 끊어지거니와, 어떤 사람이 흉한 사람이라고 이르지 않더라도, 곧 나는 믿지 않을 것이다."

【글자 뜻】詭:속일 궤. 譎:속일 휼. 飾:꾸밀 식. 非:그를 비. 아닐 비. 淫:음탕할 음. 疾:미워할 질. 병 질. 讐:원수 수. 隙:원수 극. 틈 극. 犯:범할 범. 刑:형벌 형. 憲:법 헌. 隕:떨어질 운. 滅:멸할 멸. 覆:엎어질 복. 宗:마루 종. 嗣:이을 사.

【말의 뜻】詭譎:속여 거짓말을 함. 動止:행동. 陰險:음흉하고 험악함. 好利飾非:이득을 좋아하여 거짓을 꾸밈. 貪淫樂禍:탐욕스럽고 음탕하여 재앙을 즐겨함. 疾良善:어질고 착한 것을 미워함. 讐隙:원수. 犯刑憲:형법과 법령을 어김. 隕身滅性:몸을 망치고 천성을 멸함. 覆宗絶嗣:집안을 뒤엎고 후손을 끊어놓음.

【뜻 풀이】흉한 것이란 무엇인가? 말이 간사하여 남을 잘 속이고, 행동이 음흉스럽고 험악하며, 부당한 재물을 좋아하여 거짓 꾸미기를 잘하고, 탐욕스럽고 음탕한 생활을 좋아하여 재앙을 불러들인다. 또 어질고 착한 것을 원수처럼 미워하고, 형벌과 법령을 식은 죽 먹듯이 어긴다. 이리하여 작으면 착한 천성을 잃어 몸을 망치고, 크면 집안을 망치고 자손의 앞길을 끊어놓는다. 이렇게 되면 비록 다른 사람들은 그를 흉한 사람이 아니라고 말할지라도, 나는 그것을 믿지 않겠다.

傳有之 曰吉人爲善 惟日不足 凶人爲不善 亦惟日不足 汝等
전유지 왈길인위선 유일부족 흉인위불선 역유일부족 여등

欲爲吉人乎 欲爲凶人乎.
욕위길인호 욕위흉인호

"전하여지는 말에 이르기를, '길한 사람은 선을 행하되 오직 날이 부족하거늘, 흉한 사람은 악한 일을 하되 역시 오직 날이 부족하다.' 하였으니, 너희들은 길한 사람이 되고자 하는가, 흉한 사람이 되고자 하는가?"

【글자 뜻】 傳:전할 전. 惟:오직 유. 汝:너 여.

【말의 뜻】 傳:書經 泰哲篇. 爲善惟日不足:착한 일을 다하기에 는 날이 모자람. 欲爲吉人乎:길한 사람이 되려고 하느냐?

【뜻 풀이】 전해지는 말에, "길한 사람은 착한 일을 행하되 오히려 날이 모자란다고 하는데, 흉한 사람은 악한 일을 행하되 역시 날이 모자란다."고 하거니와, 너희들은 착한 마음을 지니고 올바른 행실을 해 길한 사람이 되겠느냐, 아니면 악한 마음을 지니고 악한 행실을 하여 흉한 사람이 되겠느냐? 나는 너희들이 길한 사람이 되도록 노력하기를 바란다.

節孝徐先生訓學者曰 諸君欲爲君子 而使勞己之力 費己之財
절효서선생훈학자왈 제군욕위군자 이사노기지력 비기지재

如此而不爲君子猶可也 不勞己之力 不費己之財 諸君何不爲
여차이불위군자유가야 불노기지력 불비기지재 제군하불위

君子 鄕人賤之 父母惡之 如此而不爲君子猶可也 父母欲之
군자 향인천지 부모오지 여차이불위군자유가야 부모욕지

鄕人榮之 諸君何不爲君子.
향인영지 제군하불위군자

又曰 言其所善 行其所善 思其所善 如此而不爲君子未之有也
우왈 언기소선 행기소선 사기소선 여차이불위군자미지유야

言其不善 行其不善 思其不善 如此而不爲小人未之有也.
언기불선 행기불선 사기불선 여차이불위소인미지유야

절효(節孝) 서선생이 배우는 사람들을 훈계하여 이렇게 말했다.

"제군이 군자가 되고자 하여 몸의 힘을 수고롭게 하고 자기의 재물을 허비한다면, 이와 같아서 君子가 되지 않는 것은 오히려 가하거니와, 몸의 힘을 수고롭게 하지 아니하고 자기의 재물을 허비하지 아니하거늘, 제군은 어찌 군자가 되지 아니하겠는가? 마을 사람들이 천하게 여기고 부모가 싫어하신다면, 이와 같아서 군자가 되지 않는 것은 오히려 가하거니와, 부모가 바라시고 마을 사람들이 영광으로 생각하거늘, 제군은 어찌 군자가 되지 않겠는가?"

그는 또 이렇게 말했다.

"그 착한 것을 말하고, 그 착한 것을 행하며, 그 착한 것을 생각한다면, 이와 같이 하고서도 군자가 되지 못한 일은 이제까지 없었고, 그 악한 것을 말하고, 그 악한 것을 행하며, 그 악한 것을 생각한다면, 이와 같이 하고서도 소인이 되지 아니한 것은 이제까지 없었다."

【글자 뜻】 訓:가르칠 훈. 諸:모두 제. 使:하여금 사. 勞:수고로울 로. 費:쓸 비. 猶:오히려 유. 鄕:마을 향. 시골 향. 賤:천할 천. 惡:미워할 오. 악할 악. 榮:영화 영.

【말의 뜻】 節孝徐先生:宋나라 학자. 이름은 서적(徐積), 節孝는 그의 시호. 訓學者:배우는 사람들을 훈계함. 勞己之力:자기의 힘을 들여 일함. 鄕人:마을 사람들. 惡之:싫어함. 미워함. 言其所善:그 착한 것을 말함. 未之有也:이제까지 없었음.

【뜻 풀이】 이 글은 呂氏童蒙訓에서 인용한 것이다. 節孝 先生은 세 살 때 아버지가 돌아가고, 어머니를 극진한 효성으로 봉양했다고 한다. 이 글은 그가 제자들을 훈계하여 한 말이다.

제군들이 君子가 되고자 하는데, 애써 몸의 힘을 들여 수고해야 하고, 또 재산을 낭비해야 한다면 君子가 되지 않아도 좋다. 그러나 몸의 힘으로 수고하는 것이 아니고, 또 재산을 낭비해야 하는 것도 아니니, 어찌 君子가 되지 않을 수 있으랴! 마을 사람들이 천하게 여기고 부모가 싫어하신다면, 君子가 되지 않아도 좋다. 그러나 부모가 그대들이 君子가 되기를 바라시고, 마을 사람들도 영광으로 생각하는데, 어찌 君子가 되지 않을 수 있겠는가?

　君子가 되는 것은 누구나 마음만 먹으면 할 수 있는 일이다. 착한 말을 하고, 착한 행동을 하며, 착한 생각을 하는 것, 이 세 가지를 실천하면 누구나 君子가 될 수 있다. 그러나 악한 말을 하고, 악한 행동을 하고, 악한 것을 생각한다면, 누구나 小人이 되는 것이다.

胡文定公與子書曰 立志以明道希文 自期待 立心以忠信不欺
호 문 정 공 여 자 서 왈　입 지 이 명 도 희 문　자 기 대　입 심 이 충 신 불 기
爲主本 行己以端莊淸愼 見操執 臨事以明敏果斷 辨是非 又
위 주 본　행 기 이 단 장 청 신　견 조 집　임 사 이 명 민 과 단　변 시 비　우
謹三尺 考求立法之意 而操縱之 斯可爲政 不在人後矣.
근 삼 척　고 구 입 법 지 의　이 조 종 지　사 가 위 정　부 재 인 후 의

호문정공(胡文定公)이 아들에게 준 편지에서 이렇게 말했다.

"뜻을 세우기를 정명도(程明道)와 범희문(范希文)으로써 스스로 기약하여 기다리고, 마음 세우기를 성실하고 신의를 지키어 속이지 않는 것으로써 주된 근본으로 삼고, 몸 행하기를 단정하고 엄숙하고 맑고 삼감으로써 잡을 데를 보고, 일에 임하여서는 밝고 민첩하고 과감하고 결단으로써 옳고 그름을 분별하고, 또 법령을 삼가서 법을 세운 뜻을 생각하고 구하여 잡고 세우면, 이것이 정사를 함이 다른 사람의 뒤에 있지 않게 될 것이다."

【글자 뜻】胡:성 호. 오랑캐 호. 希:바랄 희. 期:기약할 기. 欺:속일 기.
端:단정할 단. 끝 단. 莊:엄숙할 장. 씩씩할 장. 操:잡을 조. 執:잡
을 집. 敏:민첩할 민. 斷:끊을 단. 辨:분별할 변. 是:옳을 시. 이 시.
非:그를 비. 아닐 비. 謹:삼갈 근. 考:생각 고. 縱:세울 종. 세로 종.
斯:이 사.

【말의 뜻】胡文定公:宋나라의 학자인 胡安國. 文定은 그의 시호. 明道:明
道 先生. 希文:범중엄(范仲淹). 그의 자는 希文이고, 文正公의 시호를
받음. 忠信:성실과 신의. 主本:주된 근본. 端莊:단정하고 엄숙함. 淸
愼:청렴결백하고 삼감. 操執:잡고 지킴. 明敏:밝고 민첩함. 果斷:빨
리 처리함. 三尺:법령. 옛날에는 三尺 되는 대쪽에 법령을 썼음. 操縱:
조종함. 인정에 따라 너그럽고 엄하게 다스림.

【뜻 풀이】 이 글은 胡氏家錄에서 인용한 것이다. 뜻 세우기를 程明道와 范
希文과 같이 하라. 明道 先生은 14,5세 때 이미 성인이 되려고 뜻을 세
웠다고 한다. 또 范希文은 재주가 뛰어나고 부귀와 공명에 조금도 마음
을 움직이지 않았다고 한다.

　　마음 세우기를 성실과 신의와 마음을 속이지 않는 것으로 근본을 삼
으라. 마음은 몸의 주인이다. 언제나 성실과 신의를 지키어 남은 물론
내 마음까지 속이는 일이 있어서는 안 된다.

　　행실을 언제나 단정하고 엄숙하고 청렴결백하고 조심하는 것으로 지
키라. 몸가짐은 언제나 단정하고 엄숙해야 하며, 마음은 언제나 청렴결
백하고 매사에 조심해야 한다.

　　일은 밝고 빠르게 옳고 그름을 분별하여 처리하라. 관리는 언제나 일
을 공명정대하고 공평무사하게 처리하되, 옳고 그름을 분별하여 빨리
처리해야 한다.

그리고 법령을 조심하여 그 법령을 만들어낸 뜻을 깊이 생각하여, 처지에 따라 때로는 관대하게, 또 때로는 엄격하게 다스려야 한다. 이상과 같이 하면, 백성을 다스려 나감에 결코 다른 사람에게 뒤떨어지는 일이 없을 것이다.

司馬溫公曰 凡諸卑幼 事無大小 毋得專行 必咨稟於家長.
사 마 온 공 왈 범 제 비 유 사 무 대 소 무 득 전 행 필 자 품 어 가 장

사마온공(司馬溫公)이 이렇게 말했다.

"모든 손아랫사람과 어린이들은 일의 크고 작음을 막론하고 내 마음대로 행하지 말고, 반드시 집안 어른에게 여쭈어 보고 해야 한다."

【글자 뜻】司:맡을 사. 凡:무릇 범. 諸:모두 제. 卑:낮을 비. 毋:말 무. 咨:아뢸 자. 稟:여쭐 품.

【말의 뜻】司馬溫公:宋나라 학자로 이름은 司馬光, 字는 君實. 溫國公에 봉해졌기 때문에 溫公이라고 함. 시호는 文正公. 資治通鑑 354권을 지음. 卑幼:손아랫사람과 미성년자. 專行:자기 마음대로 행함. 咨稟:어른에게 여쭈어 봄.

【뜻 풀이】이 글은 온공거가잡록(溫公居家雜錄)에서 인용한 것이다. 모든 손아랫사람과 미성년자들은 마땅히 큰일이거나 작은 일이거나 자기 마음대로 처리하지 말고, 반드시 집안 어른들께 여쭈어 보고서 처리해야 한다.

横渠先生曰 舜之事親 有不悅者 爲父頑母嚚 不近人情 若中
횡거선생왈 순지사친 유불열자 위부완모은 불근인정 약중

人之性 其愛惡若無害理 必姑順之.
인지성 기애오약무해리 필고순지

若親之故舊所喜 當極力招致 賓客之奉 當極力營辨 務以悅親
약친지고구소희 당극역초치 빈객지봉 당극역영변 무이열친

爲事 不可計家之有無 然又須使之不知其勉强勞苦 苟使見其
위사 불가계가지유무 연우수사지불지기면강로고 구사견기

爲而不易 則亦不安矣.
위이불이 즉역불안의

횡거선생(橫渠先生)이 이렇게 말했다.

"舜임금이 부모를 섬김에 기뻐하지 않음이 있는 것은, 아버지는 완악하고 어머니는 사나워 인정에 가깝지 않기 때문이었으니, 만일 보통 사람의 성품이 그 사랑하고 미워함이 도리를 해침이 없으면, 반드시 아직 순종해야 한다.

만일 부모의 옛 친구들 중 기뻐하시는 것 같은 분들은 마땅히 힘을 다해서 불러 모시며, 손님 받들기를 마땅히 힘을 다해서 장만하여, 힘써 부모를 기쁘게 해 드림을 일삼아야 하며, 집안 살림의 있고 없음을 헤아려서는 안 된다. 그러나 또 모름지기 그 억지로 힘써서 수고함을 부모에게 아시지 못하게 해야 하거니와, 진실로 부모로 하여금 그 함이 쉽지 않음을 보시게 하면, 곧 또한 편안치 않을 것이다."

【글자 뜻】 悅:기쁠 열. 惡:미워할 오. 악할 악. 害:해할 해. 姑:아직 고.
시어머니 고. 故:예 고. 연고 고. 舊:예 구. 極:극진할 극. 招:부를
초. 賓:손 빈. 營:경영 영. 務:힘쓸 무. 勉:힘쓸 면. 苟:진실로 구.
【말의 뜻】 不悅:기뻐하지 않음. 不近人情:인정에 가깝지 않음. 中人:중간
정도의 보통 사람. 愛惡:사랑하고 미워함. 害理:도리를 해침. 故舊:

오래 사귄 친구. 招致:불러오게 함. 營辨:장만함. 悅親爲事:부모 기쁘
게 하는 것을 일로 삼음. 不可計:헤아려서는 안 됨. 勉强:억지로 힘씀.

【뜻 풀이】 이 글은 횡거잡설(橫渠雜說)에서 인용한 것이다. 舜임금이 부모
를 섬기면서 기뻐하지 않은 것은 아버지가 완악하고 어머니가 사나워서
인정에 가깝지 않았기 때문이었다. 그러나 중간 정도의 보통 부모가 자
식을 사랑하고 미워하심이 도리에서 어긋나지 않는 경우라면, 자식은
마땅히 이에 순종해야 한다.

　　부모의 오래 사귀신 친구로 부모가 좋아하시는 어른이라면, 마땅히
힘을 다해서 불러오시게 해야 하고, 집에 찾아오는 손님 대접하기를 힘
을 다하여 음식을 장만함으로써 부모를 기쁘게 해드리도록 노력하여,
집안 형편의 있고 없음을 헤아려서는 안 된다. 한편 부모에게는 자신이
억지로 수고하여 음식 장만함을 모르시도록 해야 하거니와, 만일 이것
을 부모가 아시면 부모의 마음이 편치 못하기 때문이다.

橫渠先生嘗曰 事親奉祭 豈可使人爲之.
횡 거 선 생 상 왈　사 친 봉 제　기 가 사 인 위 지

　　횡거 선생(橫渠先生)이 일찍이 이렇게 말했다.
　　"부모를 섬기고 제사 받드는 일을 어찌 사람을 시켜서 할 수 있으랴."

【글자 뜻】 祭:제사 제. 豈:어찌 기.
【말의 뜻】 事親奉祭:부모를 섬기는 일과 제사를 받드는 일. 使人爲之:사
　람을 시켜서 함.

【뜻 풀이】 이 글은 횡거어록(橫渠語錄)에서 인용한 것이다. 부모를 섬기는
일이나 조상의 제사를 받드는 일은 몸소 직접 해야 한다. 만일 다른 사
람을 시켜서 그 일을 대신하게 한다면, 그만큼 부모를 섬기는 효성과 조
상을 위하는 마음이 줄어들기 때문이다.

顏氏家訓曰 吾家巫覡符章 絶於言議 汝曹所見 勿爲妖妄.
안 씨 가 훈 왈 오 가 무 격 부 장 절 어 언 의 여 조 소 견 물 위 요 망

안씨가훈(顏氏家訓)에서 이렇게 말했다.
"우리 집안에서 무당과 부적을 말과 의논해서 끊은 것은 너희들이 보는
바이니, 요망한 짓을 하지 말라."

【글자 뜻】 巫:무당 무. 覡:박수 격. 符:부적 부. 章:글 장. 議:의논 의.
妖:요망할 요. 妄:망령될 망.

【말의 뜻】 顏氏家訓:齊나라 때 안지추(顏之推)가 엮은 20편으로 된 顏氏
집안의 家訓. 巫覡:무당과 박수. 巫는 여자 무당이고 覡은 남자 무당.
符章:부적. 絶於言議:말하지 못하게 함. 勿爲妖妄:요망한 짓을 하지
말라.

【뜻 풀이】 顏氏 집안에서는 家訓으로 무당이나 부적을 엄금하고 있으므로
이것은 너희들이 모두 아는 바이거니와, 앞으로도 결코 이와 같은 요망
한 짓은 하지 말라.

伊川先生曰 人無父母 生日當倍悲痛 更安忍置酒張樂 以爲樂
이 천 선 생 왈 인 무 부 모 생 일 당 배 비 통 갱 안 인 치 주 장 악 이 위 락

若具慶者 可矣.
약 구 경 자 가 의

이천 선생(伊川先生)이 이렇게 말했다.

"사람이 부모가 안 계시면 생일날에 마땅히 배나 슬프고 마음 아플 것이
니, 다시 어찌 차마 술을 놓고 풍악을 벌려 써 즐겁게 할 수 있으랴. 만일
부모가 모두 살아 계신 사람은 그래도 된다."

【글자 뜻】倍:갑절 배. 痛:아플 통. 更:다시 갱. 安:어찌 안. 편안 안.
忍:참을 인. 置:둘 치. 張:베풀 장. 樂:풍류 악. 즐거울 락. 具:갖출
구. 慶:경사 경.

【말의 뜻】無父母:부모가 돌아가 계시지 않음. 倍悲痛:배나 비통함. 更
安忍:다시 어찌 차마. 置酒張樂(치주장악):술을 놓고 음악을 베풂. 具
慶:부모가 다 살아 계심.

【뜻 풀이】이 글은 二程遺書에서 인용한 것이다. 사람의 생일날은 어머니
가 나를 낳아 주신 날이다. 부모가 나를 낳아 주시고 길러 주시느라고
고생하신 것을 생각하면, 마땅히 비통함이 배나 더해진다. 그러므로 생
일날에 부모가 돌아가 계시지 않을 때에는 술을 마시고 음악을 연주하
여 즐거움을 돋울 수 없는 것이다. 그러나 부모가 살아 계신 사람은 술
과 음악을 즐겨도 무방하다.

呂氏童蒙訓曰 事君如事親 事官長如事兄 與同僚如家人 待羣
여씨동몽훈왈 사군여사친 사관장여사형 여동료여가인 대군

吏如奴僕 愛百姓如妻子 處官事如家事 然後能盡吾之心 如有
리여노복 애백성여처자 처관사여가사 연후능진오지심 여유

毫末不至 皆吾心有所未盡也.
호 말 불 지 개 오 심 유 소 미 진 야

여씨(呂氏) 집안의 어린이를 훈계한 글(呂氏童蒙訓)에서 이렇게 말했다.
"임금 섬기기를 부모 섬기듯 하고, 상관 섬기기를 형 섬기듯 하며, 동료
와 사귀기를 가족과 같이 하고, 여러 아전 대접하기를 종과 같이 하고, 백
성 사랑하기를 내 처자와 같이 하고, 관청의 일을 내 집 일같이 처리한 뒤
에라야 능히 내 마음을 다한 것이니, 만일 털끝만치라도 이르지 못한 것이
있으면, 다 내 마음을 다하지 못한 것이 있기 때문이다.

【글자 뜻】 呂:성 려. 蒙:어릴 몽. 僚:동료 료. 奴:종 노. 僕:종 복. 毫:
터럭 호. 末:끝 말.

【말의 뜻】 呂氏童蒙訓:宋나라 때 呂本中이 엮은 것으로 모두 3권. 呂本
中은 대대로 名門인 집안에 태어나 재상을 지냄. 官長:관청의 상관. 羣
吏:부하 관리들. 毫末:터럭 끝.

【뜻 풀이】 부모를 섬기는 마음으로 임금을 섬기고, 형을 섬기는 마음으로
상관을 섬기며, 동료들과는 가족을 대하듯이 사귀고, 부하들은 내 집 하
인들과 같이 사랑하며, 처자를 사랑하는 마음으로 백성을 사랑하고, 관
청 일을 내 집 일같이 처리하라. 이렇게 한 뒤에라야 비로소 내 마음을
다했다 할 수 있다. 만일 조금이라도 미치지 못한 데가 있으면, 이것은
모두 내 마음을 다하지 않았기 때문이다.

或問簿佐令者也 簿所欲爲 令或不從 奈何 伊川先生曰 當以
혹문부좌령자야 부소욕위 령혹부종 내하 이천선생왈 당이

誠意動之 今令與簿不和 只是爭私意.
성의동지 금령여부불화 지시쟁사의

令是邑之長 若能以事父兄之道事之 過則歸己 善則惟恐不歸
령시읍지장 약능이사부형지도사지 과즉귀기 선즉유공불귀

於令 積此誠意 豈有不動得人.
어령 적차성의 기유부동득인

어떤 사람이 이렇게 물었다.

"부(簿)는 영(令)을 돕는 사람이니, 簿가 하고자 하는 바를 숙이 혹시 따르지 아니하면 어찌합니까?"

이에 伊川 先生이 이렇게 말했다.

"마땅히 성의로써 감동시켜야 할 것이니, 이제 숙과 簿가 불화한 것은 단지 이 사사로운 뜻으로 다투는 것이다.

숙은 곧 한 고을의 어른이니, 만일 능히 부형을 섬기는 도리로써 섬겨서 잘못된 것은 자기에게로 돌리고, 잘한 일은 오직 숙에게로 돌아가지 않을까 두려워하여, 이와 같은 성의를 쌓으면 어찌 감동시켜 사람을 얻지 못하는 일이 있겠는가."

【글자 뜻】簿:문서 부. 다스릴 부. 佐:도울 좌. 令:수령 령. 하여금 령. 奈:어찌 내. 誠:정성 성. 爭:다툴 쟁. 長:어른 장. 긴 장. 恐:두려울 공. 積:쌓을 적.

【말의 뜻】簿:수령 밑에서 돕는 벼슬아치. 令:수령. 지방장관. 奈何:어찌하는가. 動之:감동시킴. 私意:개인의 의견. 過則歸己:잘못된 것은 자기에게로 돌림. 恐不歸於令:숙에게로 돌아가지 않을까 두려워함. 積此誠意:이와 같은 성의를 쌓아 감. 不動得人:감동시켜 사람을 얻지 못함.

【뜻 풀이】 이 글은 二程遺書에서 인용한 것이다. 슈은 고을의 수령이고, 簿는 슈을 돕는 사람이다. 그런데 簿가 하려는 것을 슈이 따르지 않으면 어떻게 해야 하는가? 이에 대하여 伊川 先生은 다음과 같이 말했다.

　　마땅히 簿는 성의를 다하여 슈을 감동시켜야 한다. 슈과 簿가 불화한 것은 단지 개인적인 의견 충돌인 것이다. 슈은 한 고을의 어른이니, 簿는 마땅히 아버지나 형을 섬기는 도리로 슈을 섬겨, 잘못한 것은 자기의 책임으로 돌리고, 잘한 일은 슈의 공로로 돌려, 이와 같은 성의를 꾸준히 쌓아 나간다면, 능히 슈을 감동시킬 수가 있는 것이다.

明道先生曰 一命之士 苟存心於愛物 於人必有所濟.
명도선생왈 일명지사 구존심어애물 어인필유소제

명도 선생이 이렇게 말했다.

"벼슬길에 처음 나간 선비가 진실로 백성을 사랑하는데 마음을 두면, 백성들에게 반드시 구제하는 바가 있다."

【글자 뜻】 命:명할 명. 목숨 명.　存:있을 존.　濟:건널 제.
【말의 뜻】 一命之士:처음으로 임명된 하급관리.　存心:마음에 둠.　愛物:사물을 사랑함. 백성을 사랑함.　於人:백성들에게.　所濟:구제하는 것.

【뜻 풀이】 이 글은 明道行狀에서 인용한 것이다. 모든 관리들은 우선 국민을 사랑하는 마음이 있어야 한다. 비록 처음 임명된 하급관리라도 백성을 사랑하는 마음을 지니고 있으면, 그만큼 백성들에게 도움이 되는 바가 있게 마련이다.

童蒙訓曰 當官之法唯有三事 曰淸曰愼曰勤 知此三者 則知所
동 몽 훈 왈 당 관 지 법 유 유 삼 사 왈 청 왈 신 왈 근 지 차 삼 자 칙 지 소

以持身矣.
이 지 신 의

동몽훈에서 이렇게 말하고 있다.

"관리에 나아가는 법이 오직 세 가지 일이 있으니, 청백한 것과 삼가는 것과 부지런한 것이니, 이 세 가지를 알면 몸 가질 바를 알게 될 것이다."

【글자 뜻】 唯:오직 유. 持:가질 지.

【말의 뜻】 童蒙訓:呂氏童蒙訓. 當官之法:관직에 임하는 법. 淸:청렴결백함. 愼:조심하여 예법을 지킴. 勤:직무에 부지런함. 持身:몸가짐.

【뜻 풀이】 관리가 명심해야 할 것은 세 가지가 있다. 첫째 청렴결백함이요, 둘째 상관과 동료와 부하에게 각각 예법을 지켜 조심하는 일이요, 셋째 맡은 직무에 부지런할 일이다. 이 세 가지를 능히 잘하는 사람이라면 적어도 욕됨은 면할 수 있을 것이다. 그러나 이것은 자기의 마음과 행실을 먼저 닦지 않고서는 해내기 어렵다.

當官者 先以暴怒爲戒 事有不可 當詳處之 必無不中 若先暴
당 관 자 선 이 폭 노 위 계 사 유 불 가 당 상 처 지 필 무 부 중 약 선 폭

怒 只能自害 豈能害人.
노 지 능 자 해 기 능 해 인

관직에 있는 사람은 먼저 사납게 성내는 것을 경계하여, 일에 옳지 못함이 있으면 마땅히 자세히 처리하면, 반드시 도리에 맞지 않음이 없을 것이다. 만일 먼저 사납게 성내면, 단지 능히 스스로를 해칠 뿐이니, 어찌 능히

남을 해칠 수 있으랴.

【글자 뜻】 暴:사나울 폭. 詳:자세할 상. 中:맞을 중. 가운데 중. 害:해
할 해.

【말의 뜻】 當官者:벼슬에 나간 사람. 暴怒:사납게 성냄. 事有不可:일이
뜻대로 되지 않음. 詳處之:자세히 처리함. 無不中:도리에 맞지 않음이
없음. 只能自害:단지 자신을 해칠 뿐임.

【뜻 풀이】 관직에 나아가는 사람은 무엇보다도 갑자기 성내는 일을 삼가
야 한다. 만일 뜻대로 잘 안 되는 일이 있으면, 침착하게 차근차근 처리
해 나가면 반드시 도리에 맞아들게 된다. 그런데 만일 화부터 먼저 낸
다면, 이는 오직 자기 자신을 해칠 뿐, 다른 사람을 해치지는 못한다.

王吉上疏曰 夫婦人倫大綱 夭壽之萌也 世俗嫁娶太蚤 未知爲
왕 길 상 소 왈 부 부 인 륜 대 강 요 수 지 맹 야 세 속 가 취 태 조 미 지 위
人父母之道而有子 是以敎化不明而民多夭.
인 부 모 지 도 이 유 자 시 이 교 화 불 명 이 민 다 요

왕길(王吉)이 임금에게 올린 글에서 이렇게 말했다.
"부부는 인륜의 큰 근본이요 일찍 죽고 오래 사는 싹이니, 세상 풍속이
시집가고 장가드는 것이 너무 일러, 아직 사람의 부모 된 도리를 알지 못
하고서 자식이 있는지라, 그러므로 교화가 밝지 못하고 백성들이 일찍 죽
는 사람이 많다."

【글자 뜻】 疏:상소할 소. 성길 소. 綱:벼리 강. 夭:일찍죽을 요. 萌:싹 맹.
嫁:시집갈 가. 娶:장가들 취. 太:심할 태. 콩 태. 蚤:일찍 조.

【말의 뜻】 王吉:漢나라 사람으로 字는 子陽. 上疏:신하가 임금에게 올리는
글. 大綱:가장 근본적인 윤리. 夭壽之萌:일찍 죽고 오래 사는 일의 시
작. 太蚤:너무 빠름. 敎化不明:부모에게 효도하는 敎化가 밝지 못함.

【뜻 풀이】 이 글은 漢書에서 인용한 것이다. 王吉은 부모에 대한 효성이
극진하고, 몹시 청렴결백했다고 한다. 漢나라는 효도로써 天下를 다스
리는 것을 근본으로 삼으려 했기 때문에, 王吉은 효도의 근본인 부부관
계의 확립을 敎化라고 말한 것이다. 이 글은 宣帝에게 올린 것인데, 宣
帝가 그의 의견을 받아들이지 않자, 王吉은 병을 구실로 물러나 고향인
山東에 가서 여생을 보냈다.
　　부부는 인륜에서도 가장 근본적인 것이고, 오래 살고 일찍 죽는 것
도 부부관계에 달려 있는데, 세상의 풍습은 결혼을 너무 일찍 하여, 미
처 부모가 해야 할 도리를 깨닫기도 전에 자식을 낳기 때문에, 자식에
게 올바른 교육을 시키지 못하며 부모에게 효도를 할 줄 모를 뿐 아니
라, 부부관계로 정력을 소모하여 백성들 중에 일찍 죽는 사람들이 많다.

文中子曰 婚娶而論財 夷虜之道也 君子不入其鄕 古者男女之
문 중 자 왈 혼 취 이 논 재 이 로 지 도 야 군 자 불 입 기 향 고 자 남 녀 지

族 各擇德焉 不以財爲禮.
족 각 택 덕 언 불 이 재 위 례

문중자가 이렇게 말했다.
　"혼인에서 재산을 논하는 것은 오랑캐의 풍속이므로 군자는 그런 고장
에 들어가지 않거니와, 옛날에는 남자와 여자의 집안이 각각 덕을 가리었
고 재물로써 예를 삼지 않았다."

【글자 뜻】婚:혼인할 혼. 財:재물 재. 夷:오랑캐 이. 虜:오랑캐 로. 族:
　　겨레 족. 擇:가릴 택.

【말의 뜻】文中子:隋나라의 학자로, 이름은 王痛, 文中子는 그의 시호. 婚
　　娶:혼인. 결혼. 論財:재물을 논함. 재산을 따짐. 夷虜之道:오랑캐의
　　풍속. 男女之族:남자와 여자의 집안. 擇德:덕성을 가림. 不以財爲禮:
　　재산을 가지고 예법을 삼지 않음.

【뜻 풀이】이 글은 中說에서 인용한 것이다. 결혼에서 재산을 논하는 것은
　　오랑캐의 풍속이므로, 君子는 그런 풍속이 있는 지방에는 가서 살지 않
　　는다고 했다. 옛날에는 남자 집에서나 여자 집에서나 오직 덕이 있고 없
　　음을 가리어 혼인을 했으며, 재물로 예법을 삼은 일은 없었다.
　　　이것은 너무나 지당한 말이다. 결혼에서 재산의 유무를 따지는 것은
　　어리석은 일이다. 오직 본인의 인간성과 교양과 덕행 등을 가려야 한다.

司馬溫公曰 凡議婚姻 當先察其婿與婦之性行 及家法何如 勿
사 마 온 공 왈 범 의 혼 인 당 선 찰 기 서 여 부 지 성 행 급 가 법 하 여 물

苟慕其富貴.
구 모 기 부 귀

사마온공이 이렇게 말했다.
　　"무릇 혼인을 의논함에는 마땅히 먼저 그 사위나 며느리의 성품과 행실
　　및 집안의 법도가 어떠한가를 살펴야 하고, 구차히 그 부귀를 사모하지 말
　　아야 한다."

【글자 뜻】議:의논 의. 姻:혼인할 인. 察:살필 찰. 婿:사위 서. 慕:사
　　모할 모

【말의 뜻】議婚姻:혼인을 의논함. 婿與婦:사위와 며느리. 性行:성품과 행
    실. 家法:그 집안의 법도. 苟慕:구차하게 사모함.

【뜻 풀이】 이 글은 서의(書儀)에서 인용한 것이다. 결혼을 하려면 우선 사
    위 될 사람이나 며느리 될 사람의 성격과 품행과, 그리고 그들이 자라
    난 집안의 법도와 분위기를 살펴야 한다. 그 집이 현재 누리고 있는 부
    귀와 같은 것은 별로 문제가 되지 않는다. 무엇보다도 당사자가 가장
    문제가 된다 하겠다.

婿苟賢矣 今雖貧賤 安知異時不富貴乎 苟爲不肖 今雖富盛
서구현의 금수빈천   안지이시불부귀호   구위불초   금수부성

安知異時不貧賤乎.
안지이시불빈천호

婦者家之所由盛衰也 苟慕一時之富貴而娶之 彼挾其富貴 鮮
부자가지소유성쇠야 구모일시지부귀이취지   피협기부귀   선

有不輕其夫 而傲其舅姑 養成驕妬之性 異日爲患 庸有極乎.
유불경기부 이오기구고   양성교투지성   이일위환 용유극호

"사위가 진실로 어질다면, 지금은 비록 가난하고 천할지라도, 어찌 다른
때에 부귀해지지 않음을 알 수 있으랴. 또 진실로 불초하다면, 지금은 비
록 부하고 성할지라도, 어찌 다른 때에 빈천해지지 않음을 알 수 있으랴.
    며느리는 집안이 번성하고 쇠퇴함의 말미암는 바이니, 구차히 한때의 부
귀를 사모하여 장가들면, 그녀는 자기 남편을 경멸하고 자기 시부모에게
거만하지 않음이 드물게 있어, 교만하고 질투하는 성질을 길이 이루어 주
게 되거니와, 다른 날에 후환이 됨이 어찌 다함이 있으랴."

【글자 뜻】 安:어찌 안. 편안 안. 異:다를 이. 肖:닮을 초. 盛:성할 성. 衰:

쇠할 쇠. 彼:저 피. 挾:낄 협. 鮮:드물 선. 輕:가벼울 경. 傲:거만할
오. 舅:시아버지 구. 외삼촌 구. 姑:시어머니 고. 驕:교만할 교. 妬:
시샘할 투. 患:근심 환. 庸:어찌 용. 떳떳 용. 極:다할 극. 극진할 극.

【말의 뜻】 安知:어찌 알랴. 異時:후일. 不肖:못남. 富盛:부하고 성함.
盛衰:번성하고 쇠퇴함. 挾其富貴:자기 집의 부귀함을 의지함. 鮮有:드
묾. 輕其夫:자기 남편을 경멸함. 傲其舅姑:자기 시아버지와 시어머니
에게 거만하게 굶. 養成:길러 줌. 驕妬:교만과 질투. 異日:후일. 爲
患:환난이 됨. 庸有極:어찌 다함이 있으랴.

【뜻 풀이】 사윗감이 정말로 어질다면, 지금은 비록 빈천하게 살지라도, 어
찌 후일에 부귀해지지 않겠는가! 그리고 사윗감이 정말로 못났다면, 지
금은 비록 부귀할지라도 어찌 후일에 빈천해지지 않겠는가!

집안이 번성하느냐 쇠퇴하느냐는 며느리가 잘 들어오고 잘못 들어오
는 데 많이 달렸다. 그런데 만일 처갓집이 부귀한 것만을 보고 장가를
간다면, 그 아내는 친정집의 부귀함을 믿고, 남편을 멸시하며 시부모에
게 교만하게 굴기가 쉽다. 이렇게 되면 아내의 교만하고 질투하는 성질
을 길러 주게 되는 것이니, 이 집안에 앞으로 환난은 이루 말할 수 없
이 크다 하겠다.

安定胡先生曰 嫁女必須勝吾家者 勝吾家 則女之事人 必欽必
안 정 호 선 생 왈 가 녀 필 수 승 오 가 자 승 오 가 즉 녀 지 사 인 필 흠 필

戒 娶婦必須不若吾家者 不若吾家 則婦之事舅姑 必執婦道.
계 취 부 필 수 불 약 오 가 자 불 약 오 가 즉 부 지 사 구 고 필 집 부 도

안정(安定) 호선생(胡先生)이 이렇게 말했다.

"딸을 시집보낼 때는 반드시 모름지기 내 집보다 나은 데로 할 것이니,

내 집보다 나으면 딸의 사람들 섬김이 반드시 공경하고 반드시 경계할 것이다. 며느리를 얻을 때는 반드시 내 집만 못한 데로 할 것이니, 내 집만 못하면 며느리의 시부모 섬김이 반드시 며느리의 도리를 지킬 것이다."

【글자 뜻】 嫁:시집갈 가. 勝:나을 승. 이길 승. 欽:공경할 흠. 若:같을 약. 만약 약. 執:지킬 집. 잡을 집.

【말의 뜻】 安定胡先生:宋나라 때 학자로 이름은 호원(胡瑗), 字는 익지(翼之). 조상이 安定에서 살았기 때문에 安定 先生이라고 함. 嫁女:딸을 시집보냄. 勝吾家:내 집보다 나음. 事人:사람들을 섬김. 必欽必戒:반드시 공경하고 조심함. 娶婦:며느리를 맞아들임. 不若吾家:내 집만 못함. 事舅姑:시부모를 섬김. 執婦道:며느리의 도리를 지킴.

【뜻 풀이】 이 글은 송명신언행록(宋名臣言行錄)에서 인용한 것이다. 우리나라에서도 예로부터 며느리는 못한 데서 데려오고, 딸은 나은 데로 시집보내는 풍습이 내려오고 있다.

　　딸은 반드시 내 집보다 나은 데로 시집보내라. 내 집보다 나은 데로 시집을 보내면, 시가의 식구들을 공경하고 조심하는 마음으로 섬기기 때문이다. 그리고 며느리는 내 집만 못한 데서 데려오라. 내 집만 못한 데서 데려오면, 시부모를 극진히 섬기고, 며느리나 아내로서 도리를 다하기 때문이다.

夫有人民　而後有夫婦　有夫婦　而後有父子　有父子　而後有兄
부유인민　이후유부부　유부부　이후유부자　유부자　이후유형

弟　一家之親　此三者而已矣　自玆以往　至于九族　皆本於三親
제　일가지친　차삼자이이의　자자이왕　지우구족　개본어삼친

焉　故於人倫爲重也　不可不篤.
언　고어인륜위중야　불가불독

　　대저 백성들이 있은 뒤에 부부가 있고, 부부가 있은 뒤에 아버지와 아들
이 있으며, 아버지와 아들이 있은 뒤에 형제가 있거니와, 한 집안의 친함
은 이 세 가지뿐이니, 이로부터 나아가서 구족(九族)에 이르기까지 다 삼친
(三親)에 근본하니, 그러므로 인륜에 중함이 되거니와, 가히 돈독하지 않
을 수 없다.

【글자 뜻】 夫:남편 부. 대저 부. 已:뿐 이. 이미 이. 自:부터 자. 스스로
　　자. 玆:이 자. 往:갈 왕. 篤:도타울 독.

【말의 뜻】 一家之親:한 집안의 가까운 사이. 自玆以往:이로부터 앞으로
　　나아감. 九族:고조·증조·조부·부·자신·아들·손자·증손·고손
　　의 자손들. 三親:부부·부자·형제. 不可不~:~하지 않을 수 없음.
　　불가불.

【뜻 풀이】 이 글은 顔氏家訓에서 인용한 것이다. 한 집안을 나무에 비유
　　한다면 조상들은 뿌리요, 부모는 줄기요, 형제들은 가지들이다. 뿌리가
　　썩으면 줄기와 가지들이 말라죽고, 가지들이 시들면 줄기는 물론 뿌리
　　까지 썩는다. 그러므로 서로 존경하고 사랑하지 않을 수 없는 것이다.
　　　사람들이 생겨난 뒤에 부부가 생겼고, 부부가 있은 뒤에 부자가 생겼
　　으며, 부자가 있은 뒤에 형제가 생긴 것이다. 그러므로 한 집안에서는
　　이 세 가지가 가장 가깝고 친하다 하겠다. 여기에서 九族이 생겨났지

만, 거슬러 올라가면 모두가 이 세 가지로 집약될 수 있다. 그러므로 부부와 부자와 형제는 인륜 중에서도 가장 중하니, 서로 내 몸처럼 사랑하지 않을 수가 없는 것이다.

兄弟者 分形連氣之人也 方其幼也 父母左提右挈 前襟後裾
형제자 분형연기지인야　방기유야　부모좌제우설　전금후거
食則同案 衣則傳服 學則連業 遊則共方 雖有悖亂之人 不能
식즉동안 의즉전복 학즉연업 유즉공방 수유패란지인 불능
不相愛也.
불상애야

형제란 것은 형체만 나누어진 기운이 이어진 사람들이니, 바야흐로 그 어린 시절에는 부모가 왼쪽으로 끌고 오른쪽으로 끌며 앞에 안고 뒤에 업고, 밥은 같은 밥상에서 먹으며, 옷은 전해서 입고, 배우면 책을 이어받으며, 놀면 방위를 함께하니, 비록 예의에 어긋나고 난잡함이 있는 사람이라도 능히 서로 사랑하지 않을 수 없다.

【글자 뜻】形:형상 형. 連:이을 련. 提:끌 제. 挈:끌 설. 襟:옷깃 금. 裾: 옷자락 거. 案:밥상 안. 책상 안. 服:옷 복. 業:책 업. 업 업. 共:함께 공. 悖:거스를 패. 亂:어지러울 란.

【말의 뜻】分形連氣:형체는 나뉘었어도 기운은 이어져 있음. 左提右挈:형제를 양쪽 손에 이끌고 감. 前襟後裾:앞에 안고 뒤에 업음. 同案:같은 밥상. 傳服:큰아이가 입던 옷을 작은아이가 전해 입음. 連業:큰아이가 배우던 책을 작은아이가 이어서 배움. 悖亂之人:예의에서 벗어나 난잡한 사람. 不能不~:~하지 않을 수 없음.

【뜻 풀이】 형제란 몸은 비록 따로 태어났지만, 다 같이 부모의 피와 살을 타고난 사람들이다. 어린 시절에는 부모가 양손에 이끌고 안고 업고 하여 키우신 것이다. 같은 밥상에서 함께 먹고, 옷도 내려서 입으며 책도 내려서 공부하고, 같은 곳에서 함께 놀며 자라났다. 설사 아무리 흉악 무도한 사람이라도, 자기의 형제는 서로 사랑하지 않을 수 없는 것이다.

及其壯也 各妻其妻 各子其子 雖有篤厚之人 不能不少衰也.
급 기 장 야 각 처 기 처 각 자 기 자 수 유 독 후 지 인 불 능 불 소 쇠 야

娣姒之比兄弟 則疎薄矣 今使疎薄之人 而節量親厚之恩 猶
제 사 지 비 형 제 즉 소 박 의 금 사 소 박 지 인 이 절 양 친 후 지 은 유

方底而圓蓋 必不合矣 唯友悌深至 不爲傍人之所移者 免夫.
방 저 이 원 개 필 불 합 의 유 우 제 심 지 불 위 방 인 지 소 이 자 면 부

그 장성함에 이르러서는 각각 자기 아내를 아내로 하고, 각각 자기 아들을 아들로 하여, 비록 돈독하고 후한 사람이 있더라도, 우애가 조금 쇠하지 않을 수가 없다.

맏동서와 아우동서를 형제에 비하면 멀고 박하게 마련이니, 이제 멀고 박한 사람으로 하여금 친하고 후한 은혜를 절제하여 헤아리면, 마치 밑은 모나고 뚜껑은 둥근 것 같아 반드시 맞지 않거니와, 오직 우애와 공경함이 깊고 지극하여 옆에 있는 사람의 옮기는 바가 되지 않는 사람만이 면할 수 있도다.

【글자 뜻】 壯:성할 장. 장할 장. 篤:도타울 독. 厚:후할 후. 娣:동서 제.
姒:맏며느리 사. 疎:성길 소. 薄:박할 박. 節:절제할 절. 마디 절. 量:
헤아릴 량. 底:밑 저. 圓:둥글 원. 蓋:뚜껑 개. 덮을 개. 悌:공손 제.
傍:곁 방. 移:옮길 이. 免:면할 면. 夫:어조사 부. 지아비 부.

【말의 뜻】妻其妻:자기 아내를 아내로 삼음. 篤厚:돈독하고 후함. 少衰:
적어지고 쇠퇴함. 娣姒:아우동서와 맏동서. 疎薄:멀고 박함. 節量:절
제하여 헤아림. 方底圓蓋:네모진 그릇에 둥근 뚜껑. 友悌深至:형제간
의 우애와 공경함이 깊이 이름. 傍人:곁에 있는 사람, 즉 아내들. 所移:
아내들이 옮기는 말. 免夫:면하리로다. 형제간의 우애를 지킬 수 있음.

【뜻 풀이】그러나 형제들이 장성하면 각각 아내를 얻고 자식을 낳아, 애정
이 처자에게로 옮겨진다. 그러므로 형제간의 우애가 독실한 사람들이
라도, 형제간의 애정이 줄어들게 되는 것이다.

　　한편 아내들의 입장에서 보면, 각각 다른 집에서 성장하여 시집 왔기
때문에, 형제간의 애정에 비하면 아무래도 좀 멀고 박하게 마련이다. 이
와 같이 우애가 멀고 박한 아내들과 우애가 가깝고 후한 형제들을 비교
하면, 마치 네모진 그릇에 둥근 뚜껑과 같아 잘 맞지를 않는다. 그럴수
록 형제간의 우애를 깊고 지극하게 이어 나가는 사람들만이 아내들의 이
간질에서 벗어나, 영원히 형제간의 우애를 지녀 나갈 수가 있는 것이다.

伊川先生曰 今人多不知兄弟之愛 且如閭閻小人 得一食 必先
이천선생왈 금인다불지형제지애 차여여염소인 득일식 필선

以食父母 夫何故 以父母之口 重於己之口也 得一衣 必先以
이사부모 부하고 이부모지구 중어기지구야 득일의 필선이

衣父母 夫何故 以父母之體 重於己之體也.
의부모 부하고 이부모지체 중어기지체야

이천 선생이 이렇게 말했다.

"지금 사람들은 형제의 사랑을 모르는 사람이 많다. 오히려 거리의 소인
같은 이들도 한 가지 먹을 것을 얻으면, 반드시 먼저 그것을 부모에게 잡수

시게 하거니와, 대저 무슨 까닭인가? 부모의 입이 자기의 입보다 소중하기 때문이다. 옷 하나를 얻으면 반드시 먼저 그것을 부모에게 입히거니와, 대저 무슨 까닭인가? 부모의 몸이 자기 몸보다 소중하기 때문이다."

【글자 뜻】 且:오히려 차. 또 차. 閭:마을 려. 閻:항간 염. 食:밥 식. 먹일 사.

【말의 뜻】 多不知:알지 못하는 사람이 많음. 閭閻小人:거리의 소인배. 食父母(사부모):부모에게 먹임. 重於~:~보다 소중함.

【뜻 풀이】 이 글은 二程語錄에서 인용한 것이다. 지금 세상에는 형제간의 사랑이 얼마나 소중한 것인지를 모르는 사람들이 많다. 하물며 도리를 모르는 거리의 소인배들도 색다른 먹을 것이 생기면, 그것을 갖다가 먼저 부모에게 드려 잡수시게 한다. 이것은 왜 그런가? 부모는 나를 낳아 길러준 분이기 때문에, 부모의 입이 내 입보다 소중하기 때문이다. 그들은 또 의복이 생기면 먼저 부모에게 갖다 입혀 드린다. 왜 그런가? 부모의 몸이 내 몸보다 더 소중하기 때문이다.

至於犬馬 亦然 待父母之犬馬 必異乎己之犬馬也 獨愛父母之
지어견마 역연 대부모지견마 필이호기지견마야 독애부모지

子 却輕於己之子 甚者至若仇敵 擧世皆如此 惑之甚矣.
자 각경어기지자 심자지약구적 거세개여차 혹지심의

"개나 말에 이르러서도 또한 그러하니, 부모의 개와 말 대접하기를 반드시 자기의 개와 말보다 달리하거니와, 홀로 부모의 다른 아들 사랑하기를 도리어 자기 자식보다 가벼이 하여, 심한 자는 원수나 적과 같이 하기에 이르러, 온 세상이 다 이와 같으니 미혹됨이 심하다."

【글자 뜻】 犬:개 견. 異:다를 이. 獨:홀로 독. 却:도리어 각. 문득 각.

　　仇:원수 구. 擧:들 거. 惑:미혹할 혹. 甚:심할 심.

【말의 뜻】 父母之子:부모의 다른 아들. 즉 형제. 却輕於~:도리어 ~보다

　　가볍게 앎. 仇敵:원수와 적. 擧世:온 세상. 惑之:미혹됨.

【뜻 풀이】 심지어는 개나 말도 마찬가지다. 부모가 기르시는 개나 말은 반
　　드시 자기의 개나 말보다 더 소중히 여겨 잘 대접한다. 그런데 유독 부
　　모의 아들들인 형제간을 사랑하는 데는 자기 자식들을 사랑함보다 훨
　　씬 가벼우며, 심한 자는 자기 형제를 마치 원수 대하듯 하여, 온 세상이
　　다 이와 같은 풍조로 흐르고 있으니, 이것은 심한 미혹에 빠져 있는 것
　　으로 바로잡지 않으면 안 될 일이라 하겠다.

橫渠先生曰　今之朋友　擇其善柔以相與　拍肩執袂　以爲氣合
횡 거 선 생 왈　금 지 붕 우　택 기 선 유 이 상 여　박 견 집 메　이 위 기 합

一言不合　怒氣相加　朋友之際　欲其相下不倦　故於朋友之間
일 언 불 합　노 기 상 가　붕 우 지 제　욕 기 상 하 불 권　고 어 붕 우 지 간

主其敬者　日相親與　得效最速.
주 기 경 자　일 상 친 여　득 효 최 속

횡거 선생이 이렇게 말했다.

　"지금 세상의 친구들은 그 좋아하고 부드러운 사람을 가려 서로 사귀어,
어깨를 치고 소매를 잡으며 써 기분이 맞는다 하고, 한마디의 말이 맞지 않
으면 노기를 서로 더하거니와, 친구 간의 사귐은 그 서로 양보하고 싫증내
지 않고자 하는 일이다. 그러므로 친구 사이에는 그 공경함을 주로 하는 자
라야, 날로 서로 친하게 사귀어 충고를 얻음이 가장 빠르다."

【글자 뜻】 朋:벗 붕. 擇:가릴 택. 柔:부드러울 유. 與:사귈 여. 더불어
여. 拍:칠 박. 肩:어깨 견. 執:잡을 집. 袂:소매 몌. 際:사귈 제. 즈음
제. 倦:싫증낼 권. 게으를 권. 效:본받을 효. 最:가장 최. 速:빠를 속.
【말의 뜻】 善柔:간사하여 부드럽게 잘 따름. 相與:서로 사귐. 拍肩執袂:
어깨를 치고 소매를 잡음. 氣合:기분이 맞음. 相下不倦:서로 양보하여
싫증내지 않음. 主其敬:상대방 공경함을 근본으로 삼음. 親與:친하게
사귐. 得效:올바른 길로 나아가는 충고를 얻음.

【뜻 풀이】 이 글은 횡거어록(橫渠語錄)에서 인용한 것이다. 요즈음 세상
사람들이 친구 사귀는 것을 보면, 아첨하여 잘 따르는 사람을 골라 사
귀어, 어깨를 치고 소매를 잡고 하여 마음이 서로 맞는다고 한다. 그러
나 이런 친구의 사귐은 의견이 조금만 맞지 않아도, 얼굴을 붉히고 노
기를 띠며 서로 대들어 오래 지속되지 못한다. 원래 친구를 사귀는 법
도는 마음이 착하고 행실이 올바른 사람을 가리어 사귀되, 서로 양보하
고 우정이 변함이 없도록 노력해야 한다. 그러므로 친구 사이에는 상
대방의 인격과 의견을 서로 존중해야만 날이 갈수록 친근함이 더해져
서, 서로 학문을 돕고 올바른 도리에서 벗어나지 않도록 충고를 해 줄
수 있는 것이다.

董仲舒曰 仁人者 正其誼不謀其利 明其道不計其功.
동 중 서 왈 인 인 자 정 기 의 불 모 기 리 명 기 도 불 계 기 공

동중서(董仲舒)가 이렇게 말했다.

"어진 사람이란 그 의리를 바르게 하여 그 이득을 도모하지 아니하며, 그
도리를 밝혀서 그 공을 헤아리지 아니한다."

【글자 뜻】 董:바를 동. 舒:펼 서. 誼:옳을 의. 謀:꾀할 모. 計:헤아릴
　　계. 셈할 계.

【말의 뜻】 董仲舒:漢나라 때 학자. 正其誼:그 의리를 바르게 함. 不謀其
　　利:그 이득을 도모하지 않음. 明其道:그 도리를 밝힘. 不計其功:그 공
　　적을 헤아리지 않음.

【뜻 풀이】 이 글은 漢書에서 인용한 것이다. 어진 사람이란 마음에 사리사
　　욕이 없고, 올바른 도리를 지켜 나가는 사람이다. 그러므로 옳음을 지
　　켜 사리사욕을 도모하지 않고, 도리를 밝혀 이룬 공적을 생각하지 않
　　고 살아 나간다.

孫思邈曰 膽欲大而心欲小 智欲圓而行欲方.
손 사 막 왈　담 욕 대 이 심 욕 소　지 욕 원 이 행 욕 방

손사막(孫思邈)이 이렇게 말했다.

　"담은 커야 하고 마음은 작아야 하며, 지혜는 둥글어야 하고 행동은 방
정해야 한다."

【글자 뜻】 邈:아득할 막. 膽:담 담. 쓸개 담. 方:방정할 방. 모 방.

【말의 뜻】 孫思邈:唐나라 때 학자로 道敎를 숭상함. 膽欲大:담은 커야 함.
　　心欲小:마음은 작아야 함. 智欲圓:지혜는 둥글어야 함. 行欲方:행실
　　은 방정해야 함.

【뜻 풀이】 이 글은 唐書에서 인용한 것이다. 사람은 담이 커야 올바른 일
　　을 용감히 할 수 있고, 마음은 작아야 매사에 신중을 기하여 악을 저지

르지 않게 된다. 또 지혜는 둥글어야 사물의 모든 이치를 환히 알 수 있고, 행동은 방정해야 올바른 도리에서 벗어나지 않는다.

濂溪周先生曰 聖希天 賢希聖 士希賢.
염계주선생왈 성희천 현희성 사희현

伊尹顔淵大賢也 伊尹恥其君不爲堯舜 一夫不得其所 若撻于
이윤안연대현야 이윤치기군불위요순 일부불득기소 약달우

市 顔淵不遷怒 不貳過 三月不違仁.
시 안연불천노 불이과 삼월불위인

志伊尹之所志 學顔淵之所學 過則聖 及則賢 不及則亦不失於
지이윤지소지 학안연지소학 과즉성 급즉현 불급칙역불실어

令名.
령명.

염계(濂溪) 주선생이 이렇게 말했다.

"성인은 하늘을 바라고, 현인은 성인을 바라고, 선비는 현인을 바란다.

이윤(伊尹)과 안연(顔淵)은 큰 현인이다. 이윤은 그 임금이 요임금이나 순임금이 되지 못함을 부끄러워하여, 한 사나이가 그 거처를 얻지 못하면 저자에서 종아리를 맞는 것 같다 하였고, 안연은 노여움을 옮기지 않고, 잘못을 두 번 저지르지 않았으며, 석 달 동안 仁을 어기지 않았다.

이윤이 뜻한 바를 뜻하고, 안연이 배운 바를 배우면, 지나면 성인이 되고, 따라가면 현인이 되고, 따르지 못하여도 또한 아름다운 이름을 잃지 않는다."

【글자 뜻】 濂:물이름 렴. 溪:시내 계. 希:바랄 희. 伊:저 이. 顔:얼굴 안. 淵:못 연. 恥:부끄러울 치. 撻:종아리칠 달. 遷:옮길 천. 違:어길 위.

【말의 뜻】 濂溪周先生:송나라 때 학자로 이름은 돈이(敦頤), 자는 무숙(茂

叔). 太極圖說·通書 등의 저서가 있으며, 程明道와 程伊川의 스승. 聖
希天:성인은 하늘의 법도를 따름. 伊尹:殷나라의 재상으로 이름은 지
(摯). 顔淵:孔子의 제자로 이름은 回. 학식과 덕행이 뛰어났으나 불행
히 일찍 죽음. 恥其君不爲堯舜:자기 임금이 堯나 舜과 같지 못함을 부
끄럽게 생각함. 不得其所:자기의 거처를 얻지 못함. 若撻于市:사람들
이 많은 저자에서 종아리를 맞는 것 같음. 不遷怒:성냄을 다른 사람에
게 옮기지 않음. 不貳過:같은 잘못을 두 번 저지르지 않음. 三月不違
仁:석 달 동안 仁을 어기지 않음. 過則聖:그들보다 나으면 성인이 됨.
及則賢:그들을 따라가면 현인이 됨. 令名:아름다운 이름. 착한 이름.

【뜻 풀이】 이 글은 通書에서 인용한 것이다.

　　염계(濂溪) 주돈이(周敦頤) 선생은 다음과 같이 말했다.

　　성인은 하늘의 법도를 배워 하늘과 같이 되기를 바라고, 현인은 성인
의 법도를 배워 성인과 같이 되기를 바라며, 선비는 현인의 법도를 배
워 현인과 같이 되기를 바라고 있다.

　　그런데 저 殷나라의 명신인 伊尹과 孔子의 제자인 顔淵은 큰 현인이
다. 伊尹은 자기가 섬기는 임금을 옛날의 聖王인 요임금이나 순임금과
같은 聖王으로 만들려고 노력하여, 백성 중에 하나라도 생활에 곤궁한
사람이 있는 것을 보면, 마치 사람들이 많은 시장바닥에서 종아리를
맞는 것처럼 부끄럽게 생각했다. 즉 모든 백성을 편안하게 살게 하려
고 노력했다. 또 孔子의 제자인 顔子는 결코 화나는 일을 다른 사람에
게 옮기는 일이 없고, 같은 잘못을 두 번 저지르지 않았으며, 석 달 동
안 仁에서 벗어난 일이 없다고 한다. 그는 그만큼 학문을 좋아하고 덕
을 닦았다고 한다.

　　그러므로 선비는 누구나 伊尹이 뜻한 바를 자기의 뜻으로 삼고, 顔

淵이 배우고 닦던 바를 자기의 배움과 덕행으로 삼아 열심히 노력해야
한다. 다행히 이 두 사람 이상으로 덕을 닦으면 성인이 될 것이고, 그들
과 같은 정도가 되면 현인이 될 것이며, 그들보다 못할지라도 君子로서
아름다운 이름이 오래 전하게 될 것이다.

> 聖人之道 入乎耳存乎心 蘊之爲德行 行之爲事業 彼以文辭而
> 성인지도 입호이존호심 온지위덕행 행지위사업 피이문사이
>
> 已者 陋矣.
> 이자 루의

성인의 道는 귀로 들어와 마음에 두어서, 쌓아 나가면 덕행이 되고 행하
면 사업이 되거니와, 저 글과 말로써 할 뿐인 자는 비루하다.

【글자 뜻】 存:있을 존. 蘊:쌓을 온. 辭:말씀 사. 陋:더러울 루.

【말의 뜻】 入乎耳:귀로 들어옴. 存乎心:마음에 지님. 蘊之:쌓음. 事業:
　　정치나 경제의 일. 文辭:말과 글. 陋矣:천하고 더러움.

【뜻 풀이】 이 글은 통서(通書)에서 인용한 것이다.
　　君子는 성인의 학문을 배우면 귀로 받아들여 마음에 간직하고, 小
人은 귀로 들어온 것을 입으로 말해버린다.
　　그러므로 성인이 말씀하신 도리는 귀로 받아들여 마음에 간직하여,
이를 꾸준히 쌓아 나가면 덕행이 되고, 이를 실천하면 정치나 경제에 이
익을 가져온다. 그런데 저 성인의 도리를 글이나 말로 지껄여대기만 할
뿐인 사람들은 행동이 따르지 못하는 천박한 사람이다.

明道先生曰 聖賢千言萬語 只是欲人將已放之心約之 使反復
명도선생왈 성현천언만어 지시욕인장이방지심약지 사반복

入身來 自能向上去 下學而上達也.
입신래 자능향상거 하학이상달야

명도 선생이 이렇게 말했다.

"성현들의 천 마디 말 만 마디 말은 단지 이 사람이 장차 이미 놓여난 마음을 거두어서, 하여금 돌이켜 다시 몸으로 들어오게 하고자 할 뿐이니, 스스로 능히 위를 향해 가서 아래로부터 배워서 위로 통달할 수 있다."

【글자 뜻】 放:놓을 방. 約:거둘 약. 언약 약. 反:돌이킬 반.

【말의 뜻】 聖賢:성인과 현인. 只是欲~:다만 곧 ~하게 하려 할 뿐임. 放之心:놓아서 나간 선한 마음. 約之:거두어들임. 反復:돌이켜 다시. 向上去:위를 지향하여 감. 下學而上達:아래서부터 배워 위로 통달함. 사람의 도리를 배워 하늘의 이치를 깨달음.

【뜻 풀이】 이 글은 二程遺書에서 인용한 것이다.

성현들이 남긴 많은 말씀들은 오직 사람들로 하여금 이미 놓아서 잃어버린 올바른 마음을 거두어들여, 그것이 다시 몸으로 들어오게 하기 위한 것뿐이다. 그러므로 배우는 사람들은 마땅히 위를 지향하여 걸어가서, 사람의 도리를 배움으로써 천지와 자연의 섭리를 깨닫도록 노력해야 한다.

伊川先生曰 顏淵問克己復禮之目 孔子曰 非禮勿視 非禮勿聽
이천선생왈 안연문극기복례지목 공자왈 비례물시 비례물청

非禮勿言 非禮勿動.
비례물언 비례물동

이천 선생이 이렇게 말했다.

"안연이 자기를 이기고 예로 돌아가는 조목에 대하여 여쭙자 공자께서,
'예가 아닌 것은 보지 말고, 예가 아닌 것은 듣지 말며, 예가 아닌 것은 말
하지 말고, 예가 아닌 것은 움직이지 말라.'고 말씀하셨다."

【글자 뜻】 克:이길 극. 視:볼 시. 聽:들을 청. 動:움직일 동.

【말의 뜻】 克己復禮:자기를 이기고 예로 돌아감. 즉 자기의 사리사욕을 극
복하고 옛날 성현이 만들어 놓은 예절로 돌아가 지킴. 非禮勿視:예가
아닌 것은 보지 말라.

【뜻 풀이】 이 글은 論語에서 인용한 것이다.

顏子가 자신의 사리사욕을 극복하고 하늘의 이치요 자연의 섭리인 예
절로 돌아가는 길을 여쭈어 보자, 孔子께서 말씀하신 것이다.

예절에서 벗어난 것은 보지 말고, 듣지 말며, 말하지 말고, 행동하
지 말라.

范忠宣公戒子弟曰 人雖至愚 責人則明 雖有聰明 恕己則昏 爾
범충선공계자제왈 인수지우 책인즉명 수유총명 서기즉혼 이

曹但常以責人之心責己 恕己之心恕人 不患不到聖賢地位也.
조단상이책인지심책기 서기지심서인 불환부도성현지위야

범충선공(范忠宣公)이 자제들을 경계하여 말했다.

"사람이 비록 지극히 어리석을지라도 남을 꾸짖는 데는 밝고, 비록 총명이 있을지라도 자기를 용서함에는 어두우니, 너희들은 단지 항상 남을 꾸짖는 마음으로써 자기를 꾸짖고, 자기를 용서하는 마음으로써 남을 용서하면 성현의 지위에 이르지 못함을 근심하지 않게 될 것이다."

【글자 뜻】 范:성 범. 宣:베풀 선. 愚:어리석을 우. 責:꾸짖을 책. 聰:총명할 총. 恕:용서할 서. 爾:너 이. 曹:무리 조. 患:근심 환. 到:이를 도.
【말의 뜻】 范忠宣公:宋나라 때 학자로 이름은 純仁, 忠宣公은 그의 시호. 范仲淹의 둘째아들. 至愚:몹시 어리석음. 責人:남을 꾸짖음. 恕己:자기를 용서함. 爾曹:너희들. 不患:근심하지 말라.

【뜻 풀이】 이 글은 宋史에서 인용한 것이다.
　　사람은 누구나 남을 잘 책망하고, 자기의 잘못은 스스로 용서하기를 잘한다.
　　사람은 아무리 어리석은 사람이라도 다른 사람의 잘못을 책망하는 데는 밝고, 또 아무리 현명한 사람이라도 자기 자신의 잘못을 용서하는 데는 어둡다. 그러므로 너희들은 언제나 다른 사람을 책망하는 마음으로 너희 자신을 꾸짖고, 자기의 잘못을 용서하는 마음으로 다른 사람을 용서하라. 그러기만 하면 굳이 성현의 지위에 이르지 못할 것을 걱정할 것이 없게 될 것이다.

張思叔座右銘曰 凡語必忠信 凡行必篤敬 飮食必愼節 字畫必
장사숙좌우명왈 범어필충신 범행필독경 음식필신절 자획필

楷正 容貌必端莊 衣冠必肅整 步履必安詳 居處必正靜 作事
해정 용모필단장 의관필숙정 보리필안상 거처필정정 작사

必謀始 出言必顧行 常德必固持 然諾必重應 見善如己出 見
필모시 출언필고행 상덕필고지 연락필중응 견선여기출 견

惡如己病 凡此十四者 我皆未深省 書此當座隅 朝夕視爲警.
악 여기병 범차십사자 아개미심성 서차당좌우 조석시위경

장사숙(張思叔) 좌우명(座右銘)에서 이렇게 말했다.

"모든 말을 반드시 성실하고 신의가 있게 하고, 모든 행실을 반드시 돈독하고 공경스러이 하며, 음식을 반드시 삼가고 절제하여 먹고, 글자의 획을 반드시 해서로 바르게 쓰며, 얼굴 모양을 반드시 단정하고 장엄하게 하고, 의관을 반드시 엄숙하고 가지런히 하며, 걸음걸이를 반드시 편안하고 정중하게 하고, 거처를 반드시 바르고 고요하게 하며, 일하기를 반드시 처음에 잘 도모하고, 말 꺼내기를 반드시 실행할 것을 돌아보며, 떳떳한 덕을 반드시 굳게 가지고, 승낙함을 반드시 신중하게 응하며, 착한 것 보기를 나에게서 나온 것같이 하고, 악한 것 보기를 내 몸의 병과 같이 할 것이니, 무릇 이 열네 가지는 내가 다 깊이 살피지 못한 것이니, 이를 써서 자리 구석에 붙여 놓고, 아침과 저녁으로 보고서 경계로 삼으려 한다."

【글자 뜻】 叔:아재비 숙. 座:자리 좌. 銘:새길 명. 節:절제할 절. 마디 절. 畫:그을 획. 楷:해서 해. 貌:모양 모. 端:단정할 단. 끝 단. 莊:장엄할 장. 肅:엄숙할 숙. 整:가지런할 정. 履:밟을 리. 詳:자세할 상. 謀:꾀할 모. 顧:돌아볼 고. 固:굳을 고. 持:가질 지. 然:그러할 연. 諾:허락할 락. 應:응할 응. 省:살필 성. 隅:구석 우. 警:경계할 경.

【말의 뜻】 張思叔:宋나라 때 학자로 이름은 장역(張繹), 思叔은 그의 字.

程伊川의 제자. 座右銘:평생 동안 자리 옆에 붙여 놓고 스스로 경계로 삼는 글. 愼節:삼가 절제함. 楷正:해서로 똑똑하게 씀. 端莊:단정하고 장엄함. 肅整:엄숙하고 단정함. 步履:걸음걸이. 安詳:안정되고 정중함. 正靜:바르고 고요함. 作事必謀始:일을 할 때는 반드시 처음에 계획을 잘 세움. 出言必顧行:말은 반드시 실천할 것을 돌아보고 함. 常德:항상 변함없는 덕. 然諾:그러라고 승낙함. 重應:신중하게 응함. 見善如己出:다른 사람의 선행을 보면 자기가 선행한 것같이 생각함. 見惡如己病:다른 사람의 악행을 보면 자기의 잘못처럼 생각함. 深省:깊이 살핌. 當座隅:자리 구석에 붙임. 爲警:경계로 삼음.

【뜻 풀이】이 글은 宋名臣言行錄에서 인용한 것이다.

이것은 누구나 평생 동안 좌우명으로 삼아 스스로를 경계할 만한 글이다.

모든 말은 반드시 마음에서 우러나와 성실성과 신의가 있게 할 것.

모든 행동은 반드시 조심하여 도탑고 공경스럽게 할 것.

음식은 반드시 신중히 절제하여 알맞게 먹을 것.

글자는 반드시 정자로 또박또박 알기 쉽게 쓸 것.

얼굴의 표정은 반드시 언제나 단정하고 당당하게 가질 것.

옷차림은 반드시 언제나 엄숙하고 단정하게 할 것.

걸음걸이는 반드시 안정되고 정중하게 천천히 걸을 것.

일 없이 앉아 있을 때는 반드시 자세를 단정히 하고 조용히 할 것.

일을 할 때는 반드시 처음 시작할 때 계획을 잘 세울 것.

말을 할 때는 반드시 실천할 것을 생각한 다음에 할 것.

변함없는 덕을 꾸준히 굳게 지녀 나갈 것.

승낙할 때는 반드시 신중을 기하여 응할 것.

다른 사람의 선행을 보면 나의 선행처럼 생각할 것.

다른 사람의 악행을 보면 내가 잘못을 저지른 것처럼 생각할 것.

이상의 열네 가지는 누구나가 자신을 깊이 반성하는 자료로 삼아, 날마다 자신을 돌이켜보고 경계하는 것이 좋을 것이다.

顔氏家訓曰 夫所以讀書學問 本欲開心明目 利於行耳.
안 씨 가 훈 왈 부 소 이 독 서 학 문 본 욕 개 심 명 목 이 어 행 이

未知養親者 欲其觀古人之先意承顔 怡聲下氣 不憚劬勞 以致
미 지 양 친 자 욕 기 관 고 인 지 선 의 승 안 이 성 하 기 불 탄 구 로 이 치

甘腝 惕然慙懼 起而行之也.
감 노 척 연 참 구 기 이 행 지 야

안씨가훈(顔氏家訓)에서 이렇게 말했다.

"대저 글을 읽고 배우고 묻는 까닭은 본래 마음을 열고 눈을 밝게 하여 행실에 이롭게 하고자 함일 뿐이다.

아직 부모를 봉양할 줄 모르는 사람은 그 옛사람들의 뜻을 먼저 하고 얼굴을 받들며, 목소리를 부드럽게 하고 기운을 낮추며, 수고로움을 꺼리지 아니하여, 써 달고 연한 음식을 드리고, 공경하여 부끄러워하고 두려워하여, 일어나서 행함을 보고자 하는 것이다."

【글자 뜻】 耳:뿐 이. 귀 이. 承:받들 승. 이을 승. 怡:화할 이. 憚:꺼릴 탄. 劬:수고할 구. 腝:연할 노. 惕:공경할 척. 慙:부끄러울 참. 懼: 두려울 구.

【말의 뜻】 所以:까닭. 開心明目:마음을 열고 눈을 밝힘. 利於行:행실에 이로움. 先意承顔:부모의 뜻을 먼저 헤아리고 낯빛을 보아 받듦. 怡聲下氣:목소리를 부드럽게 하여 기운을 내림. 不憚劬勞:수고를 꺼리

지 않음.   甘腝:달고 연한 음식.   惕然:공경하는 모양.   慙懼:부끄러워
하고 두려워함.

【뜻 풀이】 사람이 배우고 책을 읽고 하는 것은 무엇보다도 마음을 넓게 열
고 눈을 밝게 떠서 사람의 도리를 알게 함으로써 행실을 올바르게 하
기 위해서다.

　　그러므로 아직 부모를 잘 봉양할 줄 모르는 사람들은 글과 배움을 통
하여, 옛날의 어진 효자들이 부모의 마음을 미루어 짐작하고, 또 부모
의 안색을 보고 바라시는 바를 알아 부모를 섬기며, 또 부모에게는 목
소리를 부드럽게 하여 기운을 빼고 낮추어 말씀드리며, 또 수고를 아끼
지 않고 부모에게 단 음식과 연한 고기를 드려 봉양하고, 또 부모를 항
상 공경하여 부끄러워하고 두려워하여, 부모를 극진히 봉양하는 법을
배워서 알게 하기 위한 것이다.

伊川先生曰 大學孔氏之遺書 而初學入德之門也 於今可見古
이 천 선 생 왈　대 학 공 씨 지 유 서　이 초 학 입 덕 지 문 야　어 금 가 견 고

人爲學次第者 獨賴此篇之存 而其他則未有如論孟者 故學者
인 위 학 차 제 자　독 뢰 차 편 지 존　이 기 타 칙 미 유 여 논 맹 자　고 학 자

必由是而學焉 則庶乎其不差矣.
필 유 시 이 학 언　즉 서 호 기 불 차 의

이천 선생이 이렇게 말했다.

"대학은 공자께서 남기신 글로, 처음 배우는 사람이 덕으로 들어가는 문
이니, 지금에 옛사람들이 학문의 차례를 배울 수 있는 것은 홀로 이 책이
있음에 힘입는 것이다. 그밖의 것은 논어와 맹자만한 것이 있지 아니하니,
그러므로 배우는 사람은 반드시 이를 말미암아 배우면, 거의 그 어긋나지

않을 것이다."

【글자 뜻】 遺:끼칠 유. 次:차례 차. 第:차례 제. 獨:홀로 독. 賴:힘입
을 뢰. 篇:책 편. 存:있을 존. 由:말미암을 유. 庶:거의 서. 差:어긋
날 차. 다를 차.

【말의 뜻】 大學:책 이름. 四書의 하나. 儒敎의 政治思想을 모아 저술했음.
孔氏之遺書:孔子→曾子→子思로 계승되었기 때문에 孔子가 남긴 글이
라 한 것임. 初學:처음 학문하는 사람. 入德之門:덕으로 들어가는 문.
백성을 다스리는 덕을 닦는 첫걸음. 古人爲學次第:옛사람들이 학문을
하는 차례. 大學에는 格物 · 致知 · 誠意 · 正心 · 修身 · 齊家 · 治國 · 平
天下의 순서가 세워져 있음. 獨賴此篇之存:홀로 이 책이 있음에 의함.
其他:그밖의 것. 그밖의 도덕과 예의에 관한 것. 未有如論孟者:論語와
孟子와 같은 책이 있지 않음. 由是而學:이 大學에 의하여 배움. 庶乎:
거의. 不差:어긋나지 않음. 학문의 순서에 잘못이 없다는 뜻.

【뜻 풀이】 이 글은 伊川雜錄에서 인용한 것이다.
　大學은 儒敎의 政治思想과 학문의 순서가 담긴 책으로, 성인이 덕을
닦는 입문서라 하겠다. 옛사람들의 학문하는 차례를 알 수 있는 것은
오직 이 책뿐이다. 그밖의 도덕이나 예의에 관한 것은 論語와 孟子만한
것이 없다. 그러므로 이 大學에 의하여 배우면 학문의 차례를 배움에는
거의 어긋남이 없을 것이다.

凡看語孟 且須熟讀玩味 將聖人之言語 切己 不可只作一場話
범 간 어 맹　차 수 숙 독 완 미　장 성 인 지 언 어　절 기　불 가 지 작 일 장 화

說 看得此二書 切己 終身儘多也.
설　간 득 차 이 서　절 기　종 신 진 다 야

"무릇 논어와 맹자를 봄에는 또 모름지기 익숙하게 읽고 익혀서 뜻을 이해하여, 성인의 말씀을 받들어 몸을 간절히 해야 하고, 다만 한 장면의 이야기로 삼지 말아야 하거니와, 이 두 책을 잘 읽어 몸을 간절히 하면, 종신토록 행하여도 남음이 있을 것이다."

【글자 뜻】 熟:익을 숙. 玩:익힐 완. 구경할 완. 將:받들 장. 장차 장. 장수 장. 切:간절할 절. 場:마당 장. 話:말씀 화. 說:말씀 설. 儘:다할 진.

【말의 뜻】 語孟:論語와 孟子. 熟讀玩味:깊이 읽고 뜻을 이해함. 切己:자기에게 간절히 함. 只作一場話說:단지 그때만의 이야기로 삼음. 儘多:남음이 있음.

【뜻 풀이】 論語와 孟子는 大學·中庸과 아울러 四書라 하여, 三經(詩經·書經·易經)과 아울러 유교의 經典이다. 論語는 孔子의 言行을 제자들이 모은 책이고, 孟子는 孟子의 言行을 실은 책이다.

　　論語와 孟子를 읽을 때에는 글의 내용을 깊이 이해하면서 자세히 읽어, 孔子와 孟子의 말씀을 받들어 내 몸과 마음을 갈고 닦아야 한다. 論語와 孟子에 실린 孔子와 孟子의 말씀들은 단순한 그 당시의 이야기로만 알아서는 안 된다. 만일 이 두 가지 책에 실린 성인의 말씀을 본받아 몸과 마음을 닦는다면, 평생 동안 착한 마음과 올바른 행실을 하여 몸을 그르치는 일이 없게 될 것이다. 이것은 伊川 先生이 한 말이다.

讀論語者 但將弟子問處 便作己問 將聖人答處 便作今日耳聞
독 논 어 자 단 장 제 자 문 처 변 작 기 문 장 성 인 답 처 변 작 금 일 이 문

自然有得 若能於論孟中 深求玩味 將來涵養 成甚生氣質.
자 연 유 득 약 능 어 논 맹 중 심 구 완 미 장 래 함 양 성 심 생 기 질

"논어를 읽는 사람이 단지 제자들이 묻는 곳으로써 문득 자기의 물음으로 삼고, 孔子께서 대답하신 곳으로써 문득 오늘의 귀로 듣는 것으로 삼으면, 자연히 얻는 바가 있을 것이니, 만일 능히 논어와 맹자 안에서 깊이 구하고 자세히 익혀서 장차 함양해 나가면, 비범한 기질을 이루게 된다."

【글자 뜻】 將:가질 장. 써 장. 장수 장. 便:문득 변. 편할 편. 作:삼을 작. 지을 작. 答:대답할 답. 涵:잠길 함. 質:바탕 질.

【말의 뜻】 作己問:자기의 질문으로 삼음. 作今日耳聞:오늘날 귀로 듣는 것으로 삼음. 深求玩味:깊이 구하고 자세히 익혀 뜻을 이해함. 涵養: 길러 나감. 甚生:보통이 아님. 비상함.

【뜻 풀이】 만일 論語를 읽는 사람이 論語에 나오는 孔子의 제자들이 질문한 것을 자기가 孔子에게 직접 물어보는 것으로 알며, 孔子께서 대답하신 말씀을 지금 이 귀로 직접 듣는 것으로 알고, 論語를 읽으면 자연히 얻는 바가 많을 것이다. 만일 누구나 論語와 孟子 속에 나오는 孔子와 孟子의 말씀을 깊이 탐구하고 자세히 익혀 마음과 행실을 닦아 나간다면, 보통 이상의 착한 마음과 올바른 행실을 이루어 높은 덕을 이루게 될 것이다. 이 글도 伊川 先生이 한 말이다.

横渠先生曰 中庸文字輩 直須句句理會過 使其言互相發明.
횡거선생왈 중용문자배 직수구구리회과 사기언호상발명

횡거 선생이 이렇게 말했다.

"中庸의 글자들은 다만 모름지기 구절들을 이해한 다음, 그 말들로 하여금 서로 관련시켜 뜻을 알아야 한다."

【글자 뜻】 庸:떳떳할 용. 輩:무리 배. 直:다만 직. 곧을 직. 句:구절 구. 理:깨달을 리. 다스릴 리. 會:깨달을 회. 모일 회. 互:서로 호.

【말의 뜻】 中庸:책 이름. 四書의 하나. 孔子의 손자인 子思가 지음. 文字輩:글자들. 理會過:뜻을 깨달아 앎. 發明:전체의 뜻을 이해함.

【뜻 풀이】 이 글은 橫渠語錄에서 인용한 것이다.

　　中庸의 글은 우선 한 구절 한 구절의 뜻을 충분히 이해한 다음, 그 말들을 서로 관련시켜 전체의 뜻을 깨달아야 한다.

呂氏童蒙訓曰 今日記一事 明日記一事 久則自然貫穿 今日辨
여씨동몽훈왈 금일기일사 명일기일사 구즉자연관천 금일변

一理 明日辨一理 久則自然浹洽 今日行一難事 明日行一難事
일리 명일변일리 구즉자연협흡 금일행일난사 명일행일난사

久則自然堅固 渙然冰釋 怡然理順 久自得之 非偶然也.
구즉자연견고 환연빙석 이연리순 구자득지 비우연야

여씨동몽훈에서 이렇게 말하였다.

"오늘 한 가지 일을 기억하고, 내일 한 가지 일을 기억하면, 날이 오래면 자연히 꿰뚫리게 되며, 오늘 한 가지 일을 분별하고, 내일 한 가지 일을 분별하면, 날이 오래면 자연히 사물의 이치를 깨닫게 되며, 오늘 한 가지 어려운 일을 행하고, 내일 한 가지 어려운 일을 행하면 날이 오래면 자연히 견고해지거니와, 시원히 얼음처럼 풀리고, 기꺼이 이치가 순해짐은 날이 오래면 스스로 얻어지는 것이니, 우연이 아니다."

【글자 뜻】貫:꿸 관. 穿:뚫을 천. 辨:분별할 변. 浹:사무칠 협. 洽:두루 흡. 堅:굳을 견. 固:굳을 고. 渙:풀릴 환. 冰:얼음 빙. 釋:풀릴 석. 怡:화할 이. 偶:만날 우.

【말의 뜻】記一事:한 가지 일을 기억함. 貫穿:이치를 통하여 알게 됨. 辨一理:한 가지 이치를 분별함. 浹洽:이치를 깨달아 알게 됨. 渙然:풀리는 모양. 冰釋:얼음이 풀림. 怡然:즐거운 모양. 理順:모든 이치가 순하게 풀림. 自得之:자연히 얻게 됨.

【뜻 풀이】오늘 한 가지 일을 기억하고, 내일 또 한 가지 일을 기억하고 하여, 날마다 이렇게 하여 오래되면, 자연히 모든 지식을 깨달아 알 수 있고, 오늘 한 가지 이치를 분별하여 깨닫고, 내일 또 한 가지 이치를 깨달아 알아, 날마다 이렇게 하여 오래되면, 자연히 모든 사물의 이치를 깨달아 알게 된다. 또 오늘 한 가지 어려운 일을 실천하고, 내일 또 한 가지 어려운 일을 실천하여, 날마다 이렇게 하여 오래되면 자연히 아무리 어려운 일이라도 능히 해낼 수 있게 된다. 이와 같이 마치 봄날에 얼음이 풀리듯이, 오랫동안 꾸준히 노력하면, 자연히 모든 이치가 도리에 따라 순리로 풀리게 되거니와, 이것은 오랜 동안 꾸준히 노력하면 저절로 얻을 수 있는 것이며, 결코 우연히 이루어지는 것이 아니다.

明道先生曰 君子敎人有序 先傳以小者近者 而後敎以大者遠
명 도 선 생 왈　군 자 교 인 유 서　선 전 이 소 자 근 자　이 후 교 이 대 자 원

者 非是先傳以近小 而後不敎以遠大也.
자　비 시 선 전 이 근 소　이 후 불 교 이 원 대 야

명도 선생이 이렇게 말했다.

"군자가 사람을 가르침에 차례가 있으니, 먼저 작은 것과 가까운 것으로써 전하고, 그런 뒤에 큰 것과 먼 것으로써 가르치거니와, 이것은 먼저 가깝고 작은 것으로써 전하고, 뒤에 멀고 큰 것으로써 가르치지 않으려는 것이 아니다."

【글자 뜻】 序:차례 서. 傳:전할 전. 遠:멀 원.

【말의 뜻】 敎人有序:사람을 가르침에 순서가 있음. 小者近者:작고 가까운 것. 집안을 청소하고 부모를 섬기며 형제간에 우애를 지키는 일 등. 大者遠者:크고 먼 것. 임금을 섬기고 백성을 다스리는 일 등.

【뜻 풀이】 이 글은 二程遺書에서 인용한 것이다.

　　도리에 밝은 君子가 사람들을 가르칠 때는 반드시 순서를 두어, 어린이들에게는 우선 부모를 섬기는 법, 형제간에 우애를 지키는 법, 친구를 사귀는 법 등 가까운 일과 작은 일을 가르치고, 자란 뒤에 덕을 닦는 법, 인생을 살아가는 법, 관직에 나아가 백성들을 다스리는 법 등 멀고 큰 것을 가르친다. 이것은 가깝고 작은 것은 가르치고, 멀고 큰 것은 가르치지 않으려는 것이 아니다.

제 6 선행편
(第六 善行篇)

이 선행편(善行篇)에서는 옛사람들의 선한 행실을 모은 것으로, 독자들로 하여금 깨닫는 바가 있어, 선한 행동을 하도록 권하고 있는 것이다.

이 선행편에서도 역시 부모에게 효도한 이야기가 가장 많다. 효도는 백 가지 행실의 근본이라고 한다. 자기 부모에게 효도조차 하지 못하는 사람이 어찌 다른 사람들에게 선행을 베풀 수 있겠는가? 부모에게 효도하기 위해서는 우선 자신의 마음부터 선량하게 닦아야 한다. 인간의 모든 선행은 여기에서부터 시작되기 때문이다.

사람은 사람답게 살아야 한다. 현대 사회와 같이 죄악이 범람하는 시대일수록, 더욱 인간성을 닦아서 죄악에 물들지 않고 선행을 하도록 힘써야겠다.

呂滎公 名希哲 字原明 中國正獻公之長子 正獻公居家 簡重
여형공 명희철 자원명 신국정헌공지장자 정헌공거가 간중

寡默 不以事物經心 而申國夫人 性嚴有法度 雖甚愛公 然敎
과묵 불이사물경심 이신국부인 성엄유법도 수심애공 연교

公 事事循蹈規矩.
공 사사순도규구

甫十歲 祁寒暑雨 侍立終日 不命之坐 不敢坐也 日必冠帶 以
보십세 기한서우 시립종일 불명지좌 불감좌야 일필관대 이

見長者 平居雖甚熱 在父母長者之側 不得去巾襪縛袴 衣服
현장자 평거수심열 재부모장자지측 부득거건말전고 의복

唯謹.
유근

行步出入 無得入茶肆酒肆 市井里巷之語 鄭衛之音 未嘗一經
행보출입 무득입다사주사 시정리항지어 정위지음 미상일경

於耳 不正之書 非禮之色 未嘗一接於目.
어이 불정지서 비례지색 미상일접어목

　여형공(呂滎公)의 이름은 희철(希哲)이요 자는 원명(原明)이니, 신국(申國) 정헌공(正獻公)의 맏아들이다. 正獻公이 집에 거처함에 대범하고 중후하고 일을 덜고 말이 적어, 사물로써 마음을 다스리지 않고, 그리고 신국부인(申國夫人)이 성품이 엄격하고 법도가 있어서, 비록 공(公)을 몹시 사랑하나, 그러나 公을 가르치되 일일마다 법도를 따라 실천하게 하였다.

　여형공의 나이 겨우 열 살 때, 큰 추위와 더위와 비가 내리더라도 종일 모시고 서서, 앉으라고 명하지 않으면 감히 앉지 못하였다. 날마다 반드시 갓과 띠를 갖추고 어른을 뵈었으며, 평소 생활에 비록 몹시 덥더라도 부모와 어른 곁에 있어서, 두건과 버선과 행전과 바지를 벗지 못하고, 의복을 오직 삼가게 되었다.

　걸어 다니고 출입할 때 찻집과 술집에 들어가지 못하였고, 저자나 마을 거리의 말과 정(鄭)나라와 위(衛)나라의 음악을 일찍이 한 번도 귀에 지나

지 않았으며, 바르지 않은 책과 예절에 벗어난 빛을 일찍이 한 번도 눈에 접하지 아니하였다.

【글자 뜻】 呂:성 려. 법중 려. 滎:물이름 형. 希:바랄 희. 哲:밝을 철. 獻:드릴 헌. 簡:클 간. 간략할 간. 寡:살필 과. 적을 과. 默:잠잠할 묵. 經:다스릴 경. 글 경. 지날 경. 度:법도 도. 循:좇을 순. 蹈:밟을 도. 規:법 규. 矩:법 구. 甫:비로소 보. 祁:클 기. 侍:모실 시. 見:뵈올 현. 볼 견. 熱:더울 열. 側:곁 측. 巾:건 건. 襪:버선 말. 縛:행전 전. 袴:바지 고. 茶:차 다. 肆:가게 사. 巷:거리 항. 鄭:나라 정. 衛:나라 위. 嘗:일찍이 상. 接:접할 접.

【말의 뜻】 呂滎公:宋나라 때 학자. 正獻公:이름은 公著, 申國公에 봉하여 짐. 簡重寡默:대범하고 무게 있고 일을 덜고 말이 적음. 經心:마음을 다스림. 申國夫人:성은 魯氏. 事事循蹈規矩:일마다 법도에 따라 실천 함. 不得去(부득거):벗지 못함. 巾襪縛袴:두건과 버선과 행전과 바지. 無得入:들어가지 못함. 茶肆酒肆:찻집과 술집. 市井里巷之語:저자와 거리에서 떠드는 천한 말. 鄭衛之音:鄭나라와 衛나라의 음악은 음탕하 였음. 經於耳:귀에 지나감. 接於目:눈에 접함. 눈으로 봄.

【뜻 풀이】 이 글은 呂氏家訓에서 인용한 것이다.
　　여형공은 정헌공의 아들이다. 정헌공은 평소에 침착하고 조용한 사람 으로, 성격이 대범하고 태도가 정중하며 말이 적으며, 위엄이 있고 부 귀를 마음에 두지 않았다. 어머니인 신국부인 노씨는 성격이 엄격하고 법도를 아는 사람으로, 속으로는 여형공을 몹시 사랑했지만, 아들을 가 르침에 매사를 법도에 따라 실천하도록 가르쳤다.
　　여형공이 겨우 열 살 때, 큰 추위나 더위, 또는 폭우가 쏟아지는 날도

종일 부모를 모시고 서서, 앉으라는 명령이 없으면 감히 앉을 생각을 하지 못했다. 또 날마다 의관을 갖추고 부모님 곁에 있어, 아무리 더운 날씨에도 감히 두건과 버선과 행전과 바지를 벗지 못하고, 의복에 대하여 오직 삼갈 뿐이었다.

거리에 나가 다닐 때에도 감히 찻집이나 술집에 들어가지 못하였고, 시장거리의 천한 말이나 음란한 음악을 한 번도 들은 일이 없으며, 내용이 좋지 않은 책과 예절에 벗어난 광경을 한 번도 본 일이 없었다.

正獻公通判潁州 歐陽公適知州事 焦先生千之伯强 客文忠公
정헌공통판영주 구양공적지주사 초선생천지백강 객문충공

所 嚴毅方正 正獻公招延之 使教諸子 諸生小有過差 先生端
소 엄의방정 정헌공초연지 사교제자 제생소유과차 선생단

坐 召與相對 終日竟夕 不與之語 諸生恐懼畏伏 先生方略降
좌 소여상대 종일경석 불여지어 제생공구외복 선생방략강

辭色.
사색

時公方十餘歲 內則正獻公與申國夫人敎訓 如此之嚴 外則焦
시공방십여세 내칙정헌공여신국부인교훈 여차지엄 외즉초

先生化導 如此之篤 故公德器成就 大異衆人 公嘗言 人生內
선생화도 여차지독 고공덕기성취 대이중인 공상언 인생내

無賢父兄 外無嚴師友 而能成者 少矣.
무현부형 외무엄사우 이능성자 소의

아버지인 정헌공이 영주(潁州)의 통판(通判)이 됨에, 구양공(歐陽公)이 마침 지주사(知州事)였는데, 초선생(焦先生) 천지(千之) 백강(伯强)이 문충공(文忠公)의 곳에 손님으로 와 있어서, 엄격하고 굳세고 방정하거늘, 정헌공이 초빙하여 맞이하여 여러 아들을 가르치게 하였더니, 여러 학생들이 조금이라도 잘못과 어김이 있으면, 초선생이 단정하게 앉아, 불러서 서로

함께 대하여 날이 지나고 저녁을 맞도록 더불어 말하지 않다가, 여러 제자
들이 두려워하고 경외하여 복종하여야만, 선생이 바야흐로 조금 말과 낯
빛을 낮추었다.

　때에 여형공의 나이 바야흐로 십여 세가 되었더니, 안으로는 정헌공과
신국부인의 가르침과 교훈이 이와 같이 엄격하고, 밖으로는 초선생의 교화
와 지도가 이와 같이 독실하니, 그러므로 여형공이 덕의 그릇이 이루어져
서 여러 사람보다 크게 달라졌다. 여형공이 일찍이 말하기를, "사람이 안
으로 어진 父兄이 없고 밖으로 엄한 스승과 벗이 없으면, 능히 이루는 자
가 적다."고 했다.

【글자 뜻】 判:판단할 판.　穎:물이름 영.　歐:성 구.　適:마침 적. 맞을 적.
　　焦:성 초. 조급할 초.　毅:굳셀 의.　招:부를 초.　延:맞을 연. 뻗을 연.
　　差:어긋날 차.　召:부를 소.　竟:마침 경.　恐:두려워할 공.　懼:두려워할
　　구.　畏:두려워할 외.　略:간략할 략.　降:내릴 강.　導:인도할 도.　篤:
　　도타울 독.　器:그릇 기.　就:이룰 취. 나아갈 취.
【말의 뜻】 通判:벼슬 이름. 고을 관리들의 감독관.　歐陽公:歐陽修, 字는
　　永叔, 시호는 文忠公.　焦先生千之伯强:이름은 千之, 자는 伯强.　嚴毅
　　方正:엄격하고 굳세고 행실이 방정함.　招延之:초빙하여 맞이함.　過差:
　　잘못과 도리에 어긋남.　端坐:단정히 앉음.　終日竟夕:낮이 지나고 저녁
　　이 지남.　恐懼畏伏:두려워하고 경외하여 잘못에 굴복함.　略降辭色:말
　　과 낯빛을 조금 낮춤.　化導:교화와 지도.　德器成就:뛰어난 덕을 이룩
　　함.　大異衆人:보통 사람들과 크게 다름.

【뜻 풀이】 여형공의 아버지인 정헌공이 영주의 통판이 되어 갔을 때, 마
　　침 친구인 구양수가 영주의 지주사였다. 그런데 초천지(焦千之)라는 사

람이 구양수의 집에 손님으로 와 있었는데, 그의 성격이 엄격하고 뜻이 굳세고 행실이 방정하여, 정헌공이 그를 초빙하여 자기 아이들을 가르치게 했다. 그는 제자들에게 작은 잘못이나 도리에 어긋나는 일이 있으면, 단정히 앉아 그를 불러 마주 대하고 낮이 지나고 저녁이 지나도록 말없이 있다가, 제자가 자기 잘못을 깨닫고 두려워하고 굴복하여야, 비로소 말씨와 안색을 조금 누그러뜨렸다.

그때 여형공의 나이 십여 세에 불과했는데, 안으로는 아버지와 어머니의 교훈이 엄격했고, 또 밖으로는 초선생의 지도와 교화가 엄하고 착실했으므로 여형공은 보통사람들보다 뛰어난 덕을 지닌 훌륭한 인격을 이룰 수 있었던 것이다. 그래서 여형공은 일찍이, "사람이 안으로 현명한 부모의 교훈이 없고, 밖으로 엄격한 스승의 가르침을 받지 못한다면, 뛰어난 덕을 이루기가 어렵다."고 말했다.

明道先生言於朝曰 治天下 以正風俗得賢才 爲本 宜先禮令近
명도선생언어조왈 치천하 이정풍속득현재 위본 의선예령근
侍賢儒 及百執事 悉心推訪 有德業充備足爲師表者 其次有篤
시현유 급백집사 실심추방 유덕업충비족위사표자 기차유독
志好學材良行修者 延聘敦遣 萃於京師 俾朝夕相與講明正學.
지호학재량행수자 연빙돈유 췌어경사 비조석상여강명정학

명도 선생이 조정에서 이렇게 말했다.

"천하를 다스림에는 풍속을 바로잡고 어진 인재를 얻음으로써 근본으로 삼아야 하거니와, 마땅히 먼저 가까이 모신 어진 선비와 모든 관리들에게 예로 명령하여, 마음을 다하여 미루어 찾게 하여, 덕과 학문을 충분히 갖추어 족히 사표(師表)가 될 사람이 있고, 그 다음으로 뜻이 돈독하고 학문을 좋아하여 재목이 좋고 행실이 닦인 사람이 있으면 예로 맞이하고 예로 보내어 경사에 모아서, 하여금 아침과 저녁으로 서로 더불어 바른 학문을 익히어 밝히도록 해야 한다."

【글자 뜻】 宜:마땅 의. 儒:선비 유. 執:잡을 집. 悉:다할 실. 推:밀 추. 訪:찾을 방. 充:채울 충. 備:갖출 비. 次:다음 차. 篤:도타울 독. 聘:부를 빙. 敦:도타울 돈. 遣:보낼 견. 萃:모을 췌. 俾:하여금 비. 講:익힐 강.

【말의 뜻】 正風俗得賢才:풍속을 바로잡고 어진 인재를 얻음. 禮令:예의로 대우하여 명령을 내림. 百執事:모든 관리. 悉心推訪:마음을 다하여 미루어 찾음. 德業充備:덕과 학문을 충분히 갖춤. 師表:사람들의 스승. 篤志好學:뜻이 독실하고 학문을 좋아함. 材良行修:바탕이 어질고 행실이 닦인 사람. 延聘敦遣:예의로 맞이하고 예의로 보냄. 講明正學:올바른 학문을 익히어 밝힘.

【뜻 풀이】 이 글은 二程全書에서 인용한 것이다.

明道 先生이 宋나라 조정에 건의하여 이렇게 말했다.

天下를 다스림에는 우선 백성들의 풍속을 바로잡고 어진 인재 얻는 것을 근본으로 삼아야 한다. 우선 가까이 모신 어진 선비들과 모든 관리들에게 예의로 부드럽게 명령을 내려, 마음을 다하여 높은 덕과 학문을 충분히 갖추고 있어 사람들의 스승이 될 만한 사람들을 찾아내고, 또 뜻이 독실하고 학문을 좋아하여 바탕이 훌륭하고 행실이 도리에 맞도록 닦은 사람들을 찾아내어, 예로 맞이하고 예로 보내어 모두 서울로 모이게 하여, 그들로 하여금 아침저녁으로 서로 올바른 학문을 익혀 밝게 해야 한다.

其道必本於人倫 明乎物理 其教自小學灑掃應對以往 修其孝
기 도 필 본 어 인 륜　명 호 물 리　기 교 자 소 학 쇄 소 응 대 이 왕　수 기 효

悌忠信 周旋禮樂 其所以誘掖激勵漸摩成就之道 皆有節序 其
제 충 신　주 선 예 악　기 소 이 유 액 격 려 점 마 성 취 지 도　개 유 절 서　기

要在於擇善修身 至於化成天下 自鄉人而可至於聖人之道.
요 재 어 택 선 수 신　지 어 화 성 천 하　자 향 인 이 가 지 어 성 인 지 도

"그 도리는 반드시 인륜에 근본을 두어 모든 사물의 도리를 밝히고, 그 가르침은 소학의 물 뿌리고 쓸고 응대하는 것으로부터 나아가서, 그 효도와 공경과 충성과 신의를 닦고, 예절과 음악을 주선해야 하거니와, 그 이끌고 부축하며 격려하여 번지고 갈아서 성취하는 바의 도리는 다 절차와 차례가 있으니, 그 중요함은 착함을 가려서 몸을 닦아, 천하를 교화하여 이루는데 이르게 하여, 시골 사람으로부터 가히 성인의 도리에 이르게 함에 있다."

【글자 뜻】 旋:돌이킬 선. 誘:당길 유. 꾈 유. 掖:부축할 액. 漸:번질 점.
　摩:갈 마. 磨와 같음.

【말의 뜻】 本於人倫:인륜에 근본을 둠. 物理:사물의 이치. 孝悌忠信:부모에게 효도하고, 형과 어른들을 공경하며, 나라에 충성하고, 친구 사이에 신의가 있음. 周旋禮樂:예절과 음악을 이룸. 誘掖激勵:이끌고 부축하고 격려함. 漸摩:선에 젖어들고 행실을 갈고 닦음. 節序:절차와 차례. 擇善修身:선을 가려 몸을 닦음. 化成:교화를 이룸. 鄉人:시골 사람. 보통 사람.

【뜻 풀이】 그 올바른 학문의 길은 반드시 사람으로서 지켜야 할 도리에 근거를 두고서 모든 사물의 도리를 밝혀야 한다. 그리고 그 가르치는 법은 小學의 청소하고 응대하는 법도로부터 시작하여, 나아가서는 부모에게

효도하고, 어른들에게 공경하며, 나라에 충성하고, 친구들 사이에 신의를 지키며, 예절과 음악을 이루도록 해야 한다. 어진 친구를 사귀어 서로 이끌어 주고, 부축해 주며, 격려하여, 선에 젖어들고 갈고 닦아 인격을 완성해 나가는 길에는 모두 절차와 차례가 있다. 결국 그 중요한 점은 선행을 선택하여 자신의 몸을 닦아서, 천하의 모든 사람들에게 교화를 이루는 것이니, 즉 시골의 보통 사람들로 하여금 성인의 법도를 지키는데 이르게 함에 있다.

其學行皆中於是者 爲成德 取材識明達 可進於善者 使日受其
기 학 행 개 중 어 시 자　위 성 덕　취 재 식 명 달　가 진 어 선 자　사 일 수 기

業 擇其學明德尊者 爲太學之師 次以分敎天下之學.
업　택 기 학 명 덕 존 자　위 태 학 지 사　차 이 분 교 천 하 지 학

"그 학문과 덕행이 모두 여기에 맞는 사람을 덕이 이루어졌다고 하거니와, 재능과 지식이 밝게 통달하여 선함에 나갈 수 있는 사람을 취하여 날마다 그 학업을 받게 하고, 그 학문이 밝고 덕행이 높은 사람을 가려서 태학(太學)의 스승으로 삼고, 다음가는 사람으로써 천하의 학교에서 가르치게 해야 한다."

【글자 뜻】 識:알 식.　達:달할 달.　尊:높을 존.

【말의 뜻】 學行:학문과 덕행.　中於是:여기에 맞음.　成德:덕을 이룸.　材識明達:재능과 지식이 밝게 통달함.　可進於善:선함에 나갈 수 있음.　使日受其業:날마다 그 학업을 받게 함.　學明德尊:학문이 밝고 덕행이 높음.　太學:國學.　天下之學:천하의 학교.　州나 縣의 학교.

【뜻 풀이】 인재들 중에서 학문과 덕행이 앞에서 말한 바에 맞는 사람을 덕

이 이루어진 인격자라고 하거니와, 그 재능과 지식이 밝게 통달하여 선
에 나갈 수 있는 사람들을 골라서 날마다 학업을 받게 한 다음, 학문이
밝고 덕행이 높은 사람을 골라서 국학(國學)의 스승으로 삼고, 그 다음
가는 사람들을 천하의 각 고을의 학교로 보내어 가르치게 해야 한다.

擇士入學 縣升之州 州賓興於太學 太學聚而敎之 歲論其賢者
택사입학 현승지주 주빈흥어태학 태학취이교지 세논기현자

能者於朝.
능자어조

凡選士之法 皆以性行端潔 居家孝悌 有廉恥禮讓 通明學業
범선사지법 개이성행단결 거가효제 유렴치예양 통명학업

曉達治道者.
효달치도자

"선비들을 가려서 입학시키되, 현(縣)에서 뽑아 주(州)로 올리고, 州에서
뽑아 빈객으로 太學에 올리거든, 太學이 모아 가르쳐서, 해마다 그 어진 사
람과 유능한 사람을 조정에서 논해야 한다.

대저 선비를 고르는 방법은 모두 성품과 행실이 단정하고 깨끗하여, 집
에 거처함에 효도하고 공경하며, 청렴과 부끄러움과 예절과 겸양이 있고,
학업에 통하여 밝으며, 다스리는 도리에 밝게 통달한 사람으로써 해야 한
다."

【글자 뜻】縣:고을 현. 升:오를 승. 되 승. 興:일 흥. 聚:모을 취. 選:고
를 선. 端:단정할 단. 潔:깨끗할 결. 廉:청렴할 렴. 恥:부끄러울 치.
讓:사양할 양. 曉:밝을 효. 새벽 효.
【말의 뜻】縣升之州:縣에서 추천하여 州로 보냄. 賓興:빈객으로 추천함.
聚而敎之:모아서 가르침. 歲論:해마다 논함. 性行端潔:성품과 행실이

단정하고 깨끗함. 廉恥禮讓:청렴과 수치와 예절과 겸양. 通明:통달하여 밝음. 曉達治道:다스리는 도리에 밝게 통달함.

【뜻 풀이】 훌륭한 선비들을 선택하여 입학시키되, 縣에서 뛰어난 사람을 州로 추천하고, 州에서 뛰어난 사람을 國學으로 추천하면, 國學에서는 그들을 모아 가르치고, 해마다 조정에서 어진 사람과 유능한 사람을 의논해야 한다.

　선비를 선택하는 방법은 성품과 행실이 단정하고 결백하여 집에서 부모에게 효도하고 어른을 공경하며, 청렴과 수치와 예절과 겸양을 지니고 있고, 학문에 능통하여 백성들을 다스리는 도리를 훤히 깨달은 사람을 선택해야 한다.

明道先生敎人 自致知至於知止 誠意至於平天下 灑掃應對至
명도선생교인 자치지지어지지 성의지어평천하 쇄소응대지

於窮理盡性 循循有序.
어궁리진성 순순유서

病世之學者 捨近而趨遠 處下而闚高 所以輕自大而卒無得也.
병세지학자 사근이추원 처하이규고 소이경자대이졸무득야

　명도 선생이 사람을 가르치되, 앎을 이룸으로부터 그칠 줄 아는 데까지 이르고, 뜻을 성실하게 함으로부터 천하를 태평하게 하는 데까지 이르고, 물 뿌리고 쓸고 응대하는 것으로부터 이치를 궁구하고 성품을 다하는 데까지 이르러, 차례차례로 순서가 있었다.

　또 세상의 학자들이 가까운 것을 버리고 먼 곳으로 달리고, 아래에 처하면서 높은 곳을 엿보는지라, 경솔하게 자신을 크게 여겨서 마침내 얻음이 없는 까닭을 근심하였다.

【글자 뜻】 止:그칠 지. 窮:궁구할 궁. 循:차례 순. 돌 순. 病:근심할 병.
병들 병. 捨:버릴 사. 趨:달릴 추. 闚:엿볼 규. 窺와 같음. 輕:가벼
울 경. 卒:마침 졸.

【말의 뜻】 致知:사물에 접하여 앎을 이룸. 즉 格物致知. 知止:지극히 착
함에 멈춤. 즉 止於至善. 誠意:뜻을 성실히 함. 窮理盡性:이치를 궁구
하고 성품을 다함. 循循:차례차례로. 捨近而趨遠:가까운 것을 버리고
먼 것으로 달림. 處下而闚高:아래에 있으면서 높은 것을 엿봄. 自大:
자신을 크게 여김. 卒無得:마침내 얻는 것이 없음.

【뜻 풀이】 이 글은 明道行狀에서 인용한 것이다.

　　明道 先生은 제자들을 가르침에 大學의 여덟 가지 조목, 즉 格物一致
知一誠意一正心一修身一齊家一治國一平天下에 의하여 순서를 두어 가
르쳤다. 즉 사물에 접하여 앎을 이룸으로부터 지극히 착한데 머무는 것
에 이르기까지, 또 뜻을 성실하게 함으로부터 天下를 태평하게 다스리
는 법도에 이르기까지, 그리고 小學의 물 뿌리고 쓸고 응대하는 것으로
부터 天下의 이치를 궁구하고 사람의 본성을 다하여 하늘의 도리에 합
치시키는 일에 이르기까지 차례차례로 순서를 두었다.

　　또 明道 先生은 세상의 학자들이 이 순서를 밟지 않고, 가까운 것을
버리고서 한꺼번에 먼 곳에 이르려 하고, 아래를 닦지 않고 높은 곳을
엿보아서, 경솔하게 자신의 능력을 과대평가하여 결국 아무것도 얻는
바가 없는 폐단을 깊이 근심하였다.

江革少失父 獨與母居 遭天下亂 盜賊竝起 革負母逃難 備經
강혁소실부 독여모거 조천하란 도적병기 혁부모도난 비경

險阻 常採拾以爲養 數遇賊 或劫欲將去 革輒涕泣求哀 言有
험조 상채십이위양 수우적 혹겁욕장거 혁첩제읍구애 언유

老母 辭氣願款 有足感動人者 賊以是不忍犯之 或乃指避兵之
노모 사기원관 유족감동인자 적이시불인범지 혹내지피병지

方 遂得俱全於難.
방 수득구전어난

轉客下邳 貧窮裸跣 行傭以供母 便身之物莫不畢給.
전객하비 빈궁나선 행용이공모 변신지물막불필급

강혁(江革)이 어려서 아버지를 잃고 홀로 어머니와 더불어 살더니, 天
下의 난리를 만나 도적들이 사방에서 일어나거늘, 강혁이 어머니를 업고
난리를 피하여 험한 어려움을 고루 겪으며, 항상 나물 캐고 열매를 주워서
어머니를 봉양하더니, 자주 도적을 만나 혹 강혁을 위협하여 데려가고자
하면, 강혁이 문득 눈물을 흘리면서 울어 애걸을 구하여 늙으신 어머니가
계시다고 말하니, 그 말과 기색이 진실하여 족히 사람을 감동시킴이 있는
지라, 도적이 이로써 차마 범하지 못하며, 혹은 이에 병란을 피할 방위를
지시해 주니, 드디어 모자가 모두 난리에 온전할 수 있었다.

옮겨 하비(下邳)에서 객지생활을 함에, 가난하고 궁핍하여 옷을 입지 못
하고 맨발로 고용살이를 행하여 써 어머니를 봉양하되, 어머니의 몸을 편
안하게 할 물건들이 다 넉넉하지 않은 것이 없었다.

【글자 뜻】 革:가죽 혁. 遭:만날 조. 負:질 부. 逃:피할 도. 도망할 도.
  備:갖출 비. 險:험할 험. 阻:막힐 조. 採:캘 채. 拾:주울 습. 數:자
  주 삭. 두어 수. 遇:만날 우. 劫:위협할 겁. 輒:문득 첩. 涕:눈물 체.
  泣:울 읍. 願:삼갈 원. 款:정성스러울 관. 指:가리킬 지. 避:피할 피.
  俱:함께 구. 轉:옮길 전. 구를 전. 邳:땅이름 비. 裸:벌거벗을 라. 跣:

발벗을 선. 傭:품팔이할 용. 供:이바지할 공. 畢:다 필. 마칠 필. 給:
족할 급. 줄 급.

【말의 뜻】 江革:漢나라 사람으로 字는 차옹(次翁). 竝起:사방에서 일어
남. 負母逃難:어머니를 업고 난리를 피함. 備經險阻:험한 어려움을 고
루 겪음. 採拾:풀뿌리와 나무의 열매를 캐고 주움. 劫欲將去:위협하여
데려가려 함. 涕泣求哀:눈물을 흘리고 울면서 애걸을 구함. 辭氣愿款:
말과 기색이 진실함. 不忍犯之:차마 범하지 못함. 指避兵之方:병란을
피할 방위를 지시함. 俱全:다 온전함. 裸跣:옷을 입지 못하고 맨발로
지냄. 行傭:품팔이를 함. 供母:어머니를 봉양함. 莫不畢給:다 족하지
않음이 없음. 다 족함.

【뜻 풀이】 이 글은 後漢書에서 인용한 것이다.

漢나라 때 江革은 어려서 아버지가 돌아가 홀로 어머니와 함께 살았
는데, 때마침 온 세상이 어지럽고 사방에서 도적떼가 일어났다.

江革은 이에 어머니를 업고 난리를 피하여 온갖 어려움과 고생을 겪
으면서 나물을 캐고 열매를 따고 주워서 어머니를 봉양했다. 그런데 자
주 도적들을 만나, 어떤 도적은 江革을 위협하여 데려다가 부하로 삼
으려 했다. 이에 江革은 눈물을 흘리며 울면서 늙으신 어머니가 계시다
고 애걸하니, 그 말과 태도가 몹시 진실하여 사람을 감동시키는지라,
도적들은 차마 데려가지 못하고, 혹 어떤 도적은 난리를 피할 방향까
지 가르쳐 주었다. 이리하여 江革은 어머니와 함께 무사히 난리를 피
할 수 있었다.

뒤에 江革은 하비(下邳) 땅으로 옮겨 살았는데, 너무 가난하여 몸에
걸칠 옷도 없고 맨발로 살아야 했다. 그러면서도 품팔이를 하여 어머니
를 봉양했는데, 어머니의 몸을 편안하게 해 드릴 물건들은 없는 것이 없

을 만큼 다 갖추어 드렸다고 한다.

薛包好學篤行 父娶後妻而憎包 分出之 包日夜號泣不能去 至
설포호학독행 부취후처이증포 분출지 포일야호읍불능거 지

被毆杖 不得已廬于舍外 旦入而灑掃 父怒 又逐之 乃廬於里
피구장 불득이려우사외 단입이쇄소 부노 우축지 내려어리

門 晨昏不廢 積歲餘父母慚而還之 後服喪過哀.
문 신혼불폐 적세여부모참이환지 후복상과애

설포(薛包)가 배움을 좋아하고 행실을 도타이 하더니, 아버지가 후처에
장가들고서 설포를 미워하여 갈라서 내보내거늘, 설포가 밤낮으로 울고 능
히 가지 못하더니, 매를 맞음에 이르러서야 부득이 집밖에 움막을 짓고 아
침에 들어와서 물 뿌리고 쓸고 하거늘, 아버지가 노하여 또 쫓아내니, 이에
마을 입구에 움막을 짓고서 새벽과 저녁으로 문안을 폐하지 아니하더니,
한 해가 넘자 부모가 부끄러워하며 돌아오게 하였다. 뒤에 부모의 상을 당
하자 지나치게 슬퍼하였다.

【글자 뜻】薛:성 설. 包:쌀 포. 娶:장가들 취. 憎:미워할 증. 號:부르짖
을 호. 이름 호. 泣:울 읍. 被:입을 피. 毆:때릴 구. 杖:몽둥이 장. 지
팡이 장. 廬:움막 려. 舍:집 사. 旦:아침 단. 逐:쫓을 축. 晨:새벽 신.
昏:어두울 혼. 廢:폐할 폐. 積:쌓을 적. 歲:해 세. 餘:남을 여. 慚:
부끄러울 참. 還:돌아올 환.

【말의 뜻】薛包:後漢 사람으로 字는 孟嘗. 分出之:갈라 내보냄. 日夜號
泣:밤낮으로 슬피 욺. 不能去:차마 가지 못함. 被毆杖:몽둥이로 매를
맞음. 廬于舍外:집밖에 움막을 지음. 里門:마을의 입구. 晨昏不廢:아
침과 저녁으로 문안드리는 것을 폐하지 않음. 晨昏은 昏定而晨省. 積

歲餘:한 해가 넘음. 慚而還之:부끄러워하며 돌아오게 함. 服喪過哀: 부모상을 당하여 지나치게 슬퍼함.

【뜻 풀이】이 글도 後漢書에서 인용한 것이다.

설포는 학문을 좋아하고 행실이 독실하며 효성이 극진하였다. 어머니 가 돌아가시자, 아버지가 후처를 얻고 설포를 미워하여, 약간의 재산을 나누어 주고 집에서 내보냈다. 설포가 밤낮으로 슬피 울면서 차마 떠나 지 못하더니, 몽둥이로 매를 맞고서야 하는 수 없이 집밖에 움막을 짓 고, 이른 아침에 들어가 집안을 청소하였다. 아버지가 다시 화를 내시 며 쫓아내자, 마을 입구에 움막을 짓고 지내면서 아침과 저녁으로 부모 에게 문안드리는 것을 빼놓지 않고 실천했다. 이렇게 하기를 1년이 넘 자, 부모도 부끄러워하면서 집으로 다시 돌아오게 했다. 뒤에 부모상을 당하자, 그 슬퍼함이 지나칠 정도였다.

王祥性孝 蚤喪親 繼母朱氏不慈 數譖之 由是失愛於父 每使
왕상성효 조상친 계모주씨불자 삭참지 유시실애어부 매사

掃除牛下 祥愈恭謹 父母有疾 衣不解帶 湯藥必親嘗.
소제우하 상유공근 부모유질 의불해대 탕약필친상

왕상(王祥)이 천성이 효성스럽더니, 일찍이 어머니를 잃고, 계모인 주씨 (朱氏)는 인자하지 못하여 자주 참소하니, 이로 말미암아 아버지에게서 사 랑을 잃고, 매양 소의 똥을 소제하는 일을 시키나 왕상이 더욱 공경하고 삼 가며, 부모가 병환이 나시면 옷의 띠를 풀지 아니하고, 약을 끓이되 반드 시 친히 맛본 다음에 드렸다.

【글자 뜻】祥:상서 상. 蚤:일찍 조. 喪:잃을 상. 상사 상. 繼:이을 계.

數:자주 삭. 두어 수. 譖:참소할 참. 由:말미암을 유. 掃:쓸 소. 除:제할 제. 愈:더욱 유. 疾:병 질. 解:풀 해. 湯:끓일 탕.

【말의 뜻】 王祥:진나라 사람으로 자는 휴징(休徵). 晋 武帝 때 太保가 됨. 蚤喪親:일찍이 어머니를 잃음. 不慈:인자하지 못함. 數譖之:자주 헐뜯어 참소함. 掃除牛下:마구간에 있는 소의 똥을 청소함. 愈恭謹:더욱 공경하고 삼감. 衣不解帶:옷에서 띠를 풀지 않음. 湯藥必親嘗:약을 끓이면 반드시 친히 맛봄.

【뜻 풀이】 이 글은 晋書에서 인용한 것이다.

　　진나라의 王祥은 천성이 지극히 효성스러웠으나, 어려서 어머니가 돌아가시고 아버지가 朱氏라는 계모를 얻었는데, 그 계모가 몹시 사나워 자주 王祥을 헐뜯어 말했다. 王祥은 이로 인하여 아버지의 사랑마저 잃게 되어, 항상 마구간에 있는 소의 똥을 쓸어내는 일을 시켰으나, 王祥은 더욱 부모를 공경하고 행동을 조심했다. 부모가 병환이 나시면 옷에서 띠를 풀지 않고, 약을 다리면 반드시 먼저 맛본 다음 부모에게 드렸다.

　　계모가 낳은 아들로 남(覽)이라는 王祥의 동생이 있었다. 朱氏가 王祥의 종아리를 치자, 동생이 형을 끌어안고 함께 울었다고 한다. 아버지가 돌아가시자, 朱氏는 王祥을 더욱 미워하여, 음식에 독을 넣어 王祥을 죽이려 하자, 동생이 이를 먼저 먹으려 하니 朱氏가 이를 뺏어버렸다. 이 이후로 王祥의 반찬을 동생이 먼저 맛보니, 朱氏도 자기 아들이 죽을 것을 두려워하여 그와 같은 행동을 버렸다고 한다.

母嘗欲生魚 時天寒冰凍 祥解衣 將剖冰求之 冰忽自解 雙鯉
모 상 욕 생 어 시 천 한 빙 동 상 해 의 장 부 빙 구 지 빙 홀 자 해 쌍 리

躍出 持之而歸.
약 출 지 지 이 귀

母又思黃雀炙 復有雀數十 飛入其幕 復以供母 鄕里驚嘆 以
모 우 사 황 작 자 부 유 작 수 십 비 입 기 막 부 이 공 모 향 리 경 탄 이

爲孝感所致.
위 효 감 소 치

有丹柰結實 母命守之 每風雨祥輒抱樹而泣 其篤孝純至如此.
유 단 내 결 실 모 명 수 지 매 풍 우 상 첩 포 수 이 읍 기 독 효 순 지 여 차

    어머니가 일찍이 물고기를 먹고 싶어 하니, 이때 날씨가 춥고 얼음이 얼었는데, 왕상이 옷을 벗고 장차 얼음을 깨고 구하려 하더니, 얼음이 갑자기 스스로 풀리고서 두 마리의 잉어가 뛰어나오거늘, 가지고서 돌아왔다.

    어머니가 또 누런 참새 구운 것을 생각하시니, 다시 참새 수십 마리가 있어 날아서 그 장막으로 들어오거늘, 다시 그것으로 어머니에게 봉양하니, 마을 사람들이 경탄하여 써 효성에 감동되어 이루어진 것이라 하였다.

    또 붉은 능금나무가 있어 열매를 맺었거늘, 어머니가 지키라고 명령하니, 비바람이 불 때마다 왕상이 문득 나무를 끌어안고서 우니, 그 효성의 도타움과 지성의 순전함이 이와 같았다.

【글자 뜻】冰:얼음 빙. 氷과 같음. 凍:얼 동. 剖:깨뜨릴 부. 忽:홀연 홀.
    雙:쌍 쌍. 鯉:잉어 리. 躍:뛸 약. 持:가질 지. 雀:참새 작. 炙:고기구
    이 자. 復:다시 부. 飛:날 비. 幕:장막 막. 供:바칠 공. 驚:놀랄 경.
    嘆:탄식할 탄. 柰:능금 내. 結:맺을 결. 實:열매 실. 輒:문득 첩. 抱:
    안을 포. 樹:나무 수. 純:순전할 순.

【말의 뜻】欲生魚:물고기를 먹고 싶어함. 天寒冰凍:날씨가 춥고 얼음이
    얾. 解衣:옷을 벗음. 剖冰求之:얼음을 깨고 물고기를 구하려 함. 躍

出:뛰어나옴.   思黃雀炙:참새 구운 고기를 먹고 싶어함.   爲孝感所致:
효성에 감동되어 이루어진 것이라고 말함.   丹柰:붉은 능금나무.   抱樹
而泣:나무를 끌어안고서 욺.   篤孝純至:효성이 도탑고 지성이 순전함.

【뜻 풀이】 포악한 계모에 대한 王祥의 효성은 극진하였다. 한번은 겨울철
에 어머니가 물고기를 잡수시고 싶어하시자, 王祥이 옷을 벗고 얼음을
깨고서 물고기를 구하려 하자, 얼음이 저절로 풀리면서 두 마리의 잉어
가 뛰어나와, 가지고 집으로 돌아와 어머니에게 드렸다.

또 한번은 어머니가 참새 구운 고기를 잡수시고 싶어하셨는데, 갑자
기 수십 마리의 참새 떼가 王祥이 쳐 놓은 장막 속으로 날아 들어와 그
것으로 어머니에게 봉양하나, 마을 사람들이 경탄하며 효성이 지극하
여 하늘이 감동한 것이라고 말했다.

또 능금나무에 능금이 달려, 어머니가 그것을 지키라고 명했다. 王
祥은 비바람이 불 때마다 그 능금나무를 끌어안고 능금이 떨어질 것이
두려워 울었다고 한다. 王祥은 사나운 계모에 대한 효성이 이와 같이
극진했다고 한다.

晋西河人王延事親色養 夏則扇枕席 冬則以身溫被 隆冬盛寒
진 서하인왕연사 친색양   하 즉선침석   동 즉이신온피   융동성한

體常無全衣 而親極滋味.
체 상 무 전 의   이 친 극 자 미

진(晋)나라 西河 사람 왕연(王延)이 부모 섬기기를 기뻐하는 얼굴빛으로
봉양하여, 여름이면 베개와 자리를 부채질하고, 겨울이면 몸으로 써 이불
을 따뜻하게 하며, 한겨울의 심한 추위에 자기 몸은 항상 온전한 옷이 없으
면서도, 부모에게는 맛있는 음식을 극진히 봉양하였다.

【글자 뜻】 晋:나라 진. 延:뻗을 연. 扇:부채 선. 枕:베개 침. 席:자리 석.
被:이불 피. 입을 피. 隆:성할 륭. 盛:성할 성. 極:극진할 극. 滋:맛
자. 味:맛 미.

【말의 뜻】 王延:晋나라 사람으로 字는 延元. 西河는 지명. 色養:온화하
고 기뻐하는 얼굴로 부모를 봉양함. 扇枕席:베개와 자리를 부채질하
여 식힘. 以身溫被:맨몸으로 이불 속에 들어가 체온으로 따뜻하게 함.
隆冬盛寒:한겨울의 심한 추위. 無全衣:온전한 옷이 없음. 滋味:맛있
는 음식.

【뜻 풀이】 이 글은 晋書에서 인용한 것이다.

王延은 아홉 살 때 어머니가 돌아가시자, 아버지가 계모 복(卜)씨를
얻었다. 王延도 계모 卜씨의 심한 학대를 받고 자랐다. 한번은 卜씨가
겨울에 물고기가 먹고 싶다고 하여 물가로 나갔으나, 王延은 구하지 못
하고 돌아와 계모에게 피가 흐르도록 맞았다. 王延은 다시 물가로 나가
울면서 하늘에 비니, 다섯 자나 되는 큰 물고기가 나와 집으로 가져왔
다. 이때부터 卜씨는 王延을 자기 아들처럼 사랑했다고 한다.

王延은 효성이 극진하여 여름이면 부채로 자리를 식혀 부모를 주무
시게 하고, 겨울이면 몸으로 이불을 따뜻하게 녹여 부모를 주무시게 했
다. 또 극한에 자기 자신은 몸에 걸칠 온전한 옷이 없으면서도, 부모에
게는 맛있는 음식으로 극진히 봉양했다고 한다.

柳玭曰 崔山南昆弟子孫之盛 鄕族罕比 山南曾祖王母長孫夫
유빈왈 최산남곤제자손지성 향족한비 산남증조왕모장손부

人 年高無齒 祖母唐夫人 事姑孝 每旦櫛縰笄 拜於階下 卽升
인 년고무치 조모당부인 사고효 매단즐사계 배어계하 즉승

堂 乳其姑 長孫夫人 不粒食數年而康寧.
당 유기고 장손부인 불입식수년이강녕

一日疾病 長幼咸萃 宣言無以報新婦恩 願新婦有子有孫 皆得
일일질병 장유함췌 선언무이보신부은 원신부유자유손 개득

如新婦孝敬 則崔之門 安得不昌大乎.
여신부효경 즉최지문 안득불창대호

유빈(柳玭)이 이렇게 말했다.

"최산남 형제 자손들의 번성함은 고을에 사는 집안으로는 비할 데가 드
무니, 山南의 중조모인 장손부인이 연세가 많아 이가 없거늘, 山南의 할머
니인 당부인이 시어머니를 효성으로 섬겨서, 아침마다 빗질하여 댕기드리
고 비녀를 꽂고서, 뜰아래에서 절하고 곧 방으로 올라가 그 시어머니에게
젖먹이니, 장손부인이 낟알을 수년간 먹지 않아도 건강하였다.

하루는 병들거늘 어른들과 아이들이 다 모이자, '새며느리의 은혜를 갚
을 길이 없으니, 원컨대 새며느리와 같이 효도하고 공경하면 최씨의 집안
이 어찌 창성하고 커지지 않을 수 있으랴!' 하고 선언하였다."

【글자 뜻】玭:옥 빈. 崔:성 최. 昆:맏 곤. 族:겨레 족. 罕:드물 한. 齒:
이 치. 姑:시어머니 고. 旦:아침 단. 櫛:빗질할 즐. 縰:댕기 사. 笄:
비녀 계. 階:뜰 계. 升:오를 승. 되 승. 乳:젖먹일 유. 젖 유. 粒:낟알
립. 康:편안 강. 寧:편안 녕. 咸:다 함. 萃:모일 췌. 宣:베풀 선. 報:
갚을 보. 安:어찌 안. 편안 안. 昌:창성할 창.

【말의 뜻】柳玭:唐나라 사람으로 字는 直淸. 御史大夫를 지냈으며, 柳氏
家訓을 지었음. 崔山南:唐나라 사람으로 이름은 관(琯), 자는 從律, 山

南節度使를 지냈으므로 崔山南이라고 말함. 昆弟:兄弟. 鄕族:고을의
大族. 長孫夫人:長孫은 성. 事姑孝:시어머니를 효도로 섬김. 每旦:
매일 아침. 櫛縰笄:머리에 빗질하여 댕기드리고 비녀를 꽂음. 不粒
食:낟알을 먹지 않음. 康寧:건강함. 長幼咸萃:어른과 아이들이 다 모
임. 無以報:갚을 길이 없음. 安得不昌大乎:어찌 번창하고 커지지 않
을 수 있으랴!

【뜻 풀이】 이것은 柳氏家訓에서 인용한 글이다.

　　唐書에 의하면 崔山南의 집안에서는 재상이 32명이나 나온 명문이
다. 이와 같이 그의 형제들의 자손이 번성한 데는 그만한 이유가 있다.
崔山南의 증조모인 長孫부인이 연세가 많아 치아가 없었다. 그런데 崔
山南의 할머니인 唐부인이 시어머니를 극진한 효도로 섬겨, 매일 아침
마다 시어머니의 머리를 빗질하여 댕기를 들이고 비녀를 꽂아 드렸다.
또 뜰아래에서 절하고 시어머니의 방으로 올라가 시어머니에게 젖을 먹
여 드렸다. 이리하여 長孫부인은 여러 해 동안 식사를 들지 않아도 몸
의 건강이 유지되었던 것이다.

　　그러던 어느 날 시어머니의 병환이 깊어지자, 그 자손들이 다 모였
다. 이 자리에서 시어머니는 며느리의 효도를 칭찬하여 이렇게 말했다.
"내가 며느리의 은혜를 갚을 길이 없구나. 원컨대 며느리의 자손들이
모두 며느리의 효도와 공경하는 마음을 본받는다면, 崔씨 가문이 반드
시 크게 번창할 것이다."

漢陳孝婦年十六而嫁 未有子 其夫當行戍 且行時屬孝婦曰 我
한 진 효 부 년 십 육 이 가 미 유 자 기 부 당 행 수 차 행 시 속 효 부 왈 아

生死未可知 幸有老母 無他兄弟備養 吾不還 汝肯養吾母乎
생 사 미 가 지 행 유 노 모 무 타 형 제 비 양 오 불 환 여 긍 양 오 모 호

婦應曰諾.
부 응 왈 락

夫果死不還 婦養姑不衰 慈愛愈固 紡績織紝 以爲家業 終無
부 과 사 불 환 부 양 고 불 쇠 자 애 유 고 방 적 직 임 이 위 가 업 종 무

嫁意.
가 의

漢나라 때 진현(陳縣)의 효부는 나이 열여섯 살에 시집와서 아직 자식을
두지 못하였는데, 그 남편이 수자리에 감을 당하여, 장차 떠날 때 효부에게
부탁하여 말하기를, "내가 살고 죽는 것을 알 수 없으니, 다행히 늙으신 어
머님이 계시나, 다른 형제가 봉양을 갖출 만한 사람이 없으니, 내가 돌아
오지 못하더라도 그대가 나의 어머님을 즐겨 봉양하겠는가?" 하니, 아내가
응답하여 말하기를, "그리하겠습니다." 하였다.

남편이 과연 죽고 돌아오지 않으니, 며느리가 시어머니 봉양하기를 쇠
하지 아니하고, 시어머니는 인자하고 며느리는 사랑하기를 더욱 굳게 하
여, 실을 잣고 베를 짜서 써 가업으로 삼고, 마침내 시집갈 뜻이 없었다.

【글자 뜻】 嫁:시집갈 가. 戍:수자리 수. 개 술. 且:장차 차. 또 차. 屬:부
탁할 촉. 붙일 속. 備:갖출 비. 還:돌아올 환. 汝:그대 여. 너 여. 肯:
즐길 긍. 諾:승낙할 락. 果:과연 과. 실과 과. 衰:쇠할 쇠. 愈:더욱
유. 紡:길쌈 방. 績:길쌈 적. 織:짤 직. 紝:짤 임.
【말의 뜻】 行戍(행수):변방에 수자리(군대)를 감. 且行時:장차 떠날 때.
無他兄弟備養:다른 형제가 없어 봉양을 갖출 사람이 없음. 肯養:기꺼
이 봉양함. 養姑不衰:시어머니 봉양함이 쇠퇴하지 않음. 慈愛愈固:시

어머니의 인자함과 며느리의 사랑함이 더욱 굳어짐. 紡績織紝:길쌈하고 베를 짬.

【뜻 풀이】 이 글은 劉向이 편찬한 列女傳에서 인용한 것이다.

漢나라 때 陳縣에 孝婦가 있었다. 그 효부는 열여섯 살에 시집와서 아직 자식이 생기기 전에 남편이 변방으로 수자리를 떠나게 되었다. 남편이 떠날 때 효부에게 부탁하여 말하기를, "나는 수자리를 떠나면 생사를 알 수가 없소. 다행히 늙으신 어머님이 생존해 계시지만, 형제가 없어 누가 봉양할 사람이 없소. 혹시 내가 죽어서 돌아오지 못하더라도, 당신이 어머니를 잘 봉양해 드리기 바라오." 하였다. 이에 효부는 그러겠노라고 응답했다.

남편은 과연 죽고 돌아오지 않았다. 그러나 효부는 시어머니를 꾸준히 잘 봉양하였으며, 시어머니는 인자하고 며느리는 시어머니를 극진히 사랑하였으며, 길쌈을 하고 베를 짜는 것을 가업으로 삼아, 다른 곳으로 재가할 뜻이 전혀 없었다.

居喪三年 其父母哀其少無子而蚤寡也 將取嫁之 孝婦曰 夫去
거상삼년 기부모애기소무자이조과야 장취가지 효부왈 부거

時 屬妾以供養老母 妾旣許諾之 夫養人老母而不能卒 許人以
시 속첩이공양노모 첩기허락지 부양인노모이불능졸 허인이

諾而不能信 將何以立於世 欲自殺 其父母懼而不敢嫁也 遂使
락이불능신 장하이립어세 욕자살 기부모구이불감가야 수사

養其姑 二十八年姑八十餘 以天年終 盡賣其田宅財物 以葬之
양기고 이십팔년고팔십여 이천년종 진매기전택재물 이장지

終奉祭祀.
종봉제사

淮陽太守以聞 使使者 賜黃金四十斤 復之 終身無所與 號曰
회양태수이문 사사자 사황금사십근 복지 종신무소여 호왈

孝婦.
효부

거상 3년이 지나자, 그 부모가 그 젊고 자식이 없고 일찍 과부된 것을 불쌍히 생각하여, 장차 데려다가 시집보내려 하니 효부가 말하기를, "남편이 떠날 때 저에게 늙으신 어머니를 봉양하라고 부탁하거늘, 제가 이미 허락하였으니, 대저 남의 늙은 어머니 봉양하기를 능히 다하지 못하고, 남에게 승낙으로써 허락하고서 능히 신의가 없으면, 장차 어찌 써 세상에 서겠습니까?" 하고 자살하려 하니, 그 부모가 두려워하여 감히 시집보내지 못하고, 드디어 그 시어머니를 봉양하게 하니, 28년 만에 시어머니가 80여 세에 천명으로써 돌아가거늘, 그 밭과 집과 재물을 다 팔아서 장사 지내고, 마침내 제사를 받들었다.

회양태수(淮陽太守)가 이 말을 듣고, 사자를 시켜서 황금 40근을 하사하게 하고, 세금을 면제하여 평생토록 간여하는 바가 없게 하니, 불러 말하기를 '효부'라 하였다.

【글자 뜻】 哀:슬플 애. 寡:과부 과. 적을 과. 卒:마칠 졸. 殺:죽일 살. 懼:

두려워할 구. 賣:팔 매. 宅:집 택. 葬:장사지낼 장. 祀:제사 사. 淮:
물이름 회. 賜:내릴 사. 復:제할 복. 다시 부. 與:간여할 여. 줄 여. 더
불어 여. 號:부를 호. 이름 호.

【말의 뜻】 居喪三年:남편의 거상을 3년 치름. 蚤寡:일찍 과부가 됨. 取嫁
之:데려다가 시집보냄. 妾:저. 여자가 자신을 낮추어 부르는 말. 不能
卒:능히 다하지 못함. 使養其姑:그 시어머니를 봉양하게 함. 天年終:
천수를 다 누리고 죽음. 復之:세금과 부역을 면제함.

【뜻 풀이】 남편의 거상 3년이 지나자, 친정 부모들은 딸이 젊고 자식이 없
으며 일찍 과부된 것을 불쌍히 생각하여, 데려다가 다른 곳으로 시집보
내려 했다. 그러자 효부가 이렇게 말했다. "남편이 떠날 때 저에게 부탁
하여, 늙으신 어머니를 잘 봉양하라고 하여, 제가 그것을 승낙하였습니
다. 대저 남편의 늙으신 어머니를 끝까지 봉양하지 못하고, 또 남편에
게 시어머니를 잘 봉양하겠다고 승낙하고서 그 신의를 지키지 못한다
면, 저는 어찌 이 세상에 얼굴을 들고 살 수 있겠습니까?" 하고 스스로
목숨을 끊으려 했다. 이에 그 부모들은 딸이 죽을까 두려워서 다시는 시
집가라는 말을 하지 못하고 시어머니를 봉양하게 했다. 이렇게 하여 28
년이 지나자, 시어머니는 연세가 80여 세가 되어 천명을 다 누리고 돌
아갔다. 이에 효부는 밭과 집과 재물을 다 팔아 시어머니의 장례를 치
르고, 그 제사를 받들었다.

　　회양의 태수가 이 소식을 듣고, 천자에게 사람을 보내어 보고하여 황
금 40근을 하사하게 하고, 또 세금과 부역을 다 면제하여 평생 동안 편
안히 살게 하니, 세상 사람들이 그 여인을 불러 효부라고 하였다.

漢鮑宣妻桓氏 字少君 宣嘗就少君父學 父奇其淸苦 故以女妻
한 포선처환씨 자소군 선상취소군부학 부기기청고 고이녀처

之 裝送資賄甚盛 宣不悅 謂妻曰 少君生富驕 習美飾 而吾實
지 장송자회심성 선불열 위처왈 소군생부교 습미식 이오실

貧賤 不敢當禮 妻曰 大人以先生修德守約 故使賤妾侍執巾櫛
빈천 불감당례 처왈 대인이선생수덕수약 고사천첩시집건즐

旣奉承君子 惟命是從 宣笑曰 能如是 是吾志也 妻乃悉歸侍
기봉승군자 유명시종 선소왈 능여시 시오지야 처내실귀시

御服飾 更着短布裳 與宣共挽鹿車 歸鄕里 拜姑禮畢 提甕出
어복식 경착단포상 여선공만녹거 귀향리 배고예필 제옹출

汲 修行婦道 鄕邦稱之.
급 수행부도 향방칭지

漢나라 포선(鮑宣)의 아내 환씨(桓氏)의 자는 소군이었다. 포선이 일찍
이 소군의 아버지에게 나아가 배우더니, 아버지가 그의 청백하고 괴로움을
참는 것을 기특하게 생각하였으므로, 딸로써 아내를 삼게 하니, 장만해 보
내는 재물과 선물이 몹시 많거늘, 포선이 기뻐하지 않고 아내에게 일러 말
하기를, "소군이 부하고 교만하게 살아 아름답게 꾸미는 데 익숙한데, 나
는 사실 가난하고 천하여 감히 예로 당하지 못하겠소." 하였다. 아내가 말
하기를, "아버지께서 선생이 덕을 닦고 검약함을 지키는 까닭으로써, 천첩
으로 하여금 수건과 빗을 들어 잡게 하셨으니, 이미 군자를 받듦에 오직 명
령에 이에 따르겠습니다." 하였다. 포선이 웃으면서 말하기를, "능히 그와
같으면 이 나의 뜻이오." 하였다. 아내가 이에 시녀와 옷과 장식을 다 돌
려보내며, 짧은 베옷으로 갈아입고, 포선과 더불어 함께 작은 수레를 끌고
고향 마을로 돌아가서, 시어머니에게 절하여 예를 마치고, 물동이를 들고
나가 물을 길어 며느리 도리를 닦고 행하니, 고향과 나라에서 칭찬하였다.

【글자 뜻】 鮑:성 포. 桓:성 환. 굳셀 환. 奇:기이할 기. 裝:꾸밀 장. 資:

재물 자. 바탕 자. 賄:선물 회. 悅:기쁠 열. 驕:교만할 교. 飾:꾸밀
식. 約:검약할 약. 언약 약. 侍:모실 시. 執:잡을 집. 巾:수건 건. 承:
받들 승. 이을 승. 御:모실 어. 裳:치마 상. 挽:끌 만. 鹿:사슴 록.
畢:마칠 필. 提:들 제. 끌 제. 甕:물동이 옹. 옹기 옹. 汲:물길을 급.
邦:나라 방.

【말의 뜻】 鮑宣:漢나라 사람으로 字는 子都. 淸苦:가난함을 참고 淸白함
을 지킴. 裝送資賄:시집올 때의 혼수와 예물. 生富驕:부유하고 교만
하게 삶. 習美飾:아름답게 꾸미는 것이 습관이 됨. 大人:아버지. 先
生:남편을 말함. 修德守約:덕을 닦고 검약함을 지킴. 賤妾:아내가 자
신을 낮추어 하는 말. 侍執巾櫛:수건과 빗을 들고 시중들게 함. 奉承:
받듦. 悉歸:다 돌려보냄. 侍御:시녀. 服飾:옷과 장식품. 短布裳:짧
은 베옷. 鹿車(녹거):작은 수레. 拜姑禮畢:시어머니에게 절하여 예법
을 마침. 提甕出汲:물동이를 들고 나가 물을 길음.

【뜻 풀이】 이 글은 後漢書 列女傳에서 인용한 것이다.
　　漢나라 때 포선의 아내 환씨(桓氏)의 字는 少君이었다. 포선이 일찍
이 少君의 아버지에게서 학문을 배웠는데, 그 아버지가 포선이 가난을
이기고 淸白함을 지키는 덕을 기특하게 생각하여, 자기 딸을 시집보내
어 사위로 삼았다. 그런데 혼수와 예물이 너무나 호화롭자, 포선이 이
를 불쾌하게 생각하고 아내에게 말하기를, "당신은 부유하고 교만하게
살아서 아름답게 치장하는 것이 습관이 되어 있소. 그런데 나는 가난하
고 천하여 예로 감당하지 못하겠소." 하였다. 그러자 아내는, "아버지
께서 당신이 덕을 닦고 검소한 생활을 지키기 때문에, 저로 하여금 옆
에서 시중을 들게 하신 것이니, 이미 덕이 있는 군자를 받듦에, 오직 당
신의 명령에 따르겠습니다." 하고 말하자 포선이 그제서야 웃으면서, "

당신이 그와 같이 해주기를 나는 바라고 있소." 하고 말했다. 이에 아
내는 시녀와 옷과 장식품을 다 친정으로 돌려보낸 다음, 짧은 베옷으
로 갈아입고, 포선과 함께 작은 수레를 끌고 고향으로 돌아갔다. 아내
가 시어머니에게 처음 드리는 인사를 끝내자, 곧 물동이를 들고 나가
물을 긷는 등 며느리로서 도리를 닦고 실천하니, 고향과 나라에서까지
그의 부덕을 칭찬했다.

王祥弟覽母朱氏 遇祥無道 覽年數歲 見祥被楚撻 輒涕泣抱持
왕 상 제 람 모 주 씨 우 상 무 도 람 년 수 세 견 상 피 초 달 첩 체 읍 포 지

至于成童 每諫其母 其母少止凶虐 朱屢以非理使祥 覽與祥俱
지 우 성 동 매 간 기 모 기 모 소 지 흉 학 주 루 이 비 리 사 상 람 여 상 구

又虐使祥妻 覽妻亦趨而共之 朱患之 乃止.
우 학 사 상 처 람 처 역 추 이 공 지 주 환 지 내 지

왕상(王祥)의 아우인 왕람(王覽)의 어머니인 朱씨는 王祥을 무도하게 대
하더니, 왕람의 나이 두어 살에 王祥이 종아리 맞는 것을 보고, 문득 울면
서 껴안더니, 열다섯 살에 이르자 매양 그 어머니에게 간하니, 그 어머니
도 흉악하고 사나움을 조금 그쳤다. 朱씨가 자주 도리에 어긋나는 일로 왕
상을 부리면, 왕람이 왕상과 더불어, 함께 일하고, 또 왕상의 아내를 학
대하여 부리면, 왕람의 아내가 또 달려가서 함께 일하니, 朱씨가 근심하
여 이에 그쳤다.

【글자 뜻】 遇:대접할 우. 만날 우. 被:입을 피. 楚:종아리칠 초. 나라 초.
撻:종아리칠 달. 輒:문득 첩. 涕:눈물 체. 泣:울 읍. 抱:안을 포. 止:
그칠 지. 凶:흉할 흉. 虐:사나울 학. 屢:자주 루. 使:부릴 사. 하여금
사. 俱:함께 구. 趨:달릴 추. 患:근심 환.

【말의 뜻】 王覽:자는 玄痛. 無道:도리에 어긋남. 被楚撻:종아리를 맞음.
涕泣:눈물 흘리며 욺. 抱持:껴안음. 成童:열다섯 살이 됨. 凶虐:흉
악하고 사나움. 非理:도리에 어긋남. 趨而共之:달려가서 함께 일함.

【뜻 풀이】 앞에서 나온 바와 같이, 朱씨는 王祥의 계모이다. 朱씨는 항상
전처소생인 王祥을 포악무도하게 대하였다고 한다. 그러나 이복동생인
王覽은 어릴 때부터 王祥이 계모에게 종아리를 맞으면, 형을 껴안고 함
께 울었다고 한다. 王覽이 열다섯 살이 되자 자주 어머니에게 간하니,
王祥에 대한 포악무도한 행동이 다소 줄어들었다. 朱씨가 王祥에게 도
리에 맞지 않는 일을 시키면, 동생이 형과 함께 그 일을 하고, 또 王祥의
아내에게 사나운 일을 시키면, 王覽의 아내가 달려가 함께 일하니, 이리
하여 朱씨도 걱정이 되어서 포악무도한 행동을 그쳤다고 한다.

晋咸寧中大疫 庾袞二兄俱亡 次兄毗復危殆 癘氣方熾 父母諸
진 함녕중대역 유곤이형구망 차형비복위태 려기방치 부모제

弟皆出次于外 袞獨留不去 諸父兄强之 乃曰 袞性不畏病 遂
제개출차우외 곤독유불거 제부형강지 내왈 곤성불외병 수

親自扶持 晝夜不眠 其間復撫柩 哀臨不輟 如此十有餘旬 疫
친자부지 주야불면 기간복무구 애임불철 여차십유여순 역

勢旣歇 家人乃反 毗病得差 袞亦無恙.
세기헐 가인내반 비병득차 곤역무양

晋나라 함녕(咸寧) 연간에 큰 전염병이 돌아, 유곤(庾袞)의 두 형이 다 죽
고, 다음 형인 유비(庾毗)가 다시 위태로워 전염병의 기세가 바야흐로 치
열하니, 부모와 모든 아우들은 다 밖으로 나가서 자되, 유곤이 홀로 머물
러 가지 않거늘, 여러 부형이 억지로 나가자 하니 이에 말하기를, "곤은 천
성이 병을 두려워하지 않습니다." 하고, 드디어 친히 스스로 부축하여 밤

낮으로 자지 않고, 그 사이에 다시 관을 어루만지며 슬피 울어 그치지 않
더니, 이와 같이 하여 백여 일 만에 전염병의 기세가 이미 쉬거늘, 집안사
람들이 이에 돌아오니, 유비의 병은 차도가 있고 유곤 역시 탈이 없었다.

【글자 뜻】 疫:염병 역. 庚:성 유. 袞:곤룡포 곤. 俱:함께 구. 亡:죽을 망.
망할 망. 次:버금 차. 毗:도울 비. 殆:위태할 태. 癘:염병 려. 熾:불
붙을 치. 次:잘 차. 扶:붙들 부. 持:잡을 지. 가질 지. 眠:잘 면. 撫:
어루만질 무. 柩:관 구. 臨:곡할 림. 임할 림. 輟:그칠 철. 旬:열흘
순. 歇:쉴 헐. 反:돌아올 반. 差:병나을 차. 恙:병 양.

【말의 뜻】 咸寧:晋나라 武帝 때의 연호. 大疫:큰 전염병. 庚袞:자는 숙
포(叔褒). 俱亡:함께 죽음. 癘氣方熾:전염병의 기운이 바야흐로 심함.
次于外:밖에서 잠. 强之:강요함. 性不畏病:천성이 병을 두려워하지 않
음. 親自扶持:친히 스스로 붙들어 주고 잡아 주고 함. 撫柩:관을 어루
만짐. 哀臨不輟:슬퍼하여 울음을 그치지 않음. 十有餘旬:백여 일. 疫
勢旣歇:전염병의 기세가 이미 쇠퇴함. 得差:차도가 있음. 無恙:아무
탈이 없음.

【뜻 풀이】 이것은 晋書 孝友傳에서 인용한 글이다.
　　晋나라 武帝 때 큰 전염병이 돌아, 유곤의 두 형이 함께 죽고, 다음
형인 유비가 다시 병에 걸려 위태로운 지경에 이르렀다. 전염병의 기세
가 몹시 심하자, 부모와 여러 아우들은 다 밖에 나가서 자고 묵되, 유곤
이 홀로 남아 가지 않았다. 여러 부형이 유곤을 억지로 끌고 가려 하자
유곤은, "저는 천성이 병을 두려워하지 않습니다." 하고 형 곁에서 시
중을 들어 주며 밤낮으로 잠을 자지 않았다. 그 사이에 두 형의 시체를
넣은 관을 어루만지며, 슬퍼하여 울기를 그치지 않았다. 이와 같이 하

여 백여 일이 지나 전염병의 기세가 가라앉자, 집안 식구들이 다 집으로 돌아와 보니, 유비의 병도 차도가 있고, 유곤 역시 아무 탈이 없었다.

父老咸曰 異哉 此子 守人所不能守 行人所不能行 歲寒然後
부 노 함 왈　이 재　차 자　수 인 소 불 능 수　행 인 소 불 능 행　세 한 연 후

知松栢之後凋 始知疫癘之不能相染也.
지 송 백 지 후 조　시 지 역 려 지 불 능 상 염 야

마을 어른들이 다 말하기를, "기이하도다, 이 아이여! 남이 지키지 못하는 바를 지키고, 남이 행하지 못하는 바를 행하였으니, 날씨가 추워진 뒤에라야 소나무와 잣나무의 더디 시듦을 안다더니, 비로소 전염병이 서로 전염되지 못함을 알겠구나!" 하더라.

【글자 뜻】 咸:다 함.　異:기이할 이. 다를 이.　栢:잣나무 백.　凋:시들 조.
　　染:물들일 염.

【말의 뜻】 父老:시골의 나이 많은 노인들.　守人所不能守:다른 사람이 지키지 못하는 것을 지킴.　歲寒:날씨가 추움.　松栢之後凋:소나무와 잣나무가 겨울에도 푸르다가 늦게 잎이 떨어짐.　疫癘:전염병.　不能相染:서로 전염되지 못함.

【뜻 풀이】 이것을 본 시골 노인들이 모두 말하기를, "이 아이는 정말로 기이하구나! 다른 사람이 지키지 못하는 것을 능히 지켰고, 다른 사람이 행하지 못하는 것을 능히 행하였으니 훌륭한 일이다. 옛말에 날씨가 추워진 뒤에라야 소나무와 잣나무의 푸르른 절개를 알 수 있다고 하더니, 우애를 지키는 사람에게는 전염병도 서로 전염되지 않는다는 것을 이제야 비로소 알겠구나!" 하였다.

楊播家世純厚 並敦義讓 昆季相事 有如父子 椿津恭謙 兄弟
양 파 가 세 순 후 병 돈 의 양 곤 계 상 사 유 여 부 자 춘 진 공 겸 형 제

旦則聚於廳堂 終日相對 未嘗入內 有一美味 不集不食 廳堂
단 칙 취 어 청 당 종 일 상 대 미 상 입 내 유 일 미 미 불 집 불 식 청 당

間往往幃幔隔障 爲寢息之所 時就休偃 還共談笑.
간 왕 왕 위 만 격 장 위 침 식 지 소 시 취 휴 언 환 공 담 소

　　양파(楊播)의 집안은 대대로 순박하고 후덕하며, 아울러 의리와 겸양을 돈독하게 하여, 형제가 서로 섬기되 아버지와 아들 같음이 있더니, 양춘(楊椿)과 양진(楊津)이 공손하고 겸손하여, 형제가 아침이면 대청마루에 모여, 종일 서로 대하여 일찍이 내실에 들어가지 않고, 한 가지 맛있는 음식이 있으면 모이지 않으면 먹지 않았다. 대청마루 사이에 드문드문 장막으로 막아 자고 쉬는 곳을 만들어, 때때로 나아가 쉬고 누웠다가 돌아와 함께 말하고 웃고 하였다.

【글자 뜻】楊:버들 양. 播:씨뿌릴 파. 純:순박할 순. 敦:도타울 돈. 讓:사양할 양. 昆:맏 곤. 季:아우 계. 椿:참죽나무 춘. 津:나루 진. 謙:겸손할 겸. 旦:아침 단. 聚:모을 취. 廳:대청 청. 堂:마루 당. 집 당. 幃:장막 위. 幔:장막 만. 隔:막을 격. 障:가릴 장. 寢:잘 침. 息:쉴 식. 休:쉴 휴. 偃:누울 언.

【말의 뜻】楊播:字는 延慶. 대대로 魏나라에 벼슬하였으며, 장군으로 공을 세웠음. 家世純厚:집안이 대대로 순박하고 인정이 두터움. 並敦義讓:아울러 의리와 겸양이 두터움. 昆季:형제. 椿:字는 延壽. 侍中·刺史·司徒 등의 벼슬을 지냄. 津:자는 羅漢. 司空·侍中·太保 등의 벼슬을 지냄. 恭謙:공손하고 겸손함. 廳堂:사랑의 대청마루. 入內:내실에 들어감. 美味:맛이 좋은 음식. 往往:군데군데. 幃幔隔障:장막을 쳐서 막음. 寢息之所:잠자고 쉬는 곳. 休偃:쉬고 눕고 함. 還共談笑:

돌아와서 함께 이야기하고 웃음.

【뜻 풀이】 이 글은 魏書에서 인용한 것이다.

楊播의 어머니 王씨는 文明太后의 외족이었기 때문에, 특히 孝文帝의
사랑을 받았다.

楊播의 집안은 대대로 부귀를 다투지 않고 마음이 순박하며 인정이
후할 뿐 아니라, 아울러 모두가 의리와 겸양을 존중하여, 동생이 형 섬
기기를 마치 아버지 섬기듯하였다. 楊椿과 楊津은 공손하고 겸양심이
많았으며, 형제들은 날마다 아침이면 사랑방 대청마루에 모여 서로 마
주 대하고 담소하되, 한 번도 처자가 있는 내실에 들어가는 일이 없었
다. 맛있는 음식이 한 가지라도 있으면, 형제들이 다 모여야만 비로소
먹었다. 또 대청마루에 군데군데 장막을 드리워서 칸막이를 하여 쉬는
곳을 만들어 놓고, 때때로 그곳에 들어가 누워서 쉬다가, 다시 돌아와
형제들이 함께 이야기하고 웃으면서 즐겼다.

椿年老 曾他處醉歸 津扶持還室 假寢閤前 承候安否.
춘 연 노 증 타 처 취 귀 진 부 지 환 실 가 침 합 전 승 후 안 부

椿津年過六十 並登台鼎 而津常旦莫參問 子姪羅列階下 椿不
춘 진 년 과 육 십 병 등 태 정 이 진 상 단 모 참 문 자 질 나 열 계 하 춘 불

命坐 津不敢坐.
명 좌 진 불 감 좌

양춘(楊椿)이 나이가 늙어서, 일찍이 다른 곳에서 술 취하여 돌아오자,
양진(楊津)이 부축하여 방으로 돌아와, 옷을 벗지 않고 방문 앞에 누워서,
안부를 받들어 살폈다.

양춘과 양진이 나이 60이 지나서 아울러 三公 벼슬에 올랐으되, 양진이

항상 아침과 저녁으로 뵙고 문안을 드리면, 아들과 조카들이 뜰아래 줄지어 서되, 양춘이 앉으라고 명하지 않으면 양진이 감히 앉지 못하였다.

【글자 뜻】曾:일찍 증. 醉:취할 취. 假:거짓 가. 閤:샛문 합. 承:받들 승. 이을 승. 候:망볼 후. 기후 후. 否:아니 부. 台:대감 태. 鼎:솥 정. 莫:저물 모. 말 막. 參:뵐 참. 참여할 참. 姪:조카 질. 羅:벌일 라. 列:줄 열.

【말의 뜻】醉歸:술 취하여 돌아옴. 扶持還室:부축하여 방으로 돌아감. 假寢:옷을 벗지 않고서 자는 잠. 閤前:방문의 앞. 承候:받들어 살핌. 台鼎:三公의 벼슬. 솥에 세 발이 달린 데서 온 말. 椿은 司徒, 津은 太保를 지냈음. 旦莫(단모):아침과 저녁. 參問:뵙고 문안을 드림. 羅列階下:뜰아래 줄지어 늘어섬.

【뜻 풀이】楊津은 형을 아버지처럼 섬겼다. 楊椿이 나이 늙어서 밖에서 술이 취해 돌아오면, 楊津이 형을 부축하여 방으로 모신 다음, 자기는 옷도 벗지 않고 방문 밖에 누워서, 때때로 형의 안부를 받들어 살폈다.

　이들 형제는 나이가 60세가 지나서야 三公 벼슬에 올랐다. 그런데 楊津은 날마다 아침과 저녁으로 형을 찾아 뵙고 문안을 드리면, 아들과 조카들은 뜰아래에 줄지어 늘어섰다. 그리고 형이 앉으라고 말하지 않으면, 楊津은 감히 앉지를 못하고 선 채로 있었다.

椿每近出 或日斜不至 津不先飯 椿還然後共食 食則津親授匙
춘 매 근 출 혹 일 사 부 지 진 불 선 반 춘 환 연 후 공 식 식 즉 진 친 수 시

箸 味皆先嘗 椿命食然後食.
저 미 개 선 상 춘 명 식 연 후 식

津爲肆州椿在京宅 每有四時嘉味 輒因使次附之 若或未寄 不
진 위 사 주 춘 재 경 택 매 유 사 시 가 미 첩 인 사 차 부 지 약 혹 미 기 불

先入口 一家之內男女百口 緦服同爨 庭無間言.
선 입 구 일 가 지 내 남 녀 백 구 시 복 동 찬 정 무 간 언

양춘이 매양 가까이 나가서 혹 날이 기울어도 돌아오지 않으면, 양진은
먼저 밥 먹지 않고서 양춘이 돌아온 뒤에라야 함께 먹고, 먹을 때는 楊津이
친히 수저를 주며, 맛을 다 먼저 맛보고, 양춘이 먹으라고 명한 다음에야
먹었다. 양진이 사주자사(肆州刺史)가 됨에 양춘이 서울 집에 있었는데, 사
철마다 맛있는 음식이 있으면 문득 사신의 행차를 인하여 부치고, 만일 혹
부치지 못하면 먼저 입에 넣지 않았다. 한 집안에 남녀가 백 식구나 되어
도, 8촌이 한 솥의 밥을 먹되 뜰에 이간하는 말이 없었다.

【글자 뜻】斜:비낄 사. 授:줄 수. 匙:숟가락 시. 箸:젓가락 저. 嘗:맛볼
　　상. 일찍 상. 肆:베풀 사. 宅:집 택. 嘉:아름다울 가. 次:이를 차. 버
　　금 차. 附:부칠 부. 붙을 부. 寄:부칠 기. 緦:석달복 시. 服:복입을
　　복. 옷 복. 爨:불땔 찬. 間:이간할 간. 사이 간.
【말의 뜻】日斜:해가 기욺. 날이 저묾. 授匙箸:숟가락과 젓가락을 줌. 先
　　嘗:먼저 맛봄. 爲肆州:肆州刺史가 됨. 京宅:서울에 있는 집. 嘉味:맛
　　있는 음식. 因使次附之:사신의 행차편에 보냄. 未寄:부치지 못함. 百
　　口:백 명의 식구. 緦服:석 달의 복을 입는 사람. 즉 8촌. 同爨:한 솥의
　　밥을 먹음. 庭無間言:집안에 이간질하는 말이 없음.

【뜻 풀이】楊椿이 자주 근처에 나갔다가 혹시 날이 저물어도 돌아오지 않으면, 楊津이 결코 먼저 밥 먹지 않고 기다렸다가, 형이 돌아온 뒤에라야 함께 먹었다. 식사할 때면 楊津이 반드시 직접 수저를 형에게 들려주고, 먼저 모든 음식을 맛본 다음, 형이 먹으라고 명한 뒤에라야 먹었다.

楊津이 肆州刺史가 되고 형 楊椿이 서울(낙양) 집에 있을 때, 계절에 따라 맛있는 음식이 있으면, 사신이 가는 편을 이용하여 그 음식을 형에게 보냈다. 만일 어쩌다가 형에게 보내지 못하면, 결코 자기만 먼저 먹지를 않았다. 한집안에 남녀를 합하여 모두 백 명의 식구가 살았는데, 8촌까지 한 솥의 밥을 먹고 지냈지만 어느 누구도 다른 식구를 헐뜯어 말하는 사람이 없었다고 한다.

> 司馬溫公 與其兄伯康 友愛尤篤 伯康年將八十 公奉之如嚴父
> 사 마 온 공　여 기 형 백 강　우 애 우 독　백 강 년 장 팔 십　공 봉 지 여 엄 부
>
> 保之如嬰兒 每食少頃則問曰 得無饑乎 天少冷則拊其背曰 衣
> 보 지 여 영 아　매 식 소 경 즉 문 왈　득 무 기 호　천 소 냉 칙 부 기 배 왈　의
>
> 得無薄乎.
> 득 무 박 호

사마온공(司馬溫公)이 그 형 백강(伯康)과 더불어 우애가 더욱 돈독하더니, 伯康이 나이 장차 80세에 공이 받들기를 엄한 아버지와 같이 하고, 보호하기를 어린아이와 같이 하여, 매양 밥먹고 조금 지나면 물어 말하기를, "배가 고프지 않습니까?" 하고, 날씨가 조금 차면 그 등을 어루만지며 말하기를, "옷이 얇지 않습니까?" 하였다.

【글자 뜻】康:편안 강. 尤:더욱 우. 嚴:엄할 엄. 保:보호할 보. 嬰:어릴 영. 頃:잠시 경. 饑:주릴 기. 冷:찰 냉. 拊:어루만질 부. 薄:얇을 박.

【말의 뜻】 司馬溫公:이름은 光.　伯康:이름은 旦, 자가 伯康이었음. 司馬
光보다 15세 위였다고 함.　友愛尤篤:형제간의 우애가 몹시 두터움.　奉
之如嚴父:받들기를 엄한 아버지와 같이 함.　保之:보호함.　少頃:조금
지남.　天少冷:날씨가 조금 참.　拊其背:형의 등을 어루만짐.

【뜻 풀이】 司馬溫公은 그의 형 伯康과 우애가 몹시 두터웠다. 형의 나이
80세가 되었을 때에도 그는 마치 아버지를 봉양하듯이 공경함을 다하
였고, 어린아이를 돌보듯이 하여 애정을 다하였다. 형이 식사하고 조금
지나면 반드시 "배가 고프시지 않습니까?" 하고 물었고, 날씨가 조금만
쌀쌀해도 형의 등을 어루만지면서, "옷이 얇아 추우시지 않습니까?" 하
고 물었다. 사람은 늙으면 배가 쉬 고프고, 기운이 허하여 추위를 잘 타
기 때문에 그랬던 것이다.

> 近世故家惟晁氏 因以道申戒子弟 皆有法度 群居相呼 外姓尊
> 근 세 고 가 유 조 씨 인 이 도 신 계 자 제 개 유 법 도 군 거 상 호 외 성 존
>
> 長 必曰 某姓第幾叔若兄 諸姑尊姑之夫 必曰 某姓姑夫某姓
> 장 필 왈 모 성 제 기 숙 약 형 제 고 존 고 지 부 필 왈 모 성 고 부 모 성
>
> 尊姑夫 未嘗敢呼字也 其言父黨交游必曰 某姓幾丈 亦未嘗敢
> 존 고 부 미 상 감 호 자 야 기 언 부 당 교 유 필 왈 모 성 기 장 역 미 상 감
>
> 呼字也 當時故舊族 皆不能若是.
> 호 자 야 당 시 고 구 족 개 불 능 약 시

요즈음 세상에 이름 있는 집안에서는 오직 조씨(晁氏) 집안사람들이 以
道가 자제들을 거듭 훈계함으로 인하여 다 법도가 있으니, 여럿이 살아 서
로 부를 때 외가의 성 어른에게는 반드시 '아무 성 몇째 아저씨 또는 몇째
형'이라 말하고, 여러 고모와 대고모 남편에게는 반드시 '아무 성 고모부,
아무 성 대고모부'라고 말하여, 일찍이 감히 자(字)를 부르지 아니하고, 그

아버지가 사귀어 노시는 친구를 말할 때는 반드시 '아무 성 몇째 어른'이라고 말하여, 또한 일찍이 감히 字를 부르지 아니하니, 당시에 이름 있고 오래된 집안사람들이 다 이와 같이는 하지 못하였다.

【글자 뜻】 故:옛 고. 연고 고. 晁:성 조. 因:인할 인. 申:거듭 신. 원숭이 신. 群:무리 군. 呼:부를 호. 某:아무 모. 第:차례 제. 幾:몇 기. 若:또 약. 같을 약. 姑:고모 고. 시어머니 고. 黨:무리 당. 游:놀 유. 丈:어른 장. 길 장.

【말의 뜻】 故家:오래된 명문의 집안. 以道:宋나라 때 조열지(晁說之)의 字. 申戒:거듭 훈계함. 群居:여러 사람들이 모여 삶. 外姓尊長:외가의 어른. 某姓第幾叔:아무 성의 몇째 아저씨. 尊姑:할아버지의 자매. 대고모. 왕고모. 父黨交游:아버지의 친구들. 舊族:오래된 명문의 집안. 不能若是:이와 같이 못함.

【뜻 풀이】 이 글은 呂氏童蒙訓에서 인용한 것이다.

요즈음 명문거족의 집안 중에서도 오직 조(晁)씨네 사람들만이 以道가 자제들을 거듭하여 훈계한 까닭으로 모두 법도를 지니고 있다. 여러 집안이 함께 모여 살자 서로 부를 때, 외가의 어른들에게는 반드시 '외가의 몇째 아저씨 또는 몇째 형'이라고 불러 그 字를 부르지 않고, 고모부나 대고모부에게는 반드시 '어느 고모부 또는 어느 대고모부'라고 불러 감히 그의 字를 부르지 않으며, 아버지의 친구분들에게는 '어느 성의 몇째 어른'이라고 불러 감히 그 字를 부르지 않았다. 그러나 당시의 명문거족의 자제들 중에도 이와 같이 못하는 사람들이 많았다.

包孝肅公尹京時　民有自言　以白金百兩　寄我者死矣　予其子
포 효 숙 공 윤 경 시　민 유 자 언　이 백 금 백 량　기 아 자 사 의　여 기 자

不肯受　願召其子　予之　尹召其子　辭曰　亡父未嘗以白金委人
불 긍 수　원 소 기 자　여 지　윤 소 기 자　사 왈　망 부 미 상 이 백 금 위 인

也　兩人相讓久之.
야　양 인 상 양 구 지

呂滎公聞之曰　世人喜言無好人三字者　可謂自賊者矣　古人言
여 형 공 문 지 왈　세 인 희 언 무 호 인 삼 자 자　가 위 자 적 자 의　고 인 언

人皆可以爲堯舜　蓋觀於此而知之.
인 개 가 이 위 요 순　개 관 어 차 이 지 지

　　포효숙공(包孝肅公)이 경윤(京尹)으로 있을 때, 한 백성이 있어 스스로
말하되, "은 백 냥을 나에게 맡긴 사람이 죽었거늘, 그 아들에게 주니 즐
겨 받으려 하지 아니하니, 원컨대 그 아들을 불러서 주소서." 하였다. 京
尹이 그 아들을 부르니 사양하여 말하기를, "돌아가신 아버지께서 일찍이
은을 남에게 맡기시지 않았습니다."하고, 두 사람이 서로 사양하기를 오
래 하였다.

　　여형공(呂滎公)이 이 말을 듣고 말하기를, "세상 사람들이 좋은 사람이
없다(無好人)는 세 글자를 즐겨 말하는 사람은 가히 스스로를 해치는 사람
이다 이르리라. 옛사람이 사람은 다 요임금이나 순임금이 될 수 있다고 말
하였거니와, 대개 여기에서 보아 알겠도다." 하였다.

【글자 뜻】包:성 포. 쌀 포. 尹:다스릴 윤. 성 윤. 寄:맡길 기. 부칠 기.
　　予:줄 여. 나 여. 肯:즐길 긍. 受:받을 수. 召:부를 소. 辭:사양할 사.
　　말씀 사. 委:맡길 위. 讓:사양할 양. 久:오랠 구. 賊:해칠 적. 도둑
　　적. 蓋:대개 개. 觀:볼 관.
【말의 뜻】包孝肅公:성은 包, 이름은 증(拯), 字는 希仁, 孝肅公은 그의 시
　　호. 尹京:京尹. 開封府의 長官. 白金:은. 寄我:나에게 맡김. 予其子:

그의 아들에게 줌. 不肯受:받으려 하지 않음. 委人:남에게 맡김. 喜
言:말하기를 좋아함. 自賊者:자신을 해치는 사람. 古人言:孟子에 나오
는 말. 觀於此:이것을 봄.

【뜻 풀이】 이 글도 呂氏童蒙訓에서 인용한 것이다.

　　宋나라 때 孝肅公 포증(包拯)이 開封府의 長官으로 있을 때, 한 백성
이 말하기를, "은 백 냥을 나에게 맡긴 사람이 있었는데 그가 죽었습니
다. 그래서 그 은을 그의 아들에게 주니 받으려 하지 않습니다. 원컨대
그 아들을 불러서 이 은을 주소서." 하였다. 孝肅公이 그 아들을 불러
은을 주려고 하니 사양하여 말하기를, "저의 돌아가신 아버지께서 은
을 다른 사람에게 맡겨 두었다는 말씀을 하신 일이 없습니다. 그러므로
받지 못하겠습니다." 하여 두 사람이 오래도록 서로 양보했다고 한다.
　　여형공(呂滎公)이 이 말을 듣고 이와 같이 말했다. "세상 사람들이 좋
은 사람이 없다(無好人)는 세 글자를 흔히 말하는데, 이런 사람은 스스
로 자신을 해치는 사람이다. 옛사람이 말하기를, 사람은 누구나 다 고
대의 요임금이나 순임금과 같은 어진 사람이 될 수 있다고 하였거니와,
나는 이 두 사람이 서로 사양하는 것을 보고 그것이 사실임을 알겠다."

疏廣爲太子太傅 上疏乞骸骨 加賜黃金二十斤 太子贈五十斤
소 광 위 태 자 태 전 　 상 소 걸 해 골 　 가 사 황 금 이 십 근 　 태 자 증 오 십 근

歸鄕里 日令家供具設酒食 請族人故舊賓客 相與娛樂 數問其
귀 향 리 　 일 영 가 공 구 설 주 식 　 청 족 인 고 구 빈 객 　 상 여 오 락 　 삭 문 기

家 金餘尙有幾斤 趣賣以供具.
가 　 금 여 상 유 기 근 　 촉 매 이 공 구

소광(疏廣)이 태자의 스승이 되었다가, 임금에게 글을 올려 해골을 빌자,

임금이 황금 20근을 내려 주고, 太子가 황금 50근을 내려 주거늘, 고향으로 돌아가 날마다 집 사람으로 하여금 술과 음식을 고루 갖추어 차려 놓고, 친척들과 옛 친구들과 손님들을 청하여 서로 더불어 즐기며, 자주 그 집 사람에게, "황금 나머지가 아직 몇 근이나 있는고?" 하고 물어 팔기를 재촉하여 써 음식을 갖추게 하였다.

【글자 뜻】疏:성 소. 성길 소. 상소할 소. 傅:스승 부. 乞:빌 걸. 骸:뼈 해. 骨:뼈 골. 賜:줄 사. 贈:줄 증. 供:갖출 공. 이바지할 공. 具:갖출 구. 設:베풀 설. 請:청할 청. 族:겨레 족. 娛:즐거울 오. 數:자주 삭. 두어 수. 尙:오히려 상. 趣:재촉할 촉. 뜻 취.

【말의 뜻】疏廣:漢나라 때 사람으로, 字는 중옹(仲翁). 난릉(蘭陵) 사람으로 宣帝 때 太子의 太傅가 됨. 太子太傅:太子를 가르치는 스승. 上疏: 임금에게 글을 올림. 乞骸骨:해골을 빎. 벼슬에서 물러나기를 청함. 加賜:특별히 더 하사함. 令家:집안사람을 시킴. 供具:여러 가지를 갖춤. 族人:친척 사람들. 故舊:오래 사귄 친구들. 娛樂:즐겁게 놂. 數問其家:집 사람에게 자주 물음. 趣賣:팔기를 재촉함.

【뜻 풀이】이 글은 漢書에서 인용한 것이다.

漢나라 宣帝 때 학자인 疏廣은 벼슬하여 太子의 스승이 되었다가, 宣帝에게 상소하여 벼슬에서 물러나기를 빌자, 왕이 이를 허락하여 특별히 황금 20근을 더 하사하고, 또 太子(뒤에 元帝)가 황금 50근을 내려 주었다. 疏廣은 이 황금을 가지고 고향인 난릉(蘭陵)으로 돌아가, 집안 사람들을 시켜 술과 음식을 고루 갖추게 하고, 친척들과 친구들과 손님들을 청하여 그들과 날마다 즐겁게 지냈다. 그리고 집안사람에게 황금이 아직 몇 근이나 남았느냐고 물어, 그것을 팔아 음식을 차리게 하였다.

居歲餘廣子孫　竊謂其昆弟老人　廣所信愛者　曰子孫冀及君時
거 세 여 광 자 손　절 위 기 곤 제 노 인　광 소 신 애 자　왈 자 손 기 급 군 시

頗立産業基址　今日飮食費且盡　宜從丈人所　勸說君　置田宅
파 립 산 업 기 지　금 일 음 식 비 차 진　의 종 장 인 소　권 세 군　치 전 택

老人卽以閒暇時　爲廣言此計.
노 인 즉 이 한 가 시　위 광 언 차 계

한 해 남짓 지냄에 疏廣의 자손이 몰래 그 형제의 노인 중 疏廣이 믿고
사랑하는 사람에게 일러 말하기를, "자손들은 어른의 대에 이르러 자못 산
업의 터전을 세우기를 바라더니, 이제 날마다 음식의 비용으로 장차 다 없
애시니, 마땅히 어르신네로부터 어른을 권하시고 달래시어 밭과 집을 마
련하게 하소서." 하였다. 노인이 곧 한가한 때로써 疏廣을 위하여 이 계획
을 말했다.

【글자 뜻】餘:남을 여. 竊:몰래 절. 훔칠 절. 冀:바랄 기. 頗:자못 파.
　産:낳을 산. 址:터 지. 且:장차 차. 또 차. 宜:마땅 의. 勸:권할 권.
　說:달랠 세. 말씀 설. 置:베풀 치. 둘 치. 宅:집 택. 閒:한가 한. 暇:
　틈 가. 計:계교 계.

【말의 뜻】歲餘:한 해 남짓함. 竊謂:남몰래 말함. 昆弟老人:집안의 형제
　인 노인. 及君時:어른(疏廣을 말함)의 대에 이름. 頗立産業基址:산업
　(재산)의 터전을 크게 세움. 飮食費且盡:음식의 비용으로 장차 다 씀.
　從丈人所勸說君:어르신네께서 어른을 잘 권하고 달램. 置田宅:밭과 집
　을 마련함. 言此計:이 계획을 말함.

【뜻 풀이】 이와 같이 날마다 잔치하기를 1년 남짓하게 지나자, 疏廣의 자
손들이 집안의 疏廣 형제들의 노인 중에서 疏廣이 믿고 사랑하는 사람
을 남몰래 만나서, "자손들은 어른(疏廣)께서 살아 계신 동안에 재산의
터전을 크게 이룩하려 했는데, 어른께서는 날마다 음식의 비용으로 황
금을 다 쓰시니, 어르신네께서 마땅히 어른을 잘 권하고 달래시어 밭과
집을 마련하게 하소서." 하고 말했다. 이에 노인은 곧 한가한 때를 엿보
아, 疏廣을 위하여 이 계획을 말했다.

廣曰 吾豈老悖 不念子孫哉 顧自有舊田廬 令子孫勤力其中 足
광왈 오기노패 불념자손재 고자유구전려 령자손근력기중 족

以共衣食 與凡人齊 今復增益之 以爲贏餘 但敎子孫怠惰耳.
이공의식 여범인제 금복증익지 이위영여 단교자손태타이

賢而多財 則損其志 愚而多財 則益其過 且夫富者 衆之怨也
현이다재 즉손기지 우이다재 즉익기과 차부부자 중지원야

吾旣無以敎化子孫 不欲益其過而生怨 又此金者 聖主所以惠
오기무이교화자손 불욕익기과이생원 우차금자 성주소이혜

養老臣也 故樂與鄕黨宗族 共享其賜 以盡吾餘日 不亦可乎.
양노신야 고낙여향당종족 공향기사 이진오여일 불역가호

그러자 疏廣이 이렇게 말했다.

"내가 어찌 늙고 미혹하여 자손을 생각지 않겠는가. 돌아보건대 스스로
옛 밭과 집이 있으니, 자손으로 하여금 그 안에서 부지런히 힘쓰면 족히
써 입을 것과 먹을 것을 장만하여 보통 사람들과 더불어 같을 것이니, 이
제 다시 더하고 보태어 써 남음이 있게 하면, 단지 자손들에게 게으름을
가르칠 뿐이다.

어질고서 재물이 많으면 그 뜻을 손상하고 어리석고서 재물이 많으면 그
허물을 더하게 되거니와, 또 대저 부자는 많은 사람들이 원망하는 것이니,

내가 이미 자손을 교화하지 못하였는지라, 그 허물을 더하여 원망이 생기기를 바라지 않는다. 또 이 황금은 거룩한 임금이 늙은 신하를 은혜로 기르려 하신 것이니, 그러므로 고향의 종족으로 더불어 즐겨 함께 그 내리신 것을 누림으로써 나의 나머지 날을 다하려 하니, 또한 옳지 아니한가?"

【글자 뜻】 豈:어찌 기. 悖:미혹할 패. 어길 패. 廬:집 려. 增:더할 증. 贏:남을 영. 但:다만 단. 怠:게으를 태. 惰:게으를 타. 耳:뿐 이. 귀 이. 怨:원망 원. 享:누릴 향.

【말의 뜻】 老悖:늙고 미혹함. 有舊田廬:전부터 내려오는 밭과 집이 있음. 勤力:부지런히 힘씀. 共衣食:의식이 마련됨. 與凡人齊:보통 사람들과 같음. 增益之:더 보탬. 贏餘:나머지. 怠惰:게으름. 損其志:그 뜻을 손상시킴. 益其過:그 잘못을 더함. 無以敎化子孫:자손을 잘 교화시킬 수 없음. 生怨:원망을 생기게 함. 惠養老臣:늙은 신하를 은혜로 길러 줌. 共享其賜:그 하사하신 황금을 함께 누림. 吾餘日:나의 나머지 생애.

【뜻 풀이】 이 말을 듣고 疏廣이 이렇게 말했다. "내가 비록 늙고 미혹하지만, 어찌 자손들에 대한 것을 생각하지 않으랴! 돌이켜 생각하면 우리 집에는 예로부터 전하는 밭과 집이 있으니, 만일 자손들이 그 밭에서 부지런히 힘쓰면, 의식주의 생활은 넉넉하여 다른 사람들만큼은 살 수 있는데, 여기에 다시 더 보태어서 부유하게 만들면, 이는 단지 자손들에게 게으름을 가르치게 될 뿐이다.

현명한 사람도 재물이 많으면 뜻이 손상되어 道와 德을 이루기 어렵고, 더구나 어리석은 사람이 재물이 많으면 잘못을 더 저지르게 될 뿐이다. 또 도대체 부자란 것은 사람들의 원망의 대상이 되기 쉽다. 나는 이미 늙어서 자손들을 교화시킬 힘이 없지만, 그러나 자손들에게 잘못

을 더 저질러 원망을 사게 하고 싶지는 않다. 더구나 이 황금은 임금과
太子가 늙은 신하를 은혜로 기르기 위하여 주신 것이므로, 친척들과 고
향 사람들과 함께 그 주신 황금을 즐기고 누려서 내 여생을 보내려 하
는 것이니, 이 또한 옳은 일이 아닌가!"

陶淵明爲彭澤令 不以家累自隨 送一力 給其子 書曰 汝旦夕之
도 연 명 위 팽 택 령   불 이 가 루 자 수   송 일 력   급 기 자   서 왈   여 단 석 지

費 自給爲難 今遣此力 助汝薪水之勞 此亦人子也 可善遇之.
비   자 급 위 난   금 견 차 력   조 여 신 수 지 로   차 역 인 자 야   가 선 우 지

도연명(陶淵明)이 팽택(彭澤)의 縣令이 되자, 처자를 데려가지 않더니,
한 종을 보내어 자기 아들에게 준 편지에서 이렇게 말했다.

"네가 아침저녁으로 쓸 것을 스스로 마련함에 어려움이 많을 것이므로,
이제 이 종을 보내어 네가 나무하고 물 긷는 수고를 도우려 하거니와, 이
또한 사람의 아들이니, 가히 잘 대우하여라."

【글자 뜻】陶:성 도. 질그릇 도. 淵:못 연. 彭:나라이름 팽. 澤:못 택.
累:얽힐 루. 隨:따를 수. 力:종 력. 힘 력. 給:줄 급. 書:편지 서. 글
서. 汝:너 여. 費:쓸 비. 遣:보낼 견. 薪:땔나무 신. 遇:대접할 우.
만날 우.

【말의 뜻】陶淵明:晉나라의 유명한 시인으로, 이름은 잠(潛), 字는 원량(
元亮) 또는 淵明. 彭澤의 縣令을 80일 동안 하고, 스스로 물러나 歸去
來辭를 짓고 전원생활을 함. 五柳先生이라고도 함. 家累:집안 식구. 처
자. 送一力:종 한 사람을 보냄. 旦夕之費:아침저녁으로 살림에 쓸 것.
自給:스스로 마련함. 薪水之勞:나무하고 물 긷고 하는 수고로움. 善
遇之:잘 대접함.

【뜻 풀이】 이 글은 南史에 실려 있다.

　　陶淵明은 晉나라 말기의 시인으로, 彭澤의 縣令이 된 지 80일 만에, "다섯 말의 쌀을 위하여 허리를 굽혀, 어찌 시골 아이를 섬길 수 있으랴!" 하고 고향으로 돌아가 유명한 歸去來辭를 지었다.

　　陶淵明이 彭澤의 縣令이 되었으나 가족들을 데려가지 않고 있더니, 하루는 하인 하나를 보내어 아들에게 준 편지에서, "네가 아침저녁으로 집안 살림을 꾸려 나가느라고 어려움이 많을 줄 안다. 이제 하인 하나를 보내어 네가 나무하고 물 긷는 수고를 도우려 하는데, 이 하인 역시 사람의 아들이니 잘 대접하기 바란다."고 말하였다.

崔孝芬兄弟 孝義慈厚 弟孝暐等奉孝芬 盡恭順之禮 坐食進退
최효분형제 효의자후 제효위등봉효분 진공순지례 좌식진퇴
孝芬不命則不敢也 鷄鳴而起 且溫顔色 一錢尺帛 不入私房
효분불명즉불감야 계명이기 차온안색 일전척백 불입사방
吉凶有須 聚對分給 諸婦亦相親愛 有無共之.
길흉유수 취대분급 제부역상친애 유무공지

　　최효분(崔孝芬)의 형제들은 효도하고 의리가 있으며 인자하고 후하더니, 아우인 효위(孝暐) 등이 孝芬을 받들되 공경하고 순종하는 예절을 다하여, 앉고 먹고 나아가고 물러감에 孝芬이 명하지 않으면 감히 하지 않고, 닭이 울면 일어나서 또한 낯빛을 온화하게 하며, 한 푼의 돈과 한 자의 비단을 사사로운 방으로 들여가지 않고, 길사와 흉사에 필요함이 있으면 모여서 대하여 나누어 주니, 여러 며느리가 또한 서로 친하고 사랑하여, 있고 없음을 함께하였다.

【글자 뜻】 芬:향기 분. 暐:빛날 위. 錢:돈 전. 帛:비단 백. 私:사사 사.

房:방 방.　須:필요할 수. 모름지기 수.　聚:모일 취.

【말의 뜻】 崔孝芬:北魏의 최정(崔挺)의 아들로, 자는 雙根.　孝義慈厚:효
도하고 의리가 있고 인자하고 인정이 두터움.　孝暐:孝芬의 아우로, 이
밖에도 孝演·孝直·孝政 등의 아우가 있었음.　恭順之禮:공경하고 순
종하는 예절.　坐食進退:앉고 먹고 나아가고 물러가는 예절.　溫顏色:
얼굴빛을 온화하게 함.　一錢尺帛:한 푼의 돈이나 한 자의 비단.　私房:
처자가 있는 방.　吉凶有須:경사나 흉사에 필요한 것이 있음.　聚對分
給:한자리에 모여 얼굴을 대하고 의논하여 나누어 부담함.　有無共之:
있고 없음을 함께함.

【뜻 풀이】 이 글은 魏書에서 인용한 것이다.

　　崔孝芬의 여러 형제들은 부모에게 효도하고, 형제간에 우애가 있으
며, 인자하고 인정이 많았다. 아버지가 돌아가자, 아우인 孝暐 등은 맏
형인 孝芬 받들기를 마치 아버지와 같이 공경하고 순종하는 예절을 다
하여 섬겼으며, 자리에 앉고 음식을 먹고 나아가고 물러감에 있어, 孝
芬이 명하지 않으면 하지 않았다. 첫닭이 울면 아우들은 일어나서 얼굴
빛을 온화하게 하여 孝芬에게 문안을 드렸으며, 한 푼의 돈과 한 자의
비단도 각자 자기 방으로 들여가는 일이 없었다. 또 경사나 흉사가 있
으면, 모두 한자리에 모여 상의하여 나누어 부담하였다. 남편들이 이렇
게 하므로, 모든 아내들도 서로 친하고 사랑하여 화목하고, 있고 없는
것을 모두 함께 누렸다.

孝芬叔振既亡後 孝芬等承奉叔母李氏 若事所生 旦夕溫淸 出
효분숙진기망후 효분등승봉숙모이씨 약사소생 단석온정 출

入啓覲 家事巨細一以咨決 每兄弟出行 有獲則尺寸以上 皆入
입계근 가사거세일이자결 매형제출행 유획즉척촌이상 개입

李之庫 四時分賚李氏自裁之 如此二十餘歲.
이지고 사시분뢰이씨자재지 여차이십여세

효분의 숙부인 진(振)이 이미 돌아간 뒤에는, 효분 형제가 숙모 李씨를 받들어 봉양하되, 마치 소생이 섬기듯 하여, 아침과 저녁으로 따뜻하고 서늘하게 하고, 나가고 들어옴에 고하고 뵈오며, 집안일의 크고 작음을 한결같이 물어 결정하고, 매양 형제들이 나가 다님에 얻은 것이 있으면 한 자와 한 치 이상의 비단을 다 李씨의 창고에 넣고, 사철에 나누어 줌을 李씨가 스스로 결재하게 하여, 이와 같이 하기를 20여 년이 되었다.

【글자 뜻】 振:떨칠 진. 叔:아재비 숙. 承:받들 승. 이을 승. 淸:서늘할 정. 啓:고할 계. 열 계. 覲:뵈올 근. 巨:클 거. 細:가늘 세. 咨:물을 자. 獲:얻을 획. 庫:창고 고. 賚:줄 뢰. 裁:결재할 재. 마를 재.

【말의 뜻】 承奉:받들어 봉양함. 旦夕溫淸:아침과 저녁으로 따뜻하고 서늘함을 보살핌. 出入啓覲:나갈 때 고하고 돌아오면 뵘. 家事巨細:크고 작은 집안일. 咨決:물어서 결정함. 四時分賚:철에 따라 나누어 줌. 自裁之:스스로 결재하게 함.

【뜻 풀이】 孝芬의 숙부 振이 돌아간 뒤에는 孝芬 형제가 숙모 李씨를 받들어 봉양하되, 마치 친아들과 같이 섬겨, 겨울이면 아침저녁으로 따뜻함을 살피고, 여름이면 아침저녁으로 서늘함을 살피며, 밖에 나갈 때는 반드시 인사를 고하고, 돌아오면 반드시 찾아뵙고 인사를 드리며, 크고 작은 집안일을 한결같이 숙모에게 물어서 결정했다. 또 형제들이 여행하

여 베나 비단을 얻는 것이 있으면, 많거나 적거나 다 숙모의 창고에 넣어 두었다가, 철에 따라 나누어 주는 것은 숙모 자신이 결정하게 했다. 숙모를 이와 같이 20여 년 동안 부모처럼 모셨다.

或問第五倫曰 公有私乎 對曰 昔人有與吾千里馬者 吾雖不受
혹 문 제 오 륜 왈 공 유 사 호 대 왈 석 인 유 여 오 천 리 마 자 오 수 불 수

每三公有所選擧 心不能忘 而亦終不用也 吾兄子嘗病 一夜十
매 삼 공 유 소 선 거 심 불 능 망 이 역 종 불 용 야 오 형 자 상 병 일 야 십

往 退而安寢 吾子有疾 雖不省視 而竟夕不眠 若是者 豈可謂
왕 퇴 이 안 침 오 자 유 질 수 불 성 시 이 경 석 불 면 약 시 자 기 가 위

無私乎.
무 사 호

어떤 사람이 제오륜(第五倫)에게 물어 말하기를, "公이 사사로운 마음이 있는가?" 하자 대답하여 말하기를, "전에 어떤 사람이 나에게 천리마를 주는 자가 있어, 내가 비록 받지 않았으나, 三公이 선거하는 바가 있을 때마다 마음에 잊지 못하되, 또한 마침내 쓰지 않았으며, 내 형의 아들이 일찍이 병들어도, 하룻밤에 열 번을 가되 물러와서는 편안히 잠들었는데, 내 아들이 병이 들자, 비록 살펴보지는 아니하여도 밤이 다하도록 잠자지 못하니, 이와 같은 사람을 어찌 가히 사사로운 마음이 없다고 말할 수 있겠는가?" 하였다.

【글자 뜻】 或:혹 혹. 與:줄 여. 더불어 여. 受:받을 수. 選:고를 선. 擧: 천거할 거. 들 거. 忘:잊을 망. 寢:잘 침. 疾:병 질. 省:살필 성. 視: 볼 시. 竟:다할 경. 마칠 경. 眠:잘 면.

【말의 뜻】 第五倫:後漢 사람으로 성은 第五, 이름은 倫, 字는 伯魚. 벼슬이 司空에 이름. 有私乎:사사로운 마음이 있는가? 千里馬:하루에 千

里를 가는 준마. 三公:後漢 때는 太尉·司徒·司空을 三公이라 일컬었음. 選擧:천거하여 등용함. 安寢:편안하게 잠듦. 省視:살펴봄. 竟夕:밤새도록.

【뜻 풀이】 이 글은 後漢書에서 인용한 것이다.

　第五倫은 光武帝 때 三公인 司空 벼슬을 지낸 사람이다. 그런데 어느 때 어떤 사람이, "公과 같으신 어른도 사심이 있습니까?" 하고 묻자, 그는 이렇게 대답했다. "전에 어떤 사람이 나에게 천리마를 주었는데, 내가 그것을 받지는 않았지만, 내가 三公의 한 사람으로서 재야에 있는 사람을 천거하여 등용시킬 때마다, 그를 잊을 수가 없었지만 끝내 그를 등용하지는 않았다. 또 나의 조카가 병이 들었을 때는 하룻밤에 열 번을 가 보아도 집으로 돌아오면 편안히 잠들 수 있었는데, 내 아들이 병이 나자 비록 가서 살펴보지 않더라도 밤새도록 잠을 이룰 수가 없었다. 그러니 이와 같은 내가 어찌 사사로운 마음이 없다고 말할 수 있겠는가?"

劉寬雖居倉卒 未嘗疾言遽色 夫人欲試寬令忿 伺當朝會 裝嚴
유관수거창졸 미상질언거색 부인욕시관령에 사당조회 장엄

已訖 使侍婢奉肉羹 翻污朝服 婢遽收之 寬神色不異 乃徐言
이글 사시비봉육갱 번오조복 비거수지 관신색불이 내서언

日 羹爛汝手乎 其性度如此.
왈 갱란여수호 기성도여차

유관(劉寬)이 비록 황급한 처지에 있어도 일찍이 빨리 말하고 급한 기색이 없더니, 부인이 유관을 성내게 하려고 시험하여, 조회를 당함을 엿보아 복장을 이미 끝냈는데, 하녀로 하여금 고깃국을 받들어 엎질러 조복(朝服)을 더럽히게 하고, 하녀가 급히 거두더니, 유관이 정신과 낯빛이 다르지 않

고 이에 천천히 말하기를, "국에 네 손을 데지 않았느냐?" 하니, 그의 성품
과 도량이 이와 같았다.

【글자 뜻】劉:성 유. 寬:너그러울 관. 倉:급할 창. 창고 창. 卒:바쁠 졸.
　　마칠 졸. 疾:빠를 질. 병 질. 遽:급할 거. 試:시험할 시. 恚:성낼 에.
　　伺:엿볼 사. 裝:꾸밀 장. 訖:마칠 글. 이를 흘. 侍:모실 시. 婢:종 비.
　　羹:국 갱. 翻:뒤집을 번. 汚:더러울 오. 徐:천천 서. 爛:데어벗어질
　　란. 度:도량 도. 법도 도.

【말의 뜻】劉寬:後漢 때 사람으로 字는 문요(文饒). 太尉의 벼슬을 지냄.
　　倉卒:갑자기 당한 일. 疾言遽色:빠르고 거칠게 하는 말과 당황하는 얼
　　굴빛. 試寬令恚:劉寬이 성내는 것을 시험함. 朝會:조정의 회의. 裝嚴:
　　의관과 복장을 꾸밈. 侍婢:가까이서 모시는 계집종. 肉羹:고깃국. 翻
　　汚朝服:엎질러 조복을 더럽힘. 遽收之:급히 고깃국을 거둠. 神色:정신
　　과 안색. 羹爛汝手乎:국에 네 손을 데지 않았는가? 性度:성품과 도량.

【뜻 풀이】이 글은 後漢書에서 인용한 것이다.
　　劉寬은 평소에 아무리 급한 일을 당해도 말을 빠르고 거칠게 하거나
당황하는 얼굴빛을 나타내는 일이 없었다. 그래서 하루는 부인이 劉
寬이 성내는 것을 시험해 보려고, 조정에 회합이 있는 것을 엿보아, 劉
寬이 의관과 조복을 다 차려입었을 때, 몸종을 시켜 고깃국을 들고 지
나다가 그 조복에 엎질러 더럽히게 하고, 급히 그 고깃국을 거두게 하
였다. 그래도 劉寬은 기분과 안색이 조금도 달라지지 않을 뿐 아니라
천천히, "국에 네 손을 데지 않았느냐?" 하고 물었다고 한다. 그의 성품
과 도량은 언제나 이와 같이 너그러웠다.

張湛矜嚴好禮 動止有則 居處幽室 必自修整 雖遇妻子 若嚴
장담긍엄호례 동지유칙 거처유실 필자수정 수우처자 약엄

君焉 及在鄕黨 詳言正色 三輔以爲儀表.
군언 급재향당 상언정색 삼보이위의표

　　장담(張湛)은 공경하고 엄숙하고 예절을 좋아하며, 행동하고 그침에 법
도가 있어서, 그윽한 방에 거처해도 반드시 스스로 닦고 정제하며, 비록
처자를 만나도 엄한 아버지를 만난 것같이 하고, 시골에 있음에 이르러서
는 말을 자세히 하고 낯빛을 바르게 하니, 삼보(三輔)들이 써 모범으로 삼
았다.

【글자 뜻】 湛:맑을 담. 矜:공경할 긍. 자랑할 긍. 幽:그윽할 유. 整:가지
　　런할 정. 遇:만날 우. 君:아버지 군. 임금 군. 詳:자세할 상. 輔:도울
　　보. 儀:본받을 의. 거동 의. 表:본보기 표. 겉 표.

【말의 뜻】 張湛:漢나라 사람으로 字는 子孝이고, 後漢 光武帝 때 좌풍익(左
　　馮翊)과 太博를 거쳐 大司徒의 벼슬을 했음. 矜嚴好禮:공경하고 엄숙하
　　여 예절을 좋아함. 動止有則:행동하고 멈춤(행동거지)에 법도가 있음.
　　幽室:남들이 모르는 그윽한 방. 修整:몸가짐을 닦아 정제함. 嚴君:엄
　　한 아버지. 詳言正色:말을 자세하게 하고 안색을 바르게 함. 三輔:後
　　漢 때는 경조윤(京兆尹)·좌풍익(左馮翊)·우부풍(右扶風)을 三輔라 하
　　였음. 儀表:모범. 기준.

【뜻 풀이】 이 글도 後漢書에서 인용한 것이다.
　　漢나라 때 張湛은 모든 일에 공경하고 엄격하며 예절을 좋아하여, 그
의 일거일동에는 법도가 있었다. 그는 남들이 모르는 그윽한 방에 혼자
있어도 몸과 마음을 닦아 바로잡았으며, 처자를 만나도 아버지를 대한

것처럼 엄숙하였다. 또 고향에서 다른 사람을 대할 때에는 말을 정숙하
고 자세히 하였으며 안색을 바르게 하였다. 그래서 三輔들도 그의 행동
을 君子의 표본으로 삼았다.

建武初爲左馮翊 告歸平陵 望寺門而步 主簿進曰 明府位尊德
건무초위좌풍익 고귀평릉 망사문이보 주부진왈 명부위존덕

重 不宜自輕 湛曰 禮下公門 軾路馬 孔子於鄕黨恂恂如也 父
중 불의자경 담왈 예하공문 식로마 공자어향당순순여야 부

母之國 所宜盡禮 何謂輕哉.
모지국 소의진례 하위경재

건무(建武) 초기에 좌풍익(左馮翊)이 되었더니, 평릉(平陵)으로 돌아가
기를 고하고, 관아의 문을 바라보고 걸어가자 주부(主簿)가 나아가 말하기
를, "명부(明府)께서는 벼슬이 높으시고 덕망이 중하시니, 스스로를 가벼
이 하심이 옳지 않습니다." 하니 張湛이 말하기를, "예에 공문(公門)에서는
내리고, 임금이 타신 말을 길에서 만나면 수레 안에서 절한다고 하였고, 孔
子께서는 시골에서는 성실하시고 겸손하셨으니, 부모의 나라에서는 마땅
히 예절을 다해야 할 것이니, 어찌 가벼이 한다고 말할 수 있으랴!" 하였다.

【글자 뜻】 馮:도울 풍. 翊:도울 익. 陵:언덕 릉. 望:바랄 망. 寺:내관 시.
　　절 사. 簿:문서 부. 軾:수레에서절할 식. 恂:진실한모양 순.

【말의 뜻】 建武:後漢 光武帝의 연호. 左馮翊:長安을 중심으로 한 三輔 벼
　　슬의 하나. 告歸:벼슬아치가 휴가를 청하여 고향에 다녀옴. 平陵:張
　　湛의 고향. 寺門:縣令이 있는 관청의 문. 主簿:고을에서 문서를 맡은
　　관리. 明府:張湛을 높여 부른 말. 位尊德重:벼슬이 높고 덕망이 중함.
　　自輕:스스로를 가볍게 낮춤. 下公門:신하는 대궐 문에서는 수레에서

내림. 軾路馬:길에서 임금의 말을 만나면 수레에서 절함. 恂恂如:진실
하고 겸손한 모양. 父母之國:부모가 태어나신 곳. 고향. 所宜盡禮:마
땅히 예절을 다해야 함.

【뜻 풀이】 張湛이 光武帝 때 삼보(三輔)의 하나인 좌풍익(左馮翊)이 되었는
데, 한번은 휴가를 얻어 고향인 평릉(平陵)으로 돌아가면서, 관청문이
바라보이자 수레에서 내려서 걸어갔다. 그를 수행하던 주부(主簿)가 이
것을 보고 앞으로 나아가 말했다. "나으리께서는 지위가 높으시고 덕망
이 중하시니, 스스로를 가볍게 낮추시는 것은 옳지 않습니다." 그러자
張湛이 이렇게 말했다. "예에 보면, 신하는 대궐문 앞에서는 수레에서
내려 걸어가고, 길에서 임금의 말을 만나면 수레 위에서 절하여 공경의
뜻을 나타낸다고 한다. 또 孔子께서는 고향에 계실 때는 진실하고 겸손
하셨다 하니, 부모의 고향인 평릉에서는 마땅히 예절을 다함이 옳은 일
이다. 어찌 자신을 낮추어 가벼이 한다고 말할 수 있겠는가!"

楊震所擧荊州茂才王密爲昌邑令 謁見 懷金十斤 以遺震 震曰
양진소거형주무재왕밀위창읍령 알현 회금십근 이유진 진왈
故人知君 君不知故人何也 密曰 莫夜 無知者 震曰 天知神知
고인지군 군불지고인하야 밀왈 모야 무지자 진왈 천지신지
我知子知 何謂無知 密愧而去.
아지자지 하위무지 밀괴이거

양진(楊震)이 천거한 바 형주(荊州)의 수재 왕밀(王密)이 창읍(昌邑)의
縣令이 되었는지라, 찾아와 뵐 때 황금 열 근을 품고 와서 써 楊震에게 주
자 楊震이 말하기를, "친구는 그대를 알거늘 그대는 친구를 알지 못하니
무슨 까닭인가?" 하니 王密이 말하기를, "어두운 밤이라 아는 사람이 없

다." 하니 楊震이 말하기를, "하늘이 알고, 귀신이 알며, 내가 알고, 자네
가 아니, 어찌 아는 사람이 없다고 말할 수 있겠는가?" 하니 王密이 부끄
러이 여기며 돌아갔다.

【글자 뜻】 震:진동할 진. 舉:천거할 거. 들 거. 荊:가시 형. 茂:아름다울
무. 성할 무. 密:빽빽할 밀. 謁:뵐 알. 見:뵐 현. 볼 견. 懷:품을 회.
遺:줄 유. 끼칠 유. 故:예 고. 연고 고. 莫:저물 모. 말 막. 子:자네 자.
아들 자. 愧:부끄러울 괴.

【말의 뜻】 楊震:後漢 때 사람으로 字는 백기(伯起). 형주자사(荊州刺史)·
동래태수(東萊太守)를 거쳐, 三公인 司徒와 太尉를 지냄. 茂才:수재.
光武帝의 이름 수(秀) 자를 피하여 말한 것임. 王密:楊震의 천거를 받
아 昌邑의 縣令이 됨. 謁見:웃어른을 찾아뵘. 故人:오래 사귄 사람. 친
구. 莫夜:어두운 밤. 子知:자네가 앎.

【뜻 풀이】 이 글도 後漢書에서 인용한 것이다.
　　楊震은 청렴결백하고 강직하기로 알려진 사람이다. 그가 옛 친구인
王密이 재주가 뛰어나므로 천거하여 昌邑의 縣令이 되게 하였다. 그러
자 王密은 그 은혜에 보답하기 위하여, 밤에 황금 열 근을 품고 와서
楊震에게 주었다. 그러자 楊震이 "친구인 나는 자네 마음을 알고 천거
한 것인데, 자네는 친구인 나의 마음을 모르니 어쩐 일인가?" 하고 말
했다. 王密이 "어두운 밤이라 아무도 모른다." 하니 楊震이, "하늘이
알고, 귀신이 알며, 내가 알고, 자네가 아는데, 어찌 아는 사람이 없다
고 할 수 있나?" 하고 말하니 王密이 부끄러워하며 황금을 가지고 돌
아갔다.

茅容與等輩避雨樹下 衆皆夷踞相對 容獨危坐愈恭 郭林宗行
모용여등배피우수하 중개이거상대 용독위좌유공 곽림종행

見之而奇其異 遂與共言 因請寓宿 旦日容殺鷄爲饌 林宗謂爲
견지이기기이 수여공언 인청우숙 단일용살계위찬 임종위위

己設 旣而供其母 自以草蔬與客同飯 林宗起 拜之曰 卿賢乎
기설 기이공기모 자이초소여객동반 임종기 배지왈 경현호

哉 因勸令學 卒以成德.
재 인권령학 졸이성덕

　　모용(茅容)이 같은 무리와 더불어 나무 밑에서 비를 피하더니, 무리들
은 다 편편하게 앉아 서로 대하였으되, 茅容이 홀로 무릎 꿇고 앉아 더욱
공손하거늘, 곽임종(郭林宗)이 지나다가 보고서 그 이상함을 기이하게 여
겨, 드디어 더불어 함께 말하고, 인하여 그 집에서 묵어가기를 청하였다.
다음날 아침에 茅容이 닭을 잡아 반찬을 만들거늘, 郭林宗이 자기를 위하
여 베푸는 것이라고 말하더니, 이윽고 그 어머니에게 봉양하고, 자기는 거
친 채소로써 손님과 더불어 함께 밥 먹자, 郭林宗이 일어나 절하고 말하
기를, "그대는 어질구나!" 하고 인하여 권하여 배우게 하여, 마침내 써 덕
을 이루었다.

【글자 뜻】 茅:성 모. 띠 모. 等:같을 등. 무리 등. 輩:무리 배. 避:피할
　　피. 樹:나무 수. 夷:편편할 이. 오랑캐 이. 踞:걸터앉을 거. 危:높을
　　위. 위태할 위. 愈:더욱 유. 郭:성 곽. 奇:기이할 기. 異:이상할 이.
　　다를 이. 寓:부칠 우. 宿:잘 숙. 殺:죽일 살. 饌:반찬 찬. 設:베풀 설.
　　供:바칠 공. 草:거칠 초. 풀 초. 蔬:채소 소. 卿:자네 경. 벼슬 경. 勸:
　　권할 권. 卒:마침 졸.

【말의 뜻】 茅容:後漢 때 사람으로 字는 계위(季偉). 等輩:같은 무리. 친구
　　들. 夷踞:편편하게 아무렇게나 앉음. 危坐:높이 앉음. 무릎을 꿇고 앉

음. 郭林宗:後漢 때 사람으로 이름은 泰, 字는 林宗. 行見之:지나다가
봄. 奇其異:그 이상함을 기이하게 생각함. 寓宿:잠시 머무름. 爲己設:
나를 위하여 베풂. 旣而:이윽고. 草蔬:거친 채소 반찬. 卿賢乎哉:그대
는 어질구나. 勸令學:권하여 배우게 함. 卒以成德:마침내 덕을 이룸.

【뜻 풀이】 이 글도 後漢書에서 인용한 것이다.

　　茅容이 어릴 때 같은 또래의 친구들과 함께 들에 나갔다가, 비를 만
나 나무 밑에서 피하고 있었다. 그런데 다른 친구들은 다 아무렇게나 앉
아 있는데, 茅容이 홀로 무릎을 꿇고 앉아 두려운 듯이 공손하게 있었
다. 郭林宗이 지나다가 그 기이한 모습을 보고 말을 걸어 이야기를 하
다가, 드디어 그 집에 가서 잠시 머물게 되었다. 다음날 아침에 茅容이
닭을 잡아 반찬을 만들자, 郭林宗은 자기를 위하여 맛있는 반찬을 만들
어 대접하려는 것으로 생각하고 있었는데, 이윽고 그 반찬을 어머니에
게 드리고, 자기는 거친 채소로 만든 반찬을 차려 가지고 나와, 손님인
郭林宗과 함께 먹는 것이었다. 이에 郭林宗은 어머니에 대한 효성에 감
동하여 일어나서 茅容에게 절하며, "그대는 정말로 어진 사람이로다!"
하고 말한 다음, 茅容에게 학문할 것을 권하여, 드디어 茅容은 덕을 쌓
아 훌륭한 인물이 되었다.

孔戡於爲義 若嗜慾 不顧前後 於利與祿 則畏避退怯 如懦夫然.
공 감 어 위 의 약 기 욕 불 고 전 후 어 리 여 록 칙 외 피 퇴 겁 여 나 부 연

　　공감(孔戡)이 옳은 일을 행하는 데는 즐겨 욕심내는 것 같아서 앞뒤를 돌
아보지 아니하고, 이득과 봉록(俸祿)에는 두려워 피하고 물러가 겁내서 부
드럽고 약한 사람과 같이 하였다.

【글자 뜻】 戡:이길 감. 嗜:즐길 기. 慾:욕심낼 욕. 顧:돌아볼 고. 祿:녹
　　록. 畏:두려워할 외. 避:피할 피. 怯:겁낼 겁. 懦:약할 나.

【말의 뜻】 孔戡:唐나라 때 사람으로, 字는 君勝, 孔子의 38대손. 嗜慾:즐
　　겨 욕심을 냄. 利與祿:이득과 봉록. 畏避退怯:두려워 피하고 물러나
　　겁냄. 懦夫:부드럽고 약한 사람.

【뜻 풀이】 이 글은 한유(韓愈)의 韓文에서 인용한 것이다.
　　唐나라 때 孔戡은 옳은 일을 행하는 데는 욕심을 내어 앞뒤를 돌아보
지 않고서 용감히 실천하고, 이득과 관리가 받는 봉급에 대하여는 두려
워하여 피하고 물러나 겁내어서, 마치 나약한 사람 같았다.

柳公綽居外藩 其子每入境 郡邑未嘗知 旣至 每出入 常於戟
유 공 작 거 외 번　기 자 매 입 경　군 읍 미 상 지　기 지　매 출 입　상 어 극

門外下馬 呼幕賓爲丈 皆許納拜 未嘗笑語款洽.
문 외 하 마　호 막 빈 위 장　개 허 납 배　미 상 소 어 관 흡

유공작(柳公綽)이 외번(外藩)에 있을 때, 그 아들이 매양 경내로 들어옴
에 군과 읍에서 일찍이 알지 못하였고, 이미 이르러서는 매양 출입함에 항
상 관문 밖에서 말에서 내리며, 관부의 빈객들을 불러 어른이라 하여 다
허락하여 절을 받게 하고, 일찍이 웃는 말과 공경하여 화합하지 않았다.

【글자 뜻】 綽:늘어질 작. 藩:울타리 번. 境:지경 경. 戟:창 극. 呼:부를
　　호. 幕:군막 막. 장막 막. 丈:어른 장. 納:받을 납. 들일 납. 拜:절 배.
　　笑:웃을 소. 款:정성스러울 관. 洽:화할 흡.

【말의 뜻】 柳公綽:당나라 때 사람으로 字는 子寬, 河東節度使를 지냄. 外
　　藩:節度使의 관할지역. 其子:유중영(柳仲郢). 戟門:절도사가 있는 관

아의 정문. 절도사는 군사의 권한을 가지고 있었기 때문에, 정문에 나무
로 창을 만들어 늘어놓았음. 幕賓:관리 이외에 절도사를 보좌하는 사람
들. 納拜:절을 받음. 笑語:우스개로 하는 말. 款洽:공경하여 어울림.

【뜻 풀이】 이 글은 柳氏家訓에서 인용한 것이다.
　　柳公綽이 절도사가 되어 임지에 가 있을 때, 그의 아들 유중영이 아
버지가 관할하는 지경 안에 들어와도 그 지방 사람들이 알지 못하였다.
유중영이 경내에 도착하여 관아에 출입할 때면 항상 정문 밖에서 말에
서 내려 걸었으며, 아버지가 거느리고 있는 참모들을 어른이라고 부르
고, 그들에게 절을 받게 하였으며, 또 그들을 존경하여 감히 우스운 이
야기를 하거나 함께 어울리려 하지 않았다. 이것은 물론 유중영이 예절
을 존중하고 법도를 지킬 줄 알았기 때문이지만, 또한 그 아버지 柳公
綽의 가정교육이 철저했기 때문이었던 것이다.

柳仲郢以禮律身 居家無事 亦端坐拱手 出內齋未嘗不束帶 三
유 중 영 이 례 율 신　거 가 무 사　역 단 좌 공 수　출 내 재 미 상 불 속 대　삼

爲大鎭 廐無良馬 衣不薰香 公退必讀書 手不釋卷.
위 대 진　구 무 양 마　의 불 훈 향　공 퇴 필 독 서　수 불 석 권

　　유중영(柳仲郢)이 예절로써 몸을 단속하여, 집에 있어 일이 없더라도 또
한 단정히 앉아 손길을 잡고, 안 집에서 나갈 때는 일찍이 띠를 매지 않음
이 없었다. 세 번이나 절도사(節度使)가 되었으되, 마구간에 좋은 말이 없
고, 옷에 향기를 풍기지 않았으며, 공청에서 물러나면 반드시 글을 읽어,
손에서 책을 놓지 않았다.

【글자 뜻】 郢:땅이름 영. 律:법 률. 端:단정할 단. 끝 단. 拱:손길잡을

공. 齋:집 재. 束:묶을 속. 鎭:큰도시 진. 진정할 진. 廐:마구간 구.
薰:훈할 훈. 향기 훈. 釋:놓을 석. 풀 석. 卷:책 권.

【말의 뜻】柳仲郢:당나라 때 柳公綽의 아들. 律身:몸가짐을 법도에 맞게
함. 端坐:단정히 앉음. 拱手:손길을 마주잡음. 出內齋:중문 안에 있는
집에서 나옴. 束帶:띠를 맴. 의관을 정제함. 三爲大鎭:세 번 절도사가
됨. 즉 山南·劍南·天平의 절도사를 지냈음. 廐無良馬:마구간에 좋은
말이 없음. 衣不薰香:옷에 향을 태워 김을 쏘이지 않음. 公退:관아에
서 물러나 집에 옴. 手不釋卷:손에서 책을 놓지 않음.

【뜻 풀이】 이 글도 柳氏家訓에서 인용한 것이다.

　　柳仲郢은 예절을 지켜 자신의 행동이 법도에 맞도록 하려고 노력하
여 집에서 아무 하는 일이 없을 때에도 단정히 앉고 손길을 마주 잡아
공손함을 잃지 않았다. 또 중문 안에 있는 집에서 나올 때는 반드시 의
관을 정제하였다. 그는 세 번씩이나 절도사를 지냈지만, 검소한 생활을
하여 좋은 말을 기르지 않았고, 의복에 향을 피워 쏘이는 일도 하지 않
았다. 또 그는 관아에서 집으로 돌아오면 반드시 글을 읽어, 손에서 책
을 놓는 일이 없었다.

王文正公發解南省廷試 皆爲首冠 或戲之日 壯元試三場 一生
왕 문 정 공 발 해 남 성 정 시　개 위 수 관　혹 희 지 왈　장 원 시 삼 장　일 생
喫着不盡 公正色日 曾平生之志 不在溫飽.
끽 착 부 진　공 정 색 왈　증 평 생 지 지　부 재 온 포

왕문정공이 발해(發解)와 남성(南省)과 정시(廷試)에서 다 장원이 되니,
어떤 사람이 희롱하여 말하기를, "세 과거에서 장원으로 급제하니 평생 동

안 먹고 입어도 다함이 없겠도다." 하니 公이 얼굴빛을 바로 하여 말하기를, "曾의 평생의 뜻은 따뜻하고 배부름에 있지 아니하다."고 하였다.

【글자 뜻】 解:풀 해. 廷:조정 정. 首:머리 수. 冠:으뜸 관. 갓 관. 戲: 희롱할 희. 壯:장원할 장. 場:마당 장. 喫:먹을 끽. 着:입을 착. 飽: 배부를 포.

【말의 뜻】 王文正公:宋나라 사람으로 이름은 曾, 字는 孝先, 文正公은 그 의 시호임. 한림학사와 집현전 대학사를 거쳐 재상을 지냄. 發解:고을 에서 보는 과거. 鄕試. 南省:尙書省을 南省이라 했으며, 尙書省에서 치 르는 省試. 鄕試에 합격한 사람들이 응시했음. 여기에 합격해야 進士가 됨. 廷試:進士에 급제한 사람들이 임금 앞에서 보는 殿試. 首冠:장원 급제. 三場:鄕試·省試·廷試의 세 과거장. 喫着:먹고 입는 것. 溫飽: 따뜻하게 입고 배불리 먹음.

【뜻 풀이】 이 글은 동헌필록(東軒筆錄)에서 인용한 것이다.
　　宋나라 시대에 세 과거에서 장원으로 급제한 사람은 王曾 한 사람뿐 이었다고 한다. 王曾이 鄕試와 省試와 廷試에서 다 장원으로 급제하자 학사인 劉子儀가 희롱으로, "세 과거에 장원으로 급제하였으니 평생 동 안 먹고 입을 것은 다함이 없겠군?" 하고 말하자 王曾이 정색을 하고 대답하기를, "저의 평생 뜻하는 바는 따뜻하게 입고 배불리 먹는 데 있 지 않습니다."라고 했다고 한다.

范文正公少有大節 其於富貴貧賤毀譽歡戚 不一動其心 而慨
범문정공소유대절 기어부귀빈천훼예환척 불일동기심 이개

然有志於天下 嘗自誦曰 士當先天下之憂而憂 後天下之樂而
연유지어천하 상자송왈 사당선천하지우이우 후천하지락이

樂也.
락야

　범문정공(范文正公)이 젊어서 큰 절개가 있어서, 그 부하고 귀하며 가난
하고 천함과, 헐뜯고 칭찬하며 기뻐하고 슬퍼함에 하나도 그 마음을 움직
이지 아니하고, 개연히 뜻을 천하에 두더니 일찍이 스스로 외워서 말하기
를, "선비가 마땅히 천하의 근심을 먼저 하여 근심하고, 천하의 즐거움을
뒤에 하여 즐거워해야 한다."고 하였다.

【글자 뜻】范:성 범. 毀:비방할 훼. 헐 훼. 譽:기릴 예. 歡:기쁠 환. 戚:
　　슬퍼할 척. 겨레 척. 慨:슬퍼할 개. 誦:외울 송. 憂:근심 우.

【말의 뜻】范文正公:宋나라 때 명신으로 이름은 중엄(仲淹). 字는 希文, 文
　　正公은 그의 시호임. 參知政事와 부재상을 지냄. 大節:큰 절개. 毀譽:
　　남을 헐뜯고 칭찬함. 歡戚:기뻐하고 슬퍼함. 有志於天下:천하를 다스
　　리는 데 뜻을 둠. 自誦:스스로 소리 내어 외움.

【뜻 풀이】이 글은 구양문충공문집(歐陽文忠公文集)에서 인용한 것이다.
　　文正公 범중엄(范仲淹)은 젊은 시절부터 큰 절개를 가지고 있어서, 부
　　귀함을 사모하지 않고, 빈천함을 싫어하지 않으며, 남이 헐뜯어도 화내
　　지 않고, 남이 칭찬해도 기뻐하지 않으며, 부귀를 얻어도 기뻐하지 않
　　고, 부귀를 잃어도 슬퍼하지 않아, 이런 일에는 조금도 마음이 동요되지
　　않고, 오직 천하를 다스려 바로잡는데 뜻을 두고 있었다. 그리고 公은
　　항상 스스로, "선비는 마땅히 천하 백성들의 근심을 먼저 근심하고, 천

하 백성들이 다 즐거워한 뒤에 즐거워해야 한다."고 읊었다.

其事上遇人 一以自信 不擇利害爲趨捨 其有所爲 必盡其方曰
기 사 상 우 인 일 이 자 신 불 택 이 해 위 추 사 기 유 소 위 필 진 기 방 왈

爲之自我者 當如是 其成與否 有不在我者 雖聖賢不能必 吾
위 지 자 아 자 당 여 시 기 성 여 부 유 불 재 아 자 수 성 현 불 능 필 오

豈苟哉.
기 구 재

그 윗사람을 섬기고 사람들을 대우함에는 한결같이 스스로 믿음으로 써
하여, 이로움과 해로움을 가려 달려가거나 버리지 아니하고, 그 할 것이
있으면 반드시 그 방법을 다하여 말하기를, "나로부터 할 일은 마땅히 이
와 같으니 그것이 이루어지고 이루어지지 않는 것은 나에게 달려 있지 않
은 것이 있는지라, 비록 성현이라도 기필하지 못하거니, 내 어찌 구차하
게 하랴?" 하였다.

【글자 뜻】 遇:대우할 우. 만날 우. 擇:가릴 택. 趨:달릴 추. 捨:버릴 사.
否:아니 부. 苟:구차할 구. 진실로 구.

【말의 뜻】 事上遇人:윗사람을 섬기고 사람들을 대우함. 一以自信:한결같
이 자기가 옳다고 믿는대로 함. 擇利害:이득과 손해를 가림. 趨捨:달
려가고 버림. 有所爲:일할 것이 있음. 盡其方:있는 방법을 다함. 爲之
自我者:자기가 할 수 있는 일. 當如是:마땅히 최선을 다함. 成與否:이
루고 이루지 못함. 有不在我者:내 능력에 속하지 않는 것이 있음. 不
能必:꼭 기필하지는 못함. 豈苟哉:어찌 구차하게 하랴! 최선을 다할 뿐
이라는 뜻.

【뜻 풀이】 범중엄은 또 웃어른을 섬기고 다른 사람들을 대함에 한결같이 자기가 옳다고 믿는 데 따라 행동하여, 이해관계를 가려 이득이 되면 쫓아가고 손해가 되면 버리고 하는 일이 없었다. 그는 또 일을 함에는 반드시 여러 가지 방법을 다하여 노력했다. 그리고 이렇게 말했다. "나는 그 일에 대하여 내가 할 수 있는 최선을 다할 뿐이다. 그 일의 실패는 내 마음대로 될 수 있는 것이 아니다. 그것은 비록 성현이라도 기필할 수 없는 일이다. 그러니 내가 어찌 구차하게 앉아 있겠는가! 오직 나의 최선을 다할 뿐이다."

> 司馬溫公嘗言 吾無過人者 但平生所爲 未嘗有不可對人言者耳.
> 사 마 온 공 상 언 오 무 과 인 자 단 평 생 소 위 미 상 유 불 가 대 인 언 자 이

사마온공(司馬溫公)이 일찍이 말하기를, "나는 남보다 지나는 것이 없거니와, 다만 평생 동안 한 것은 일찍이 남에게 대하여 말해서는 안 될 것을 말한 일이 있지 않을 뿐이다."라고 하였다.

【글자 뜻】 過:지날 과. 허물 과. 但:다만 단. 對:대할 대. 耳:뿐 이. 귀 이.

【말의 뜻】 司馬溫公:송나라 때 학자로 이름은 光, 字는 君實. 溫國公에 봉하였으므로 司馬溫公이라 함. 자치통감(資治通鑑) 이외에 저서가 많음. 시호는 文正公. 過人者:남보다 잘하는 것. 平生所爲:평생 동안 한 것. 不可對人言者:남을 대하여 말하지 못할 것.

【뜻 풀이】 司馬光은 평생 동안 성실하게 살아, 조금도 남을 속인 일이 없었다고 한다. 그러므로 "나는 다른 사람들보다 뛰어난 점은 없다. 오직

평생 동안 행한 것이 남에게 해서는 안 될 말을 한 일이 없을 뿐이다."
라고 말한 것이다.

呂正獻公自少講學 卽以治心養性 爲本 寡嗜慾 薄滋味 無疾
여정헌공자소강학 즉이치심양성 위본 과기욕 박자미 무질

言遽色 無窘步 無惰容 凡嬉笑俚近之語 未嘗出諸口 於世利
언거색 무군보 무타용 범희소리근지어 미상출제구 어세리

紛華 聲伎游宴 以至於博奕奇玩 淡然無所好.
분화 성기유연 이지어박혁기완 담연무소호

여정헌공(呂正獻公)이 어려서부터 학문을 익힘에 곧 마음을 다스리고 천성을 기름으로써 근본을 삼아, 즐김과 욕심을 적게 하고, 맛있는 음식을 박하게 하며, 빨리 말하고 당황하는 낯빛이 없으며, 군색한 걸음걸이가 없고, 게으른 모습이 없으며, 실없는 웃음과 속된 말을 일찍이 입 밖에 내지 않고, 세상의 이득과 어지러이 화려함과 노래와 재주와 놀이와 잔치와, 바둑과 장기와 기이한 구경에 이르기까지, 담담하여 좋아하는 바가 없었다.

【글자 뜻】 獻:드릴 헌. 講:익힐 강. 寡:적을 과. 薄:엷을 박. 滋:맛 자. 疾:빠를 질. 병 질. 遽:급할 거. 窘:군색할 군. 惰:게으를 타. 嬉:놀 희. 俚:속될 리. 諸:어조사 제. 紛:어지러울 분. 伎:재주 기. 游:놀 유. 宴:잔치 연. 博:장기 박. 너를 박. 奕:바둑 혁. 玩:놀 완. 淡:맑을 담.

【말의 뜻】 呂正獻公:송나라 司馬溫公과 같은 시대 사람으로 이름은 公著, 字는 회숙(晦叔), 正獻公은 시호. 재상을 지냄. 申國公에 봉함. 講學:학문을 익힘. 治心養性:마음을 다스리고 본성을 기름. 寡嗜慾:즐김과 욕심을 억제하여 적게 함. 滋味:맛있는 음식. 疾言遽色:빨리 말함과

당황하는 안색. 窘步:군색한 걸음걸이. 가볍게 걸음. 惰容:게으른 모
습. 嬉笑:실없는 웃음. 俚近之語:저속한 말. 出諸口:입에 냄. 出之於
口와 같음. 世利紛華:속세의 이득과 어지러이 화려함. 聲伎:노래와 재
주. 游宴:놀이와 잔치. 博奕:장기와 바둑. 奇玩:기이한 놀이. 淡然:
담담한 모양. 無所好:좋아하는 것이 없음.

【뜻 풀이】 이 글은 呂申公家傳에서 인용한 것이다.

　　정헌공 여공저(呂公著)는 어린 시절부터 학문을 익힐 때면, 올바른 마
음을 다스리고 착한 본성을 기르는 것을 근본으로 삼았다. 그리하여 물
질적인 욕망을 줄이며, 맛있는 음식을 적게 먹고, 화내어 빨리 말하는
일과 당황하는 안색을 하는 일이 없으며, 걸음걸이는 정중하여 경솔함
이 없고, 게으른 모습을 하지 않았다. 그리고 실없는 웃음을 웃지 않고,
저속한 말을 입 밖에 내는 일이 없으며, 속세의 이득과 화려한 사치와,
천한 노래와 잔재주와 놀이와 잔치와, 장기와 바둑과 기이한 놀이에 이
르기까지, 담담하여 좋아하는 것이 없었다.

明道先生終日端坐 如泥塑人 及至接人 則渾是一團和氣.
명 도 선 생 종 일 단 좌 　 여 니 소 인 　 급 지 접 인 　 즉 혼 시 일 단 화 기

　　명도선생이 온종일 단정히 앉아 있음에 진흙으로 만든 허수아비 사람 같
더니, 사람을 대접함에 이르러서는 곧 뒤섞이어 한 덩어리의 화한 기운이
었다.

【글자 뜻】 泥:진흙 니. 塑:허수아비 소. 渾:섞일 혼. 團:둥글 단.
【말의 뜻】 端坐:단정히 앉음. 泥塑人:진흙으로 만든 허수아비 사람. 接

人:다른 사람을 대접함. 一團和氣:한 덩어리의 화한 기운.

【뜻 풀이】 이 글은 程氏外書에서 인용한 것이다.

　　程明道 先生은 온종일 단정히 앉아 있을 때는 마치 진흙으로 만들어 놓은 허수아비 사람과 같이 꼼짝도 않고 조용히 앉아 있더니 사람이 찾 아오자 그를 대함에 완전히 한 덩어리의 화한 기운이 주변에 감돌았다.

明道先生作字時 甚敬 嘗謂人曰 非欲字好 卽此是學.
명 도 선 생 작 자 시　심 경　상 위 인 왈　비 욕 자 호　즉 차 시 학

　　명도 선생이 글자를 쓸 때 몹시 공경하더니, 일찍이 사람에게 일러 말하 기를, "글자를 잘 쓰고자 함이 아니라, 곧 이것이 학문이다." 하였다.

【글자 뜻】 甚:심할 심.　敬:공경할 경.
【말의 뜻】 作字:글자를 씀.　欲字好:글자를 잘 쓰려 함.　此是學:이것이 학 문이다.

【뜻 풀이】 이 글은 이정유서(二程遺書)에서 인용한 것이다.

　　明道 先生이 붓으로 글씨를 쓸 때는 몹시 공경하여 신중하게 썼다.

　　그리고 옆에 있는 사람에게, "글씨를 잘 쓰기 위하여 그러는 것이 아 니다. 글씨를 쓰는 것은 곧 학문하는 것이기 때문이다."라고 말했다.

劉忠定公見溫公 問盡心行己之要 可以終身行之者 公曰 其誠
유충정공현온공 문진심행기지요 가이종신행지자 공왈 기성
乎 劉公問 行之何先 公曰 自不妄語始.
호 유공문 행지하선 공왈 자불망어시

유충정공(劉忠定公)이 司馬溫公을 뵙고, 마음을 다하고 몸을 행함에 요
긴함으로 가히 써 평생토록 행할 것을 물으니 司馬溫公이, "그것은 성실
함이다."라고 말하였다. 劉公이, "행함에 무엇을 먼저 해야 합니까?" 하고
물으니 司馬溫公이, "망령된 말을 하지 않는 것으로부터 시작하라."고 말
하였다.

【글자 뜻】 見:뵐 현. 볼 견. 己:몸 기. 要:필요 요. 妄:망령될 망.

【말의 뜻】 劉忠定公:송나라 때 학자로, 이름은 器之, 字는 安世, 忠定公은
그의 시호. 司馬溫公의 제자. 盡心行己之要:마음을 다하고 몸을 행동
함에 요긴한 것. 終身行之者:평생 동안 행할 것. 其誠乎:그것은 성실
함이다. 즉 마음을 진실하게 지녀 자기와 남을 속이지 않는 것. 行之何
先:무엇을 먼저 행해야 하는가? 妄語:망령된 말.

【뜻 풀이】 이 글은 원성어록(元城語錄)에서 인용한 것이다.
劉安世는 司馬溫公의 제자로, 어느 때 이렇게 물었다. "자기의 마음
을 다할 수 있고 몸가짐을 온전히 할 수 있는 요긴한 것으로 평생 동안
행할 수 있는 것은 무엇입니까?" 그러자 司馬溫公은, "그것은 성실함(
마음을 진실하게 갖는 것)이다."라고 대답했다. 劉安世가 다시, "성실
함을 실천하려면 무엇을 먼저 행하여야 하겠습니까?" 하고 물으니 司
馬溫公은, "망령된 말을 하지 않는 것으로부터 시작하라."고 대답했다.

劉公初甚易之 及退而自檃栝日之所行 與凡所言 自相掣肘矛
유공초심이지 급퇴이자은괄일지소행 여범소언 자상체주모

盾者多矣 力行七年而後成 自此言行一致 表裏相應 遇事坦然
순자다의 력행칠년이후성 자차언행일치 표리상응 우사탄연

常有餘裕.
상유여유

　　유공이 처음에 아주 쉽게 생각했는데, 물러 나와서 스스로 날마다 행하
는 것과 더불어 모든 말하는 것을 바로잡으려 하니, 스스로 서로 맞지 않아
모순되는 것이 많더니, 힘써 행하기를 7년 한 뒤에야 이루니, 이로부터 말
과 행실이 일치하고, 겉과 속이 서로 응하여, 일을 만남에 마음이 안정되
어, 항상 여유가 있게 되었다.

【글자 뜻】檃:도지개 은. 栝:도지개 괄. 掣:끌 체. 肘:팔꿈치 주. 矛:창
　　모. 盾:방패 순. 力:힘쓸 력, 힘 력. 表:겉 표. 裏:속 리. 遇:만날 우.
　　坦:너그러울 탄. 裕:넉넉할 유.
【말의 뜻】檃栝:나무나 활을 바로잡는 연모. 바로잡음. 掣肘:팔꿈치를 끌
　　어 마음대로 뜻하게 함. 矛盾:서로 어긋남. 力行:힘써 행함. 言行一
　　致:말과 행동이 일치함. 表裏相應:겉과 속이 서로 맞음. 遇事:일을 당
　　함. 坦然:마음이 태연한 모양.

【뜻 풀이】劉公이 이 말을 듣고 처음에는 아주 쉬운 일로 생각했다. 그러나
　　물러나와 날마다 행하는 것과 말하는 것을 바로잡아 일치시키려 해 보
　　니, 서로 어긋나고 모순되는 것이 많았다. 이것을 7년 동안 힘써 실천한
　　뒤에야 비로소 이루어졌다. 이때부터 劉公은 말과 행실이 일치하고 겉
　　으로 나타나는 태도와 속의 마음이 일관성이 있게 되어 어떤 어려운 일
　　을 당해도 마음이 안정되어 여유를 가지고 처리해 나갈 수 있게 되었다.

劉公見賓客 談論踰時 體無敧側 肩背竦直 身不少動 至手足
유공현빈객 담논유시 체무기측 견배송직 신불소동 지수족

亦不移.
역불이

유공이 손님을 만나봄에 담론이 두 시간이 넘어도, 몸이 기울어짐이 없
고 어깨와 등이 곧아서, 몸이 조금도 움직이지 않고, 손과 발에 이르러서
도 또한 이동하지 아니하였다.

【글자 뜻】 談:말씀 담. 踰:넘을 유. 敧:기울어질 기. 側:기울어질 측. 곁
    측. 肩:어깨 견. 背:등 배. 竦:높일 송. 移:옮길 이.

【말의 뜻】 見賓客:손님을 만나봄. 談論:이야기를 함. 踰時:두 시간이 넘
    음. 時는 지금의 두 시간. 敧側:한쪽으로 기울어짐. 竦直:꼿꼿함. 不
    移:옮기지 않음.

【뜻 풀이】 劉忠定公이 손님을 맞이하여 오랜 동안 이야기를 하여도 몸이
    조금도 기울어지지 않고, 어깨를 펴고 등이 꼿꼿하며 몸이 조금도 움직
    이지 않았으며 손과 발도 역시 이리저리 옮겨놓는 일이 없었다.

徐積仲車初從安定胡先生學 潛心力行 不復仕進 其學以至誠
서적중거초종안정호선생학 잠심력행 불부사진 기학이지성

爲本 事母至孝 自言 初見安定先生 退頭容少偏 安定忽厲聲
위본 사모지효 자언 초현안정선생 퇴두용소편 안정홀려성

云 頭容直 某因自思 不獨頭容直 心亦要直也 自此不敢有邪
운 두용직 모인자사 불독두용직 심역요직야 자차불감유사

心 卒諡節孝先生.
심 졸시절효선생

서적(徐積) 중거(仲車)는 처음에 안정 호(安定胡)선생을 따라 배우더니, 마음을 잠기고 힘써 행하여 다시 벼슬에 나아가지 아니하고, 그 학문을 지극한 정성으로써 근본으로 삼아, 어머니를 섬김에 효성이 지극했다. 스스로 말하기를, "처음에 안정 선생님을 뵙고 물러나올 때 머리의 모습이 조금 기울어지자, 안정 선생님이 홀연히 엄한 소리로 이르시되, 머리의 모습을 곧게 하라고 하시거늘, 나는 인하여 스스로 생각하기를, 홀로 머리의 모습을 곧게 할 뿐 아니라, 마음 또한 곧게 하는 것이 필요하다고 하여, 이로부터 감히 간사한 마음을 먹지 않았다." 그가 죽자 시호를 절효 선생(節孝先生)이라 하였다.

【글자 뜻】 積:쌓을 적. 從:좇을 종. 胡:어찌 호. 潛:잠길 잠. 復:다시 부. 仕:벼슬 사. 偏:치우칠 편. 忽:홀연 홀. 厲:엄할 려. 某:아무 모. 獨:홀로 독. 邪:간사할 사. 卒:죽을 졸. 마칠 졸. 諡:시호 시.

【말의 뜻】 徐積仲車:송나라 때 학자로, 字는 仲車, 시호는 節孝. 安定胡:송나라 때 학자로, 이름은 호원(胡瑗), 자는 익지(翼之), 또는 安定. 潛心力行:마음을 학문에 잠기고 힘써 도리를 행함. 仕進:벼슬에 나아감. 以至誠爲本:지극한 정성으로써 근본으로 삼음. 事母至孝:어머니 섬기기를 지극한 효성으로 함. 頭容少偏:머리의 모습이 조금 기울어짐. 厲聲:엄한 목소리. 頭容直:머리의 모습을 곧게 함. 某:자기 자신을 말함. 自思:스스로 생각함. 不獨~亦~:홀로 ~뿐만 아니라 ~도 또한. 不敢有邪心:감히 간사한 마음을 지니지 않음.

【뜻 풀이】 이 글은 呂氏童蒙訓에서 인용한 것이다.
중거(仲車) 서적(徐積)은 처음에 호안정(胡安定) 선생에게서 공부를 하고 마음을 학문에 정진하며 힘써 도리를 행하여, 다시는 벼슬길에 나

아가지 않았다. 그의 학문은 지성으로써 근본을 삼고서 어머니를 지극
한 효성으로 섬겼다. 그는 스스로 말하기를, "처음에 안정 선생님을 뵙
고 물러나올 때 머리가 조금 기울어지자, 안정 선생님이 갑자기 엄한 목
소리로 '머리를 곧게 하라.'고 말씀하셨다. 나는 이로 인하여 혼자 스스
로, '단지 머리만 곧게 해야 할 뿐 아니라 마음 역시 곧게 지녀야겠다.'
고 생각하여, 이때 이후로는 감히 간사한 마음을 지니지 않았다." 徐
積이 죽자 節孝 先生이라는 시호를 내렸다.

文中子之服儉以潔 無長物焉 綺羅錦繡不入于室曰 君子非黃
문 중 자 지 복 검 이 결　무 장 물 언　기 라 금 수 불 입 우 실 왈　군 자 비 황

白不御 婦人則有靑碧.
백 불 어　부 인 즉 유 청 벽

문중자의 의복이 검소하고 깨끗하고, 장식물이 없으며, 무늬 있는 비단
과 얇은 비단과 오색비단과 수놓은 비단을 방에 들여놓지 않고 말하기를,
"군자는 누런 것과 흰 것이 아니면 쓰지 아니하고, 부인이면 푸른 것과 초
록을 써야 한다."고 했다.

【글자 뜻】 儉:검소할 검. 潔:깨끗할 결. 潔과 같음. 長:넉넉할 장. 긴 장.
　　綺:무늬놓은비단 기. 羅:얇은비단 라. 錦:고운비단 금. 繡:수놓을 수.
　　御:쓸 어. 어거할 어. 碧:푸를 벽.
【말의 뜻】 文中子:수나라 때 학자인 왕포(王逋), 자는 중엄(仲淹). 儉以潔:
　　검소하고 깨끗함. 以는 而와 같음. 長物:나머지 물건. 장식품. 綺羅錦
　　繡:무늬 있는 비단과 얇은 비단과 오색실로 짠 비단과 수놓은 비단. 不
　　御:쓰지 않음. 靑碧:푸른색과 청록색.

【뜻 풀이】 이 글은 文中子에서 인용한 것이다.

　　문중자의 의복은 항상 검소하고 깨끗하며, 가외의 장식물을 달지 않았다. 그리고 여러 가지 화려한 비단을 집에 들여놓지 않았다. 그리고 이렇게 말했다. "군자는 황색과 백색의 옷이 아니면 입지 아니하고, 부인이라면 청색과 청록색의 옷을 입어도 된다."

李文靖公 治居第於封丘門外 廳事前僅容旋馬 或言 其太隘
이문정공　치거제어봉구문외　청사전근용선마　혹언　기태애

公笑曰 居第當傳子孫 此爲宰輔廳事誠隘 爲太祝奉禮廳事 則
공소왈 거제당전자손 차위재보청사성애 위태축봉예청사 즉

已寬矣.
이관의

　　이문정공(李文靖公)이 살 집을 봉구문(封丘門) 밖에 지었는데, 사랑채의 대청 앞이 겨우 말이 돌아갈 만하게 하였다. 어떤 사람이 말하기를 그것은 너무 좁다고 하자, 공이 웃으면서 말했다. "사는 집은 마땅히 자손에게 전해 주는 것이니, 이것이 재상집의 대청이 되기에는 진실로 좁거니와, 태축(太祝) 봉례(奉禮)의 대청이 되기에는 너무 넓다."

【글자 뜻】 靖:다스릴 정. 第:집 제. 차례 제. 封:봉할 봉. 丘:언덕 구. 廳:마루 청. 관청 청. 僅:겨우 근. 容:용납할 용. 얼굴 용. 旋:돌 선. 太:너무 태. 콩 태. 클 태. 隘:좁을 애. 宰:재상 재. 輔:도울 보. 誠:진실로 성. 정성 성. 祝:축문 축. 빌 축. 已:너무 이. 이미 이. 寬:너그러울 관.

【말의 뜻】 李文靖公:송나라 초기 사람으로, 이름은 항(沆), 字는 太初. 시호는 文靖公. 개봉유수(開封留守)·문하시랑(門下侍郎)을 거쳐 재상을

지냄. 居第:개인이 사는 집. 封丘門:송나라 도성의 문 이름. 廳事:손님을 접대하는 사랑채의 대청. 僅容旋馬:겨우 말을 돌릴 만함. 太隘:너무 좁음. 宰輔:재상. 誠隘:진실로 좁음. 太祝·奉禮:둘 다 제사를 맡아보는 관직. 已寬:너무 넓음.

【뜻 풀이】 이 글은 온공훈검문(溫公訓儉文)에서 인용한 것이다.

　　이항(李沆)은 宋나라 역대 재상 중에서도 가장 검소한 생활을 했다고 한다. 어느 때 봉구문(封丘門) 근처에 있는 그의 집이 담이 다 무너져, 집 사람들이 이를 수리하자고 권했지만, 그는 끝내 이 말을 듣지 않았다고 한다.

　　李公이 宋나라의 도성인 개봉(開封)의 봉구문(封丘門) 밖에 살 집을 지었는데, 사랑채의 대청 앞이 겨우 말을 돌릴 수 있을 정도였다. 이것을 본 어떤 사람이 그것은 너무 좁다고 말하자, 李公은 웃으면서 이렇게 말했다. "사는 집은 마땅히 자손에게 물려주는 것인데, 이것이 재상 집의 대청 앞이라면 정말로 좁을지 모르지만, 나와 같은 하급관리의 집 대청 앞이라면 너무 넓을 정도이다." 이윽고 자기 자신이 재상이 되었는데도 말이다.

張文節公爲相 自奉如河陽掌書記時 所親或規之曰 今公受俸
장 문 절 공 위 상　자 봉 여 하 양 장 서 기 시　소 친 혹 규 지 왈　금 공 수 봉

不少 而自奉若此 雖自信淸約 外人頗有公孫布被之譏 公宜少
불 소　이 자 봉 약 차　수 자 신 청 약　외 인 파 유 공 손 포 피 지 기　공 의 소

從衆.
종 중

장문절공(張文節公)이 재상이 되어서도 스스로를 받듦이 하양장서기(河

陽掌書記) 때와 같이 하니, 친한 사람이 혹 충고하여 말하기를, "이제 공
이 봉록을 받음이 적지 않은데도 스스로를 받듦이 이와 같으니, 비록 스스
로 청렴하고 검약함을 믿을지라도, 외부 사람들이 자못 공손(公孫)이 베
옷을 입었다고 희롱함이 있을 것이니, 公은 마땅히 조금 여러 사람을 따르
라." 하였다.

【글자 뜻】 掌:맡을 장. 規:간할 규. 법 규. 受:받을 수. 俸:봉록 봉. 約:
　　검소할 약. 언약 약. 頗:자못 파. 被:입을 피. 譏:희롱할 기.
【말의 뜻】 張文節公:송나라 때 사람으로, 이름은 知白, 字는 용회(用晦),
　　시호는 文節公. 형부시랑(刑部侍郎)·지대명부(知大名府) 등의 벼슬을
　　거쳐 재상이 됨. 自奉:스스로 생활하는 태도. 河陽掌書記:하양절도사(
　　河陽節度使)에 따른 벼슬. 所親:친한 사람. 規之:간함. 충고함. 清約:
　　청렴하고 검약함. 外人:외부 사람들. 세상 사람들. 公孫:한나라 武帝
　　때 재상을 지낸 공손홍(公孫弘). 布被之譏:베옷 입은 것을 희롱함. 從
　　衆:무리를 따름. 세상 풍습을 따름.

【뜻 풀이】 이 글은 온공가범(溫公家範)과 온공훈검문(溫公訓儉文)에서 인
　　용한 것이다.
　　宋나라 때 재상을 지낸 張知白은 청렴결백하고 검소한 생활을 하기로
　　이름난 사람이었다. 그는 재상이 된 뒤에도 생활하는 태도가 하양절도
　　사 밑에서 서기 노릇을 할 때와 조금도 다르지 않았다. 그래서 가까운
　　사람이 이렇게 충고했다. "이제 公은 나라에서 봉록을 받는 것도 적지
　　않은데 생활하는 것이 이와 같으니, 비록 公은 스스로 청렴하고 검소한
　　생활을 해야겠다고 믿고 하겠지만, 그러나 세상 사람들은 저 한나라 때
　　재상을 지낸 공손홍(公孫弘)이 봉록을 많이 받으면서도 거짓 베옷을 입

고 있다고 조롱한 것처럼, 조롱하는 사람들이 적지 않을 것이니, 公은
마땅히 세상 풍습을 따라 생활을 좀 낮게 하시오."

公嘆曰 吾今日之俸 雖擧家錦衣玉食 何患不能 顧人之常情
공 탄 왈　오 금 일 지 봉　수 거 가 금 의 옥 식　하 환 불 능　고 인 지 상 정

由儉入奢易 由奢入儉難 吾今日之俸 豈能常有 身豈能常存
유 검 입 사 이　유 사 입 검 난　오 금 일 지 봉　기 능 상 유　신 기 능 상 존

一旦異於今日 家人習奢已久 不能頓儉 必至失所 豈若吾居位
일 단 이 어 금 일　가 인 습 사 이 구　불 능 돈 검　필 지 실 소　기 약 오 거 위

去位 身存身亡 如一日乎.
거 위　신 존 신 망　여 일 일 호

그러자 公이 탄식하여 말하기를, "나의 오늘날 봉록이 비록 온 집안이
비단옷을 입고 맛있는 음식을 먹을지라도 어찌 하지 못할 것을 근심하리?
그러나 돌아보건대 사람들의 떳떳한 마음이 검소로부터 사치로 들어가기
는 쉽고, 사치로부터 검소로 들어가기는 어려우니, 나의 오늘날 봉록이 어
찌 능히 항상 있으며, 몸이 어찌 능히 항상 있으리? 하루아침에 오늘날과
달라지면, 집안사람들이 사치를 익힌 것이 이미 오래 되었으니, 갑자기 검
소하지 못하여 반드시 살 곳을 잃음에 이를 것이니, 어찌 내가 벼슬에 있
거나 벼슬을 떠나거나, 몸이 있거나 몸이 없거나 하루와 같을 수 있으리?"

【글자 뜻】嘆:탄식할 탄.　擧:들 거.　錦:비단 금.　患:근심할 환.　顧:돌
아볼 고.　由:부터 유. 말미암을 유.　奢:사치 사.　易:쉬울 이.　難:어
려울 난.　豈:어찌 기.　存:있을 존.　異:다를 이.　習:익힐 습.　久:오
랠 구.　頓:문득 돈.

【말의 뜻】擧家:온 집안.　錦衣玉食:비단옷을 입고 맛있는 음식을 먹음.　由
儉入奢:검소한 생활로부터 사치한 생활로 들어감.　一旦:하루아침.　異

於今日:오늘날과 달라짐. 習奢已久:사치한 생활을 익힌 것이 이미 오래됨. 不能頓儉:갑자기 검소한 생활을 하지 못함. 失所:살 곳을 잃음. 居位去位:벼슬자리에 있거나 벼슬자리를 떠남.

【뜻 풀이】 그러자 公이 탄식하여 말했다. "내가 지금 받는 봉록이면 비록 온 집안사람들이 비단옷을 입고 맛있는 음식을 먹은들, 어찌 그것을 걱정하리? 그러나 생각하면 사람들의 마음이란 검소한 생활에서 사치한 생활로 들어가기는 쉽고, 사치한 생활에서 검소한 생활로 들어가기는 어려운 법이다. 지금 내가 받는 봉록이 항상 있는 것도 아니며, 또 내 몸도 항상 있는 것이 아니다. 만일 나의 처지가 하루아침에 지금과 달라진다면, 집안사람들이 사치한 생활에 익숙해진 지가 오래 되어서, 갑자기 검소한 생활을 할 수 없게 되어 틀림없이 살 방도를 잃게 될 것이다. 그러나 내가 벼슬자리에 있거나 없거나, 또 내 몸이 살아 있거나 없거나, 어찌 항상 오늘날 같을 수 있겠는가?"

溫公曰 先公爲群牧判官 客至 未嘗不置酒 或三行 或五行 不
온공왈 선공위군목판관 객지 미상불치주 혹삼행 혹오행 불
過七行 酒沽於市 果止梨栗棗柿 肴止脯醢菜羹 器用瓷漆 當
과칠행 주고어시 과지이율조시 효지포해채갱 기용자칠 당
時士大夫皆然 人不相非也 會數而禮勤 物薄而情厚.
시사대부개연 인불상비야 회삭이례근 물박이정후

사마온공이 이렇게 말했다.

"돌아가신 아버지께서 군목판관(群牧判官)이 되셨을 때, 손님이 이르면 일찍이 술을 베풀지 않음이 없어, 혹은 세 차례 돌고, 혹은 다섯 차례 돌며, 일곱 차례 돎을 지나지 아니하되, 술은 저자에서 사오고, 과일은 배ㆍ

밤 · 대추 · 감에 그치고, 안주는 포 · 젓 · 나물 · 국에 그치며, 그릇은 사기
와 칠기를 사용하시니, 당시의 사대부는 다 그러했다. 사람들이 서로 그르
게 여기지 아니하여, 모임을 자주하여 예절에 부지런하고, 물건은 박하여
도 인정은 두터웠다."

【글자 뜻】 群:무리 군. 牧:칠 목. 判:판단할 판. 置:베풀 치. 둘 치. 沽:
　　살 고. 梨:배 리. 栗:밤 률. 棗:대추 조. 柿:감 시. 肴:안주 효. 脯:
　　말린고기 포. 醢:젓담글 해. 菜:나물 채. 羹:국 갱. 瓷:사기그릇 자.
　　漆:옻 칠. 非:그를 비. 아닐 비. 數:자주 삭. 두어 수. 薄:얇을 박. 厚:
　　두터울 후.

【말의 뜻】 先公:司馬溫公의 아버지. 이름은 池, 字는 和中. 개봉추관(開封
　　推官) · 지간원(知諫院) · 지하중부(知河中府) 등의 벼슬을 지냄. 群牧
　　判官:여러 고을의 馬政을 순찰하는 관직. 置酒:술을 베풂. 三行:술잔
　　을 세 차례 돌림. 세 순배. 脯醢菜羹:포 · 젓 · 나물 · 국. 瓷漆:사기그
　　릇과 칠기그릇. 人不相非:사람들이 서로 그르게 여기지 않음. 會數而
　　禮勤:모임을 자주하여 예절에 부지런히 힘씀. 物薄而情厚:물건은 박하
　　여도 인정이 두터움.

【뜻 풀이】 이 글은 溫公訓儉文에서 인용한 것이다.
　　司馬溫公 父子는 손님을 좋아하여 항상 집이 가난했다고 한다. 이 글
　　은 司馬溫公이 돌아가신 아버지가 손님을 대접하던 장면을 회상한 글
　　이라 하겠다.
　　司馬溫公이 이렇게 말했다. "돌아가신 아버지께서 群牧判官으로 계
　　실 때, 손님이 오면 반드시 술을 차려 대접하셨다. 술은 세 순배, 혹은
　　다섯 순배, 아무리 많아도 일곱 순배를 지나는 일이 없었다. 술은 시장

에서 사오고, 과일은 배·밤·대추·감뿐이며, 안주는 포·젓·나물·
국뿐이고, 그릇은 사기그릇과 칠기그릇만을 사용하셨다. 당시는 모든
사대부들이 다 이와 같이 검소했다. 그래도 사람들은 서로 헐뜯어 말하
지 아니하였고, 모임을 자주하여 예절에 힘썼으며, 비록 검소한 대접이
지만 인정만은 두터웠다."

近日士大夫家 酒非內法 果非遠方珍異 食非多品 器皿非滿案
근 일 사 대 부 가　주 비 내 법　과 비 원 방 진 이　식 비 다 품　기 명 비 만 안

不敢會賓友 常數日營聚 然後敢發書 苟或不然 人爭非之 以
불 감 회 빈 우　상 수 일 영 취　연 후 감 발 서　구 혹 불 연　인 쟁 비 지　이

爲鄙吝 故不隨俗奢靡者鮮矣.
위 비 린　고 불 수 속 사 미 자 선 의

"그런데 요즈음 사대부의 집에서는 술이 궁중의 법도가 아니고, 과일이
먼 곳에서 온 진기하고 특이한 것이 아니며, 음식이 많은 품목이 아니고,
그릇이 상에 가득하지 않으면 감히 손님과 벗들을 회합하지 아니하여, 항
상 여러 날 동안 경영하여, 모아들인 뒤에야 감히 글을 보내거니와, 구차하
게 혹 그렇지 않으면, 사람들은 다투어 그르다 하여 써 인색하다 하니, 그
러므로 세속에 따라 사치하지 않는 사람이 드물다."

【글자 뜻】珍:진기할 진. 異:기이할 이. 다를 이. 品:물건 품. 품수 품.
　　皿:그릇 명. 案:상 안. 營:경영할 영. 聚:모을 취. 爭:다툴 쟁. 鄙:
　　인색할 비. 吝:인색할 린. 隨:따를 수. 靡:사치할 미. 鮮:드물 선. 고
　　울 선.
【말의 뜻】內法:궁중에서 술을 만드는 법도. 遠方珍異:먼 지방에서 나는
　　진기하고 특이한 것. 多品:여러 가지 많은 품목. 器皿:그릇. 滿案:상

에 가득함. 會賓友:손님과 벗을 모음. 數日營聚:음식을 여러 날 동안
모아들여 장만함. 發書:초대하는 글을 보냄. 人爭非之:사람들이 다투
어 그르다고 함. 爲鄙吝:인색하다고 함. 隨俗奢靡:세속에 따라 사치
함.

【뜻 풀이】 그런데 요즈음 벼슬아치 집에서는 술이 궁중에서 만드는 법도에
맞지 않고, 과일이 먼 지방에서 나는 진기하고 특이한 것이 아니며, 음
식의 가짓수가 많지 않고, 그릇들이 상에 가득하지 않으면, 감히 손님
들과 친구들을 초청하지 않는다. 그래서 항상 며칠 동안 음식을 모아들
이고 장만한 다음에야 손님들과 친구들에게 초대장을 써 보내고 있다.
만일 그렇게 하지 않으면, 사람들은 다투어 잘못이라 말하고 인색하다
고 욕을 한다. 그러므로 누구나 이와 같은 세속에 따르려 하기 때문에,
사치하지 않는 사람이 드문 형편이다.

嗟乎 風俗頹弊如是 居位者 雖不能禁 忍助之乎.
차 호 풍 속 퇴 폐 여 시 거 위 자 수 불 능 금 인 조 지 호

"아아, 슬프다. 풍속의 퇴폐함이 이와 같으니, 벼슬에 있는 사람들이 비
록 능히 금하지는 못하나, 차마 이를 도울 수야 있겠는가!"

【글자 뜻】 嗟:슬플 차. 頹:무너질 퇴. 弊:폐단 폐. 禁:금할 금. 忍:차마
　　인. 참을 인. 助:도울 조.
【말의 뜻】 嗟乎:아아, 슬프다. 頹弊:퇴폐풍조. 무너지는 폐단. 居位者:벼
　　슬자리에 있는 사람. 忍助之乎:차마 도우랴!

【뜻 풀이】 아아, 슬프다. 요즈음의 벼슬아치들이 청렴하고 검소한 생활을
할 줄 모르고, 풍속의 퇴폐함이 이와 같으니, 마땅히 벼슬자리에 있는
사람들이 비록 그 퇴폐풍조를 막지는 못할지라도, 그것을 차마 조장시
켜서야 되겠는가!

溫公曰 吾家本寒族 世以淸白相承 吾性不喜華靡 自爲乳兒時
온공왈 오가본한족 세이청백상승 오성불희화미 자위유아시

長者加以金銀華美之服 輒羞赧棄去之 年二十忝科名 聞喜宴
장자가이금은화미지복 첩수난기거지 년이십첨과명 문희연

獨不戴花 同年曰 君賜 不可違也 乃簪一花.
독불대화 동년왈 군사 불가위야 내잠일화

平生衣取蔽寒 食取充腹 亦不敢服垢弊 以矯俗干名 但順吾性
평생의취폐한 식취충복 역불감복구폐 이교속간명 단순오성

而已.
이 이

사마온공이 이렇게 말했다.

"우리 집은 본래 한미한 집안이지만, 대대로 청렴결백함으로써 서로 이
어 왔고, 나의 천성이 화려하고 사치한 것을 기뻐하지 아니하여, 어린아이
때부터 어른들이 금은으로 꾸민 화려하고 아름다운 옷으로써 가하시면, 문
득 부끄럽고 무안하여 벗어버렸더니, 나이 스무 살에 과거의 이름을 욕되
게 하여, 문희연(聞喜宴)에서 홀로 어사화를 꽂지 아니하니, 함께 과거에
급제한 사람이 말하기를, '임금이 주신 것이니 어겨서는 안 된다.'고 하여
서, 이에 한 가지의 꽃을 꽂았다. 평생에 옷은 추위를 가릴 만한 것으로 취
하고, 음식은 배를 채울 것으로 취하며, 또한 감히 때 묻고 떨어진 것을 입
어 써 풍속을 바로잡고, 이름을 구하려 하지 않으며, 다만 나의 천성을 따
랐을 뿐이다."

【글자 뜻】寒:쓸쓸할 한. 찰 한. 承:이을 승. 乳:젖 유. 輒:문득 첩. 羞: 부끄러울 수. 赧:무안할 난. 棄:버릴 기. 去:버릴 거. 갈 거. 忝:욕 될 첨. 科:과거 과. 과목 과. 宴:잔치 연. 戴:일 대. 賜:줄 사. 違:어 길 위. 簪:비녀 잠. 蔽:가릴 폐. 充:채울 충. 腹:배 복. 服:입을 복. 옷 복. 垢:때 구. 弊:해칠 폐. 폐단 폐. 矯:바로잡을 교. 干:구할 간. 방패 간.

【말의 뜻】寒族:쓸쓸한 집안. 명문거족이 아닌 집안. 清白相承:청렴결백 함을 서로 계승해 옴. 華靡:화려하고 사치스러움. 金銀華美之服:금실 은실로 된 화려하고 아름다운 옷. 羞赧棄去之:부끄럽고 무안하여 벗어 버림. 忝科名:과거의 이름을 욕되게 함. 聞喜宴:진사에 급제한 사람들 을 축하하는 잔치. 獨不戴花:홀로 어사화를 꽂지 않음. 同年:함께 과 거에 급제한 사람. 君賜不可違:임금이 주신 꽃이니 꽂지 않으면 안 됨. 蔽寒:추위를 가림. 充腹:배를 채움. 服垢弊:때묻고 해진 옷을 입음. 矯俗干名:풍속을 바로잡고 이름을 구함. 順吾性:나의 천성을 따름.

【뜻 풀이】 이 글도 溫公訓儉文에서 인용한 것이다.
司馬溫公의 말에 따르면, 자기 집안은 본래부터 명문대가는 아니지 만, 대대로 청렴결백한 가풍을 계승해 왔다. 또 자기의 천성은 화려하 고 사치한 것을 싫어하여, 어린 시절에 어른들이 금실과 은실로 짠 화 려하고 아름다운 옷을 입혀 주시면, 부끄럽고 무안한 생각이 들어 그 옷을 벗어버렸다. 그리고 나이 스무 살 때 進士 과거에 합격하여 문희 연(聞喜宴) 잔치가 베풀어졌을 때, 나 혼자만 임금이 주신 어사화를 꽂 지 않자, 함께 과거에 합격한 사람이, "임금이 주신 것이므로 꽂지 않 으면 안 된다."고 하자 꽃 한 가지를 머리에 꽂았다. 자기는 평생을 통 하여 의복은 추위를 가리기 위하여 입었고, 음식은 배를 채우기 위하여 먹었으며, 항상 때 묻고 해진 옷을 입었는데, 이는 감히 풍속을 바로잡고 명예를 얻기 위하여 그렇게 한 것이 아니라, 오직 자기가 타고난 천성에 따르기 위하여 그렇게 한 것일 뿐이다.

汪信民嘗言 人常咬得菜根 則百事可做 胡康侯聞之 擊節嘆賞.
왕 신 민 상 언   인 상 교 득 채 근   즉 백 사 가 주   호 강 후 문 지   격 절 탄 상

왕신민(汪信民)이 일찍이 말하기를, "사람이 항상 나물뿌리(菜根)를 씹을 수 있으면, 백 가지 일을 가히 할 수 있다."고 하는데, 호강후(胡康侯)가 듣고 무릎을 치며 감탄하고 칭찬했다.

【글자 뜻】汪:성 왕. 咬:씹을 교. 菜:나물 채. 做:할 주. 胡:성 호. 오랑캐 호. 康:편안할 강. 侯:제후 후. 擊:칠 격. 節:마디 절. 嘆:감탄할 탄. 賞:칭찬할 상.

【말의 뜻】汪信民:송나라 사람으로 이름은 혁(革), 字가 信民. 집이 가난했으나 효도와 우애가 극진하고 학문을 좋아하였음. 咬得菜根:나무뿌리를 씹으며 살 수 있음. 百事可做:모든 일을 이룰 수 있음. 胡康侯:송나라 때 유명한 학자인 胡安國. 康侯는 그의 字임. 擊節:무릎을 침. 嘆賞:감탄하고 칭찬함.

【뜻 풀이】이 글은 呂氏師友雜錄에서 인용한 것이다.

우리나라에서는 널리 읽혀지고 있는 明나라 때 홍자성(洪自誠)이 지은 채근담(菜根譚)이라는 인생과 처세에 관한 책의 이름인 채근(菜根)은 여기에서 따온 것이다.

汪信民이 일찍이, "사람이 언제나 나물뿌리를 씹을 수 있으면 모든

일을 다 이룰 수 있다", 즉 사람이 언제나 나물뿌리만 먹고 사는 가난한 생활을 능히 이겨낼 수 있는 사람이라면, 이 세상의 모든 일을 다 이룰 수 있다고 말했거니와, 유명한 학자인 胡安國이 이 말을 듣고, 비로소 내 뜻을 얻었다고 무릎을 치며 감탄하고 칭찬했다고 한다.

깊이 있는 해설과 풍부한 원문해석으로
고전 해석의 깊은 감동을 드립니다.

일생에 한번은 꼭 읽고 마음에 새겨야할 《명심보감(明心寶鑑)》
"착한 일을 하는 사람에게는 하늘이 복으로 갚고,
악한 일을 하는 사람에게는 하늘이 재앙으로 갚는다."

《明心寶鑑》 이는 곧 '마음을 밝혀 주는 보배로운 거울'이란 뜻이다. 사람이 세상에 태어나서 어찌 사람답지 못한 인간이 될 수 있으랴? 사람은 누구나 자기 자신의 인격을 꾸준히 수양함으로써, 마음이 선량한 데서 떠나지 않고 행동이 올바른 도리에서 벗어나지 않게 되는 것이다.
'착한 일을 하는 사람에게는 하늘이 복으로써 갚고, 악한 일을 하는 사람에게는 하늘이 재앙으로써 갚는다.'고 말하고 있다. 착한 행실은 선량한 마음에서 나오고 악한 행실은 악한 마음에서 나온다. 그러므로 착한 행실을 하려면 먼저 마음부터 선량하게 닦아야 한다. 극단적으로 말하면, 사람은 누구나 자신의 마음을 가꾸기 위하여 일생을 산다고 해도 과언이 아니다. 사람의 마음은 그만큼 가꾸기 어려운 것이다. 그러나 또 본인 자신이 마음만 굳게 먹는다면, 누구나 온전한 마음을 지녀 나갈 수 있는 것이다.

추적. 범립본 원저 | 박일봉 편저 | 신국판 양장 | 472쪽 | 정가 20,000원

고전 역사학자 박일봉 선생께서 직접 번역 · 감수하신
일봉 시리즈는 풍부한 원문해설, 어원, 뜻 풀이, 해설 등으로
정통 고전의 진수를 직접 확인해 보실 수 있습니다.

인격수양의 지침서 《채근담(菜根譚)》
부귀한 사람에게 경계를, 가난한 사람에게 기쁨을,
성공한 사람에게 충고를 주어 인생의 모든 일을 달성할 수 있게 한다.

세상에는 인생과 처세에 대한 수양서가 헤아릴
수 없이 많이 있지만 그 중에서 이 《채근담》 이
야말로 동서고금에 그 유례가 없는 군계일학의
백미이리라. 《채근담》 전 · 후집을 통하여 살펴
보면 저자 홍자성은 그 사상의 뿌리를 유교에
두고 있으나 노장의 도교나 불교의 사상까지도
폭넓게 받아들이고 있다. 그러므로 그는 인생
을 초탈하되 속세 속에서 초탈하라고 강조하고
있으며 물질과 명예도 맹목적으로 부정하고 있
지는 않다. 《채근담》이 현대인의 공감을 불러
일으키는 이유도 여기에 있는 것이다. 이리하
여 이 《채근담》은 부귀한 사람에게는 경계를
주고 빈천한 사람에게는 안락을 주며, 성공한
사람에게는 충고를 주고 실의에 빠진 사람에게
는 격려를 주어 누구에게나 인격수양의 지침서
가 되고 삶의 지혜의 샘물이 되어 만인에게 즐
거움을 안겨 주는 것이다.

홍자성 원저 | 박일봉 편저 | 신국판 양장 | 576쪽 | 정가 20,000원

아이의 미래, 교육의 미래를 위한
영감으로 가득 찬 루소의 자연주의 교육 사상서!

'에밀'의 주제는 교육론과 인간론이지만 루소의 탁월한 문학적 표현력을 가장 한국적으로 잘 표현한 역작으로 평가 받고 있다.

Jean-Jacques Rousseau · ÉMILE

장고의 시간을 거친 후 루소가 50세 되던 해인 1762년에 출판된 "에밀"은 제1부 첫 구절을 '신이 만물을 창조할 때에는 모든 것이 선하지만 인간의 손에 건네지면 모두가 타락한다.'로 시작한다. 교육의 근원은 자연과 인간과 사물이라고 말하고 있다. 이중에 자연의 교육은 우리의 힘으로는 어떻게도 할 수 없으며, 사물의 교육은 어느 정도는 우리가 좌우할 수 있지만 우리가 진정 마음대로 할 수 있는 유일한 것이 인간의 교육이다. '에밀'은 또한 보편적인 주입식 교육에 반대하고 전인 교육을 중시했으며, 인간 중에서 가장 순수하게 자연성을 간직하고 있는 어린이에게 자연과 자유를 되돌려 줄 것을 주장하고, 이를 시행하는데 사회와 제도에 때 묻지 않은 "자연주의"를 강조하고 있어 현대인들에게도 귀중한 지침서라 할 것이다.

장자크 루소(Rousseau, J. J.)지음 | 민희식 옮김 | 신국판 양장 | 892쪽 | 정가 35,000원

이 시대를 구성하고 있는 우리 모두에게 사회 전반을 이해하는데 커다란 영향을 미칠 수 있는 역사 인식의 길잡이!!

'역사란, 역사가와 사실들 사이의 상호작용의 부단한 과정이며, 현재와 과거와의 끊임없는 대화이다.'

What is History?

이 책은 역사라는 근본 문제를 하나하나 빠짐없이 논한 역사철학서이다. 〈역사란 무엇인가〉는 아마도 현대에서 가장 새롭고 가장 뛰어난 철학서일 것이다. 이 책의 뛰어난 내용은 E. H. Carr가 직업적인 철학자가 아니라 현대의 가장 탁월한 역사가라는 점과, 따라서 이 책이 그의 오랜 동안의 역사적 연구 및 서술의 경험을 통해 얻은 지혜의 결정(結晶)이라는 점이다.

"역사란 현재와 과거의 대화이다." E. H. Carr는 이 말을 이 책 속에서 여러 차례 반복하고 있다. 이것은 그의 역사철학의 정신이다. 한편으로는, 과거는 과거 때문에 문제가 되는 것이 아니라 우리들이 살고 있는 현재에서의 의미 때문에 문제가 되는 것이며, 다른 한편으로는, 현재라는 것의 의미는 고립(孤立)한 현재에서가 아니라 과거와의 관계를 통해 분명해지는 것이다.

E. H. 카 (Edward Hallet Carr) 지음 | 박종국 옮김 | 신국판 양장 | 240쪽 | 정가 13,000원

세상을 보는 눈과
마음을 키우는 책 !

세상을 움직이는 책 시리즈

※세상을 움직이는 책 시리즈는 계속 출간됩니다.

서울 마포구 월드컵로11길 35, 101동 502호 | T · 02-336-9948 | F · 02-337-4315　육문사
Yukmoonsa

온고지신(溫故知新)

'온고(溫故)'는 옛것을 익힌다는 뜻이고, '지신(知新)'은 새것을 안다는 뜻으로
새로운 것을 알기 위해서 옛것을 익히고 배워야 한다.